U0816864

大学化学实验教学示范中心系列教材

总主编　李天安

理化测试（Ⅱ）

主编　杨　武　何荣幸　廖　钫　刘瑞泉

科学出版社

北　京

内 容 简 介

本书是依据《高等学校化学类专业指导性专业规范》并基于一级学科平台、以"方法"为中心的实验教学思路编写的，是"大学化学实验教学示范中心系列教材"的第四册。全书共7章，涉及传统物理化学二级学科中反应动态描述和部分物质结构分析的内容。第1章～第5章依次讨论热力学、动力学、电化学、胶体与表面化学和结构化学的部分技术。叙述方法上主要对各种测试技术进行归类，在简述技术基本原理的基础上，重点讨论技术的应用。全书编排基础实验项目35个。第6章提供综合实验项目4个和设计实验项目8个，第7章为数据与资料。实验项目既注重大学化学实验的基础性，又力求涉及多个知识点，避免就项目论"项目"，有利于学生举一反三。写作方式注重与中学化学实验的衔接，利于自学，便于发挥学生的主动性，培养创新能力。

本书可作为高等师范、高等理工和综合性院校化学化工专业本科生实验教材，也可供相关专业教学、科研人员参考。

图书在版编目(CIP)数据

理化测试．第2册/杨武等主编．—北京：科学出版社，2014.1
大学化学实验教学示范中心系列教材
ISBN 978-7-03-039557-3

Ⅰ.①理…　Ⅱ.①杨…　Ⅲ.①物理化学分析-高等学校-教材　Ⅳ.①O642.5

中国版本图书馆CIP数据核字(2014)第009652号

责任编辑：陈雅娴　郑祥志 / 责任校对：桂伟利
责任印制：阎　磊 / 封面设计：迷底书装

科学出版社出版
北京东黄城根北街16号
邮政编码：100717
http://www.sciencep.com

保定市中画美凯印刷有限公司印刷
科学出版社发行　各地新华书店经销
*
2014年1月第　一　版　　开本：720×1000　B5
2014年1月第一次印刷　　印张：15 3/4
字数：318 000

定价：36.00元

大学化学实验教学示范中心系列教材
编写委员会

丛 书 序

进入21世纪以来，我国高等教育逐步转入“稳定规模、提高质量、深化改革、优化结构、突出特色、内涵发展”的阶段。国家通过精品课程建设、示范中心建设、教学评估等系列“质量工程”，和颁布《国家中长期科学和技术发展规划纲要(2006—2020年)》，促进教学质量的提高。高校按照“加强基础、淡化专业、因材施教、分流培养”的方针，积极推进人才培养模式、教学体系、教学内容和教学方法改革，取得了许多有益的经验。教育部颁发的《高等学校化学类专业指导性专业规范》对于兼顾教学内容“保底”和发挥学校特色是一个纲领性的文件。

在这个大背景之下，西南大学等西部四校合作编写的“大学化学实验教学示范中心系列教材”由科学出版社修订出版。这应该是一项非常有益的工作。

首先，教材秉承一级学科平台的编写思路。教材整合传统二级学科的基础内容，按照认知规律形成相互独立又相互联系的课程体系，既体现了“规范”突破传统二级学科壁垒，站在一级学科层面上形成系统连贯学科思维的育人思路，又使“规范”所列最基本知识点落实到能够体现地区高校特色的可操作的具体课程体系中。

其次，教材有自己的理念。化学有实验学科之说，戴安邦先生也有“实验教学是实施全面化学教育最有效的教学形式”的名言。不过，化学实验中究竟教学生什么一直是一个争论的问题。教材编写者对此的回答是：应当教的是“方法”而非知识本身。教学改革是一项复杂而长期的探索活动，愿所有的教育者都成为探索者。

西部高校承载了地区百姓和社会的更多期待，虽然目前其教学条件、规模水平仍有待提高，但是，我们欣慰地看到，西部高校老师正在努力。

郑兰荪

2013年6月15日

序

2005年，时值各地积极推进实验教学示范中心建设，新、甘、川、渝地区几所高校化学同仁聚会重庆，交流各自实验教学改革的心得。与会代表认为，以“方法”为中心的实验教学理念符合当前化学实验教学改革的基本趋势，符合教育部关于实验教学示范中心建设标准的要求，是创建一级学科教学平台有力的思想工具。经多年来的努力，尽管横向看东西部教育差距不可否认，但纵向看西部高校已今非昔比。因此，合力开发既满足学科教学需要，又反映地区教学改革成果教材的时机已经成熟。

本系列教材遵循实验教学示范中心建设标准，定位于满足一般高校化学类专业基础实验教学，按一级学科模式，把实验教学示范中心建设标准规定的全部教学内容划分为六册。

《化学基础实验（Ⅰ）》和《化学基础实验（Ⅱ）》为第一层次，为化学各二级学科共有或相关的一些操作、技术、物质性质检测。该层次的教学核心是“练”，主要通过现有知识的学习和训练，使学生能够在一定程度上举一反三。从认知心理水平讲，就是接受现有的实验研究技术和有关知识，明确“是什么”(what)。

《理化测试（Ⅰ）》和《理化测试（Ⅱ）》为第二层次，强调物质的关系、行为和反应动态。该层次的教学核心是“辨”，主要通过各种物质的量、反应过程理化参数的描述，使学生了解在化学研究中如何认识物质关系、反应和控制过程。从认知层面上讲，就是认识化学现象的本质原因及其描述方法，理解“为什么”(why)。

《无机物制备》和《有机物制备》为第三层次，强调按照一定的要求，根据相关的知识选择、设计合适的技术，创造新物质。该层次的教学核心是“做”，主要在于知识、技能、条件的综合应用。从认知层面上讲，要求根据需要创造性地解决问题，实现“怎么办”(how)。

本系列教材于2006年由西南师范大学出版社出版试用以来，一方面通过校际交流推进了合作学校的教学改革，取得了一定的成果，另一方面相继发现了教材中存在的问题。在科学出版社的支持下，本系列教材得以重新修编出版。

本次修订以《高等学校化学类专业指导性专业规范》为根本依据，调整知识点在各册的分配，按照学科发展和国家标准修订，更新引用技术、补充完善原有知识点或压缩篇幅，对初版中的错误、笔误、表达晦涩处进行校对和纠正。除此之外还作了如下两方面较明显的变动：

(1) 强化基础。与实验教学示范中心建设标准相比，《高等学校化学类专业指导性专业规范》更加强调基础,新增了玻璃加工和一些基本物质参数和常规实验技术,修订中都全部予以考虑。

(2) 适度取舍。《高等学校化学类专业指导性专业规范》强化了物质制备,在实验教学示范中心建设标准基础上增加了高分子制备和天然物提取两部分,同时弱化了原化工部分的内容。事实上,高分子和化工部分的教学在不同学校之间差异都很大,常形成学校的办学特色。考虑到本书的基础性定位,这两部分均不涉及。本次修订纳入了天然物提取,因为此类实验项目容易激发学生学习兴趣,所以安排在了《化学基础实验(Ⅰ)》中,以便提升学生的专业热情。

本次修订得到合作学校领导的大力支持,组织编写队伍,提供实验项目试做的条件;郑兰荪院士给予本系列教材关注并作序,也给了大家极大的鼓舞;科学出版社多次及时指导,更使修撰工作少走不少弯路;所有编写老师积极工作,其中还包括家人的支持。这些都难以用一个"谢"字表达。

限于编者水平,错误疏漏在所难免,望读者不吝赐教。

"大学化学实验教学示范中心系列教材"编写委员会

2013 年 6 月

目　录

绪　论

学习指导

反应性是化学学科的核心内容。反应不仅涉及反应物和生成物,而且更重要的是过程。可以说,物质结构决定功能,决定反应进行的可能性,而过程是反应进行诸条件的总和,决定了反应的必然性。这两点正是本书讨论的主题。

本书涉及大学化学基础实验中综合性最高、技术最复杂的实验内容,对于培养学生实事求是的科学态度、严密细致的实验操作、熟练正确的实验技能、团结协作的工作作风、分析和解决实际问题的能力,全面提高学生的综合素质和新思维具有不可替代的重要作用。因此,学生除了学习本书和相应的理论课程教材,还应当广泛参考课外读物,了解理化实验的安全防护知识和数据处理方法,养成"思、学、做"一体的学习习惯。

0.1　教学目标

强调以方法为中心,注重培养学生的自主学习能力和探索新知识、新技术的兴趣是本课程的教学目标。本书主要包括热力学、动力学、电化学、胶体与表面化学及物质结构等方面有代表性的实验,为避免重复、控制教材篇幅,在具体实验项目中尽量避免一般性的原理介绍,仅给出与本实验密切相关的特殊性说明。教师在教学方法上应注意与理论课互相衔接、互相补充,紧扣实验项目但不局限于实验项目,以便学生全面了解本领域的研究进展和发展趋势。

学生通过学习初步了解化学过程的研究方法,掌握理化测试的基本实验操作技术和技能,学会常见重要理化动态性质的测定方法,培养实验现象的观察和记录,实验条件的选择和优化,实验数据的测量与处理,实验结果的分析、整理、归纳和总结以及实验报告的提交等严谨的科学习惯。这对于提高学生的创新能力,培养探求新理论和新知识的精神,增强综合运用所学知识解决实际问题的能力具有十分重要的意义。

为了保证实验的顺利进行,达到预期的实验目的和效果,学生必须具备如下的知识与技术储备:①必要的化学实验基本技能,因此本书实验安排在《化学基础实验(Ⅰ)》、《化学基础实验(Ⅱ)》、《理化测试(Ⅰ)》之后进行;②必要的安全防护知识,本书实验中经常会遇到一些较为极端的实验条件,如高、低温实验条件(加热、加注液氮或液氦等),高、低压条件(各种高压气瓶、真空系统等),高压电、高频及各种辐射源(如 X 射线、γ 射线及激光等),存在一定的危险,因此实验人员必须具备必要的安全防护知识,熟悉相应的预防措施及相关的应急处理方法。实验指导教师必须在实验项目开始前为学生安排一两次安全知识讲座,或安排学生自习相关实验的防护知识,由教师组织考查,合格后方可开始具体实验操作。

尽管学生实验都是成熟的甚至经典的实验项目,“解”的存在不言而喻,但是对学生而言,实验过程仍然具有探索性和不确定性。所以,学生应当仔细重温《化学基础实验(Ⅰ)》、《化学基础实验(Ⅱ)》和《理化测试(Ⅰ)》的绪论,理解课前准备、实验操作和课后总结的基本要求,培养完成化学实验和化学学科研究全过程的学科素养。

考虑到本书的适用性,各种仪器的操作方法在教材中介绍较少,各校在使用过程中需要根据各自的仪器型号、特点以及教学条件进行具体介绍。

0.2 实验数据表达与处理

0.2.1 实验数据表达

实验过程中,误差是客观存在的,任何一种测量方法都会不可避免地带来一定的误差。因此要求实验者必须严格按照误差理论处理实验数据,对测量结果的可靠性进行评价,并正确表达测量结果,同时根据误差分析选择合适的测量仪器和实验方法。有关误差的概念及一般处理方法详见各专业教材,本书中主要介绍与本书实验项目相关的实验数据的处理和表达方法。

理化参数的测量常常需要处理大批的实验数据,对这些复杂数据进行分析、整理、归纳和总结,从中得出正确的结果,是实验工作者必须具备的能力和技能。实验数据的处理和表达方式主要有列表法、图解法和数学方程式法等。

1. 列表法

列表法由于具有简单明了、方便直观、表中数据可以相互比较等特点而被广泛使用。

化学实验中通常涉及多个变量,可以将自变量列在前面(如表 1-1 中,“测量凝固点”列),因变量列在后面(如该表“凝固点降低值”列),将相关数据对应列成多行多列表格。一般表格由表头和表格组成。表头应包括表的序号和表题(table caption,表的名称);表的每一行或一列应有相应的栏头;表中的数据应尽可能使用最简单的形式表示,公共的倍数、乘方因子等在栏头内标注;每一行或列中的数据要排列整齐,小数点也应对齐;直接测量的数据可与处理结果并列在同一表格内,必要时可在表下部注明数据来源(测量、处理方法或文献出处等);数据的单位一般在栏头内标注；在表达清晰、明了的前提下，表格要尽量简洁。

2. 图解法

用图解法表示实验数据，可以直观表示出各种实验变量的变化规律，并根据图形处理得到许多有用的数据，是理化测试中应用最为广泛的数据表达方法之一。其主要的应用有如下六种。

(1) 直观表达变量间的定量依赖关系。以自变量为横坐标，以函数值为纵坐标，用描点作图法可以很容易地绘制出二者之间的变化曲线，在曲线的有效范围内，可以方便地求得任意自变量对应的函数值。

(2) 利用测量数据间的函数关系求得相关的解析表达式（经验方程式，empirical equation）。例如，已知化学反应速率常数 k 与反应活化能 E_a 之间符合指数函数关系

$$k = A\mathrm{e}^{-\frac{E_a}{RT}} \tag{0-1}$$

将其两端取对数得

$$\lg k = \lg A - \frac{0.4343E_a}{RT} \tag{0-2}$$

以 $\lg k$ 对 $1/T$ 作图，得到一条直线，通过直线的截距可以求得 A，通过直线的斜率可求得活化能 E_a，从而求得解析表达式(0-1)的具体形式。

(3) 求特征点。函数的极值点或转折点在直线上可以非常直观地表现出来。例如，从乙醇-乙酸乙酯双液系相图中确定最低恒沸点（极小值）和从表面活性剂浓度与摩尔电导率的关系图中的转折点确定表面活性剂的临界胶束浓度等。

(4) 当所需数据无法用实验方法直接测量时，有时可以用作图外推法求得。所谓外推法就是根据变量间的函数关系，将根据实验数据绘制的曲线延伸至测量范围以外，求得该函数的极限值，如用黏度法测定高聚物相对分子质量时以外推法求取特性黏度就是典型的例子。

(5) 求取函数的微商。理化测试实验中有时需要求取曲线上各点的微商值，此时可以不必先求出函数关系的解析表达式，而是直接用图解微商法求取。在所得曲线上选取若干个实验点，然后用几何作图法作出各点的切线，求出各切线的斜率，即为该点函数的微商值。

(6) 求取函数的积分值。当需要求取函数的积分数值而不需知道函数的确切解析表达式时，可以采用图解积分法，即绘制函数曲线，然后求取一定自变量范围内曲线下所包围的面积。

3. 数学方程式法

为了确定实验数据的变化关系，从理论上揭示自变量和因变量之间依赖关系

的内在规律,常常需要对实验数据进行拟合,得出函数关系中各参数的最佳值,从而确定函数关系的解析表达式。

0.2.2 曲线方程的拟合

1. 非线性模型的线性化

在众多的函数拟合方法中,线性拟合是最简单、最常用的方法。因此通常需要将各种非线性表达式转化为适当的线性式进行处理。一些重要的函数关系式及其相应的线性式见表 0-1。

表 0-1 非线性模型的线性化变化

类型	非线性方程	线性变换	变量变化	线性化方程
幂函数	$y=ax^b$	$\lg y=\lg a+b\lg x$	$Y=\lg y, X=\lg x$, $A=\lg a$	$Y=A+bX$
指数函数	$y=ae^{bx}$	$\ln y=\ln a+bx$	$Y=\ln y, A=\ln a$	$Y=A+bx$
	$y=ae^{b/x}$	$\ln y=\ln a+b/x$	$Y=\ln y, X=1/x$, $A=\ln a$	$Y=A+bX$
	$y=ab^x$	$\lg y=\lg a+x\lg b$	$Y=\lg y, A=\lg a$, $B=\lg b$	$Y=A+Bx$
对数函数	$y=a+b\ln x$		$X=\ln x$	$y=a+bX$
双曲线函数	$1/y=a+b/x$		$Y=1/y, X=1/x$	$Y=a+bX$
S形曲线函数	$y=1/(a+be^{-x})$		$Y=1/y, X=e^{-x}$	$Y=a+bX$
多项式函数	$y=a+bx+cx^2$		$X_1=x, X_2=x^2$	$y=a+bX_1+cX_2$
		任取一点数据 (x_k, y_k)	$Y=\dfrac{y-y_k}{x-x_k}$, $A=b+cx_k$	$Y=A+cx$
	$y=1/(a+bx+cx^2)$		$Y=1/y, X_1=x$, $X_2=x^2$	$Y=a+bX_1+cX_2$
		任取一点数据 (x_k, y_k)	$Y=\dfrac{1/y-1/y_k}{x-x_k}$, $A=b+cx_k$	$Y=A+cx$
其他	$y=a/(b+x)$	$1/y=b/a+x/a$	$Y=1/y, A=b/a$, $B=1/a$	$Y=A+Bx$
	$y=ax/(1+bx)$	$1/y=b/a+1/ax$	$Y=1/y, X=1/x$, $A=b/a, B=1/a$	$Y=A+BX$

参考表 0-1,一些更为复杂的函数形式有时也可以通过适当的变换方式转换为线性式。例如,比热容 c_p 和温度的关系通常可表示为

$$c_p = a_0 + a_1 T + a_2 T^2 + \cdots$$

多项式的通式为

$$y = a_0 + a_1 x + a_2 x^2 + \cdots + a_m x^m = \sum_{k=0}^{m} a_k x^k \tag{0-3}$$

式中,a_k 为待定参数。

可以令 $Y = y, X_i = x^i (i = 1, 2, \cdots, m)$,将上式转化为线性式:

$$Y = a_0 + a_1 X_1 + a_2 X_2 + \cdots + a_m X_m \tag{0-4}$$

又如,用因次分析法导出的无因次准数式是一个复杂的幂函数,也可以转换为适当的线性式。例如,流体在对流传热过程中的无因次方程 $Nu = ARe^m Pr^n$ 就是一个幂函数。写成幂函数的一般形式:

$$y = A_0 x_1^{A_1} x_2^{A_2} \cdots x_m^{A_m} \tag{0-5}$$

式中,A_i 为待定参数,$i = 0, 1, 2, \cdots, m$。

可通过如下转换,将式(0-5)转化为线性式:

$$\ln y = \ln A_0 + A_1 \ln x_1 + A_2 \ln x_2 + \cdots + A_m \ln x_m$$

或

$$Y = B_0 + B_1 X_1 + B_2 X_2 + \cdots + B_m X_m \tag{0-6}$$

式中,$Y = \ln y, X_i = \ln x_i (i = 1, 2, \cdots, m)$, $B_0 = \ln A_0$, $B_i = A_i (i = 1, 2, \cdots, m)$。式(0-6)即是多元线性方程的一般形式。

2. 确定待定参数值

写出线性方程式后,就需要通过实验数据确定其中的待定参数值。由于实验数据的随机性,变量之间的关系具有不确定性,其中任何一个变量的值所对应的不是一个或几个确定值,而是整个集合的值。因此在处理此类问题之前,需先建立实验数据集合和待定参数之间的函数关系,即目标函数。常用的目标函数有以下两种形式:

$$F = \sum [Y_i - f(B, X_i)] = 0 \tag{0-7a}$$

和

$$F = \sum [Y_i - f(B, X_i)]^2 = 0 \tag{0-7b}$$

不同的目标函数有不同的待定系数法。前者常用平均值法,后者则常用最小二乘法。

1) 平均值法

平均值法的原理是实验数据集的所有残差 $Y_i - f(B, X_i)$ 的总和等于0,即

$$\sum_{i=1}^{n}[Y_i - (B_0 + B_1 X_{1,i} + B_2 X_{2i} + \cdots + B_m X_{m,i})] = 0 \tag{0-8}$$

为了求解 $m+1$ 个待定参数 $B_0, B_1, B_2, \cdots, B_m$,需将式(0-8)转化为 $m+1$ 个方程。为此,把 n 个实验数据分成点数近似相等的 $m+1$ 组数据,并将各组数据均写成式(0-8)所示的方程,从而得到 $m+1$ 个方程,解之即可求得 $m+1$ 个参数 B_i。

2) 最小二乘法

式(0-7b)中,F 称为残差的平方和。根据最小二乘法原理,待定系数 $B_i(i=0,1,2,\cdots,m)$ 必须满足残差平方和最小。由于 (X_i, Y_i) 为实验测量数据,因此 F 实际上仅是待定参数 $B_i(i=0,1,2,\cdots,m)$ 的函数。满足式(0-7b)的必要条件是

$$\frac{\partial F}{\partial B_i} = 0 \tag{0-9}$$

而充分条件为

$$\frac{\partial^2 F}{\partial B_i^2} > 0$$

由于目标函数为残差平方和,所以只要式(0-9)成立,则 $\frac{\partial^2 F}{\partial B_i^2} > 0$ 必然成立。

设有 n 组实验数据 $(X_{i,1}, X_{i,2}, \cdots, X_{i,m}, Y_i)$,代入式(0-6),得如下方程组

$$\begin{cases} B_0 + B_1 X_{1,1} + B_2 X_{1,2} + \cdots + B_m X_{1,m} = Y_1 \\ B_0 + B_1 X_{2,1} + B_2 X_{2,2} + \cdots + B_m X_{2,m} = Y_2 \\ \cdots \\ B_0 + B_1 X_{i,1} + B_2 X_{i,2} + \cdots + B_m X_{i,m} = Y_i \\ \cdots \\ B_0 + B_1 X_{n,1} + B_2 X_{n,2} + \cdots + B_m X_{n,m} = Y_n \end{cases} \tag{0-10}$$

由 $\frac{\partial F}{\partial B_i} = 0$ 得

$$\frac{\partial F}{\partial B_0} = -2\sum_{i=1}^{n}(Y_i - B_0 - B_1 X_{i,1} - B_2 X_{i,2} - \cdots - B_m X_{i,m}) = 0$$

$$\frac{\partial F}{\partial B_1} = -2\sum_{i=1}^{n}(Y_i X_{i,1} - B_0 X_{i,1} - B_1 X_{i,1}^2 - B_2 X_{i,1} X_{i,2} - \cdots - B_m X_{i,1} X_{i,m}) = 0$$

$$B_0 \sum_{i=1}^{n} X_{i,1} + B_1 \sum_{i=1}^{n} X_{i,1}^2 + B_2 \sum_{i=1}^{n} X_{i,1} X_{i,2} + \cdots + B_m \sum_{i=1}^{n} X_{i,1} X_{i,m} = \sum_{i=1}^{n} X_{i,1} Y_i$$

由此可得 $m+1$ 维的联立方程组:

$$\begin{cases} nB_0 + B_1\sum_{i=1}^{n}X_{i,1} + B_2\sum_{i=1}^{n}X_{i,2} + \cdots + B_m\sum_{i=1}^{n}X_{i,m} = \sum_{i=1}^{n}Y_i \\ B_0\sum_{i=1}^{n}X_{i,1} + B_1\sum_{i=1}^{n}X_{i,1}^2 + B_2\sum_{i=1}^{n}X_{i,1}X_{i,2} + \cdots + B_m\sum_{i=1}^{n}X_{i,1}X_{i,m} = \sum_{i=1}^{n}X_{i,1}Y_i \\ B_0\sum_{i=1}^{n}X_{i,2} + B_1\sum_{i=1}^{n}X_{i,2}X_{i,1} + B_2\sum_{i=1}^{n}X_{i,2}^2 + \cdots + B_m\sum_{i=1}^{n}X_{i,2}X_{i,m} = \sum_{i=1}^{n}X_{i,2}Y_i \\ \cdots \\ B_0\sum_{i=1}^{n}X_{i,m} + B_1\sum_{i=1}^{n}X_{i,m}X_{i,1} + B_2\sum_{i=1}^{n}X_{i,m}X_{i,2} + \cdots + B_m\sum_{i=1}^{n}X_{i,m}^2 = \sum_{i=1}^{n}X_{i,m}Y_i \end{cases} \tag{0-11}$$

解式(0-11)所示的方程组，即可求得所有待定参数 $B_i(i=0,1,2,\cdots,m)$。这就是多元线性最小二乘回归分析的基本原理和方法。

对于简单而常见的一元线性方程 $y=a+bx$，上述方法可以得到大大简化。例如，实验中测得一系列实验数据$(x_i,\ y_i)(i=1,2,\ \cdots,\ n)$，利用最小二乘法，可以得到回归方程 $y=\hat{a}+\hat{b}x$，其中回归参数为

$$\hat{a}=\frac{1}{n}\sum_{i=1}^{n}y_i-\frac{\hat{b}}{n}\sum_{i=1}^{n}x_i$$

$$\hat{b}=\frac{n\sum_{i=1}^{n}x_iy_i-\sum_{i=1}^{n}x_i\sum_{i=1}^{n}y_i}{n\sum_{i=1}^{n}x_i^2-\left(\sum_{i=1}^{n}x_i\right)^2} \tag{0-12}$$

为了判断两个变量之间线性关系的优劣程度，通常引入相关系数 R

$$R=\frac{\sum_{i=1}^{n}x_iy_i-n\bar{x}\bar{y}}{\sqrt{\left[\sum_{i=1}^{n}x_i^2-\frac{1}{n}\left(\sum_{i=1}^{n}x_i\right)^2\right]\left[\sum_{i=1}^{n}y_i^2-\frac{1}{n}\left(\sum_{i=1}^{n}y_i\right)^2\right]}} \tag{0-13}$$

式中，$\bar{x}$ 和 $\bar{y}$ 分别为实验数据中自变量和因变量的算术平均值。

当 $R=0$ 时，回归直线平行于 x 轴，表明 y 的变化与 x 无关，数据点的分布是无规则的。

当 $0<|R|<1$ 时，表示 x，y 之间存在一定的线性关系。

如果 $R>0$，则称 x 与 y 正相关；如果 $R<0$，则称 x 与 y 负相关。而当 $R=1$ 时，x 与 y 完全相关，全部数据均落在回归曲线上。

现在，一些专业绘图软件如 Origin、Excel 等都具有曲线拟合功能，使用非常方便。

（杨　武）

第1章 热 力 学

学习指导

本章主要介绍热力学函数的基本概念及测量方法，学生要着重理解各种热力学函数之间的相互关系，深入理解各种方法的区别与联系以及各自的适用条件，学会根据体系的特点自主选择测定方法。

1.1 热 效 应

1.1.1 概述

在恒压或恒容条件下，当产物的温度与反应物的温度相同且在反应过程中只做体积功不做其他功时，化学反应所吸收或放出的热称为此过程的热效应，通常亦称为反应热。研究化学过程中热效应的学科称为热化学。

化学反应之所以能吸热或放热，从热力学的观点看，是因为不同物质有着不同的热力学能或焓，反应产物的总能量或总焓通常与反应物的总能量或总焓不同，所以发生反应时通常伴随有能量的变化，不做其他功时能量变化会以热的形式与环境交换，这种交换的热量就是反应的热效应。在热力学中，一般规定系统吸收的热为正，放出的热为负。

如果一个化学反应在反应前后物质的量有变化，特别是在有气体物质参加反应的情况下，反应热的量值与反应是在恒压下进行还是在恒容下进行有关。恒温恒容下的反应热称为恒容反应热。根据热力学第一定律，恒容不做非体积功时

$$Q_V = \Delta U \tag{1-1}$$

恒温恒压下的反应热称为恒压反应热。恒压不做非体积功时

$$Q_p = \Delta H \tag{1-2}$$

根据热力学关系式，对于有理想气体参加的反应系统：

$$Q_p = Q_V + \Delta nRT \tag{1-3}$$

式中，Δn 为反应前后生成物和反应物中气体物质物质的量之差；R 为摩尔气体常量；T 为反应温度。

热效应的测量方法有很多，如热分析法、量热法、溶解度法、平衡蒸馏法等。

1.1.2　热分析法

物质在加热或冷却过程中，当达到特定温度时，会发生某种物理变化或化学变化，并伴随放热或吸热现象，引起系统温度变化，反映物系的焓发生了变化。热分析法就是通过测量温度的变化来分析物质的物理性质或化学变化的一类技术。

热分析法常用于绘制相图和测定某些物质的相对分子质量。其基本原理是：对组分确定的系统，其自由度 $f=C-\Phi+2$。系统被加热或冷却时，如果没有相数的增减，不会引起自由度的变化，因而系统温度随被加热或冷却时间的变化是均匀的；当系统被加热或冷却过程中出现相数增减时，自由度的变化造成系统温度随时间变化出现转折点。该转折点对应的温度就是系统发生相数增减的温度，所以热分析法实验技术的关键是准确地测量出转折点的温度。

热分析法通常是将物系缓慢而均匀地冷却（或加热），跟踪记录系统温度随时间变化的曲线（称为步冷曲线），如果系统不发生相的变化，则温度将随时间均匀地改变，当体系内有相变发生时，温度-时间曲线上就会出现转折点或水平线段。

图 1-1 是纯物质的步冷曲线，当只有熔融物存在时，温度以一定速率下降，步冷曲线的斜率为常数；当固体开始析出时，两相平衡共存，自由度为 0，温度不再是变量，而是保持不变，曲线呈现水平段，直至所有液体全部转变为固体单相，温度又开始下降。由于液体和固体的热容不同，对应于这两者的步冷曲线的斜率也不同。图 1-2 是二组分混合物的步冷曲线，*AB* 段是液相的冷却过程；当固体开始析出时，曲线出现转折，斜率有改变，这时由于固体的存在改变体系的总热容及凝固时放出的相变潜热可抵消环境移走的热量，冷却过程变慢，如曲线 *BC* 段。当固体继续析出时，溶液的浓度变大，凝固点继续降低，温度仍沿 *BC* 段变化，直到第二种固

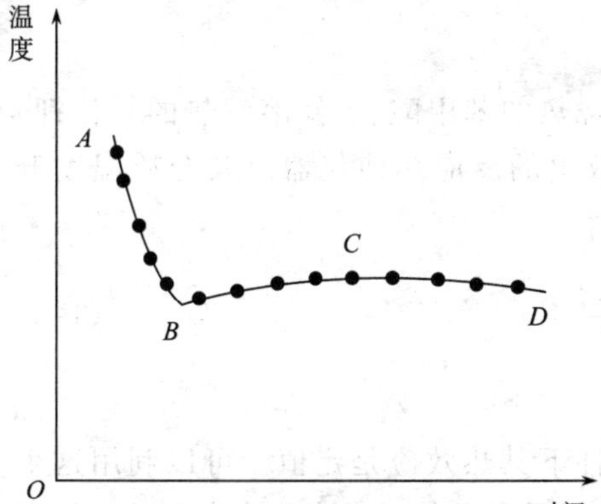

图 1-1　纯物质的步冷曲线

A. 液体冷却；*B*. 过冷；*C*. 凝固点；*D*. 固体冷却

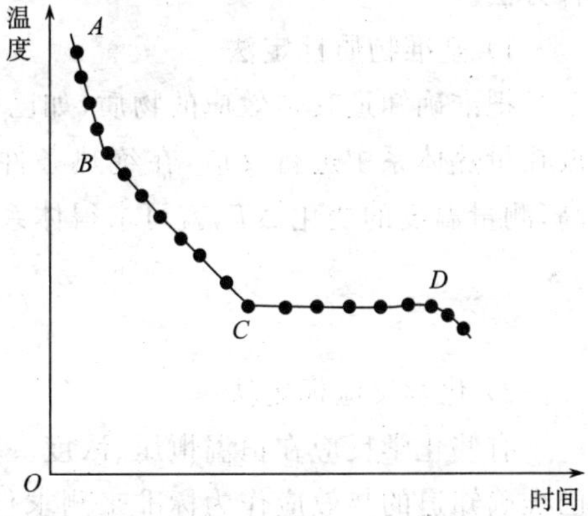

图 1-2　二组分混合物的步冷曲线

A. 熔融物冷却；*B*. 析出固相；

C. 凝固点；*D*. 固体冷却

体析出，此时为三相共存，自由度为0，温度恒定，曲线的 CD 段为水平段。两固相与液相共存的温度称为低共熔温度，此时固相的组成称为低共熔混合物组成。在实际的实验测定过程中，无论是纯物质还是混合物，一种新的相出现前，系统常由于处于介稳状态而出现过冷或过热现象，有时会给凝固点的精确测定造成困难，此时可用外推法予以校正。

热分析法是一种重要的物理化学分析方法，它可以对物质进行定性和定量分析，在生产和科学研究中有着广泛的应用。

1.1.3 量热法

直接测定恒容过程热效应 $Q_V(\Delta U)$ 和恒压过程热效应 $Q_p(\Delta H)$ 的实验方法称为量热法。量热法是热力学实验中的一个基本方法。通常能直接测定的热效应有物质的热容、溶解热、稀释热、中和热和燃烧热等，测定这些热效应还可求算某些化合物的生成焓。物质的热量值在化工设计和生产实际中都有重要意义，热效应的数据也常用于计算平衡常数和其他热力学量。热力学第一定律是量热测定的基础。热量测量的设计原理是在绝热条件下，将被测物质置于某一量热体系中进行反应，热效应将使体系的温度升高或降低，测量反应前后温度的变化 ΔT 及体系的热容 C，根据热力学第一定律即可计算反应的热效应。

$$Q = C\Delta T \tag{1-4}$$

1. 量热体系热容的测定

"体系"包括量热仪器和恒温介质(通常为水)。体系热容 C 的测定有以下三种方法。

1) 基准物质标定法

把准确知道其热效应的物质(如已知燃烧热的苯甲酸、已知溶解热的氧化钾)放在量热体系中进行反应，在绝热条件下，放出的反应热使仪器以及介质温度升高，测量温度的变化 ΔT，就可求得体系的热容。

$$C = \frac{Q_{标}}{\Delta T} \tag{1-5}$$

2) 化学反应标定法

有些化学反应在恒温恒压、浓度一定条件下其热效应是定值。可以利用这个已准确知道的热效应作为标准来测求仪器和介质的热容。例如，强酸和强碱的中和反应。

3) 电热法

给量热体系的电加热器通以稳定电流 I(A)，测定电压降 U(V)和通电时间

t(s),并测定体系的温度变化 ΔT,根据焦耳定律计算热量 $Q_{电}$,从而求出体系的热容。

$$C=\frac{Q_{电}}{\Delta T}=\frac{I^2Rt}{\Delta T}=\frac{IUt}{\Delta T} \tag{1-6}$$

应当指出,不同条件下测得的体系热容是不同的,为了减少误差,测定体系热容必须在与测定热效应完全一致的条件下进行。

上述热容 C 是对仪器和水介质而言的,扣除水介质(已知质量和热容)所吸收的热量,即可求出仪器的热容。

2. 测量热效应的设备

测量热效应的仪器常称为量热计(也称为卡计)。常用的是测温量热计,它本身的温度在量热过程中是变化的,通过测量温度的变化进行量热。这种量热计又分为氧弹量热计和杜瓦瓶恒压量热计两种。

1) 氧弹量热计

这种量热计常用于测定物质的燃烧热,待测样品放在充以氧气的(称为氧弹)厚壁容器中进行反应,因此是恒容过程,测得的是恒容热效应 Q_V。

2) 杜瓦瓶恒压量热计

在测定中和反应热、溶解热等热效应时,往往用这种量热计。它由杜瓦瓶、搅拌器和测温部件组成。

3. 热漏的校正

要准确测量热效应,关键是保证产生的热量不散失,全部传递给量热体系而使量热计的温度升高,采用绝热式量热计即可达此目的。量热过程中,记录初期平衡温度和终期平衡温度,即可求出 ΔT。但常用的是外壳等温式量热计和杜瓦瓶恒压量热计,它们的热漏总是不可避免的。体系与环境存在温度差,必存在热传递,还有蒸发、对流、辐射等影响,搅拌器的机械性能也可变为热能而引入体系,给准确测量温差带来困难,因此必须进行热漏校正。

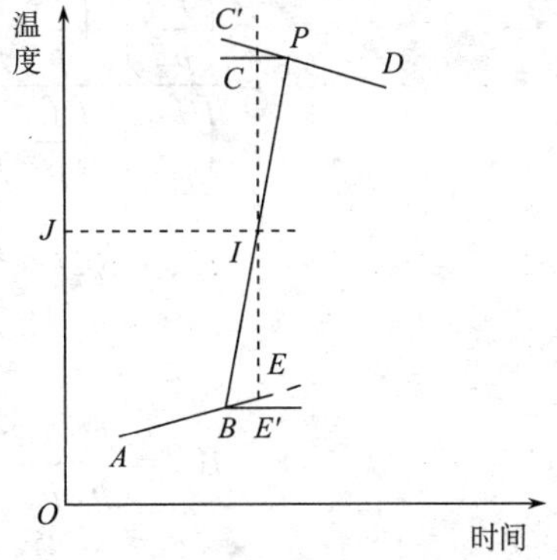

图 1-3　雷诺图解温度校正图

雷诺温度校正图是常用的校正对温差测量影响的方法。将观测到的量热计温度读数对时间作图,连成 $ABICD$ 曲线(图 1-3),图中 B 相当于热效应开始之点,C 相当于热效应终了的点,I 相当于室温或夹层水浴的温度(用精密温差仪测量)。由图可见,在 AB 期,因为环境温度高于体系反应前的温度，环境向体系输入热量，加上搅拌热使体系温度随时间的延长而升高；PD 为反应完成后，由于体系温度高于环境温度，体系向环境漏热，故温度随时间的延长而降低。这两种效应也将综合地反应在 BP 期。校正的方法是：过 I 作横轴的垂线，并延长 AB 和 PD 交此垂线于 E 和 C'，EC' 即为经校正后的 ΔT。EE' 是由于环境和搅拌功输入的热量所增加的温度，应予扣除，而 CC' 是由于向环境漏热体系温度降低的值，应予补偿。

(廖　钫　李将渊)

1.2 平衡常数

1.2.1 概述

平衡常数是一个十分重要的物理化学量。准确地测量指定化学反应的平衡常数在科学研究和生产实践中有重要意义和应用价值。

严格地说，化学反应都可以同时向正反两个方向进行，在一定条件下，当正反两个方向的反应速率相等时，化学反应就达到平衡状态。化学平衡状态从宏观上看表现为静态，而实际上是一种动态平衡。其特点是只要外界条件不变，达到化学反应平衡后系统中各物质的量(或浓度)均不随时间而改变。对于指定的化学反应，达到化学反应平衡后产物和反应物的数量之间具有确定的关系，其反应参与物的逸度或活度的计量系数次幂(产物取正，反应物取负)的连乘积为一常数，此常数就称为平衡常数。

例如，任意气相化学反应：

$$dD(g) + eE(g) + \cdots \rightleftharpoons gG(g) + hH(g) + \cdots$$

$$K_f^\ominus = \frac{\left(\frac{f_G}{p^\ominus}\right)_e^g \left(\frac{f_H}{p^\ominus}\right)_e^h \cdots}{\left(\frac{f_D}{p^\ominus}\right)_e^d \left(\frac{f_E}{p^\ominus}\right)_e^e \cdots} = \frac{\left(\frac{p_G}{p^\ominus}\right)_e^g \left(\frac{p_H}{p^\ominus}\right)_e^h \cdots}{\left(\frac{p_D}{p^\ominus}\right)_e^d \left(\frac{p_E}{p^\ominus}\right)_e^e \cdots} \cdot \frac{\gamma_G^g \gamma_H^h \cdots}{\gamma_D^d \gamma_E^e \cdots}$$

$$= K_p \cdot K_\gamma (p^\ominus)^{-\sum_B \nu_B} \tag{1-7}$$

式中

$$K_p = \frac{p_G^g p_H^h \cdots}{p_D^d p_E^e \cdots} = \prod_B p_B^{\nu_B} = \frac{K_f^\ominus}{K_\gamma (p^\ominus)^{-\sum_B \nu_B}} \tag{1-8}$$

$$K_\gamma = \frac{\gamma_G^g \gamma_H^h \cdots}{\gamma_D^d \gamma_E^e \cdots} = \prod_B \gamma_B^{\nu_B} \tag{1-9}$$

$K_f^\ominus$ 为热力学平衡常数,也称标准平衡常数,量纲为一,对指定反应是温度的函数;K_p 为经验平衡常数,并非总是量纲为一的量,只有当 $\sum \nu_B = 0$ 时,其量纲为一;ν_B 为化学反应方程式中反应参与物的计量系数,对产物取正值,反应物取负值;f_B、γ_B 分别为参与反应的物质B的逸度和逸度因子(或逸度系数);p_B 为B物质的分压。

若各反应参与物均可视为理想气体,则有 $f_B = 1, K_f^\ominus = K_p^\ominus, K_p^\ominus = K_p^\ominus (p^\ominus)^{-\sum_B \nu_B}$。对于理想气体,恒容下,物质B的分压与其物质的量浓度 c_B 的关系是 $p_B = c_B RT$,所以

$$K_p = \frac{p_G^g p_H^h \cdots}{p_D^d p_E^e \cdots} = \frac{(c_G RT)^g (c_H RT)^h \cdots}{(c_D RT)^d (c_E RT)^e \cdots} = K_c (RT)^{\sum_B \nu_B} \tag{1-10}$$

式中,K_c 为用物质的量浓度表示的平衡常数

$$K_c = \frac{c_G^g c_H^h \cdots}{c_D^d c_E^e \cdots} \tag{1-11}$$

对其他反应系统也可以得到类似的平衡常数表示式。

因为

$$\sum_B \nu_B \mu_B^\ominus(T) = \Delta_r G_m^\ominus(T) = -RT \ln K_f^\ominus \tag{1-12}$$

所以可以从实验测得的平衡常数计算化学反应热力学函数变化值,也可以从热力学函数计算出平衡常数。

1.2.2 平衡常数的测量方法

测量化学反应的平衡常数的方法很多,可以测定化学反应从某一状态到另一状态平衡系统的热力学函数变化值,计算出平衡常数;也可以直接测定化学反应平衡系统中各物质的平衡浓度或压力,计算出平衡常数。在实际中,平衡常数的测量通常是指后一种方法,其测量实质是需准确测量出化学反应平衡时各物质的量或各物质的量之间的关系式。应根据化学反应系统所涉及的物态、化学性质以及化学反应引起的反应系统物理、化学性质的差异,选用恰当的测量方法。

通常测定平衡常数的方法分为化学方法和物理方法两大类。

化学方法是利用化学分析的方法直接测定平衡系统中各物质的浓度。其测定的原理相对直观、简单,不需要对测定的数据做物理量的变换。但用化学分析的方法时,常需加入新的试剂以求得平衡系统中某种物质的平衡浓度,加入试剂往往会扰乱平衡,使所测得的浓度并非平衡时的真正浓度。因此,在进行分析前必须设法避免破坏化学平衡,如采用平衡系统骤然冷却、移去催化剂、充分稀释等方法使化学反应"冻结"在平衡状态。显然,如何设计"冻结"方法是化学方法的难题,究竟使

用哪一种方法,要针对具体问题,选取最适当、最简便的方法。

物理方法是利用被测系统的某些物理性质与组成的关系,如系统的折光率、电动势、电导率、颜色、光的吸收、色谱定量图谱、密度、压力或容积的改变等与平衡系统组成的关系,通过测定系统的物理量得到平衡系统的组成,从而求得平衡常数。用物理方法进行测定最大优点是一般不会扰乱系统的平衡状态,能测出化学反应平衡时的真正浓度,但必须首先了解这些物理性质与平衡系统组成的关系,获得系统某个物理量与化学反应系统物质的量或浓度的定量关系。一般来说,使用物理方法都有一个将直接测量的物理量进行数据转换和数据处理的过程。在现代测试中,用物理方法来测定物理量大多要借助电子仪器和计算机系统,迅速发展的电子技术和计算机技术促进了测试仪器的不断更新,使测试仪器的测量准确度和自动化程度日益提高,所以尽管用物理方法测定平衡常数的原理和数据处理比化学方法相对更复杂,但由于测试仪器水平的发展,它仍得到广泛的应用。下面介绍四种常用测定平衡常数的物理化学方法。

1. 压力测定法

当化学反应中有气体物质生成或参与反应时,可以用测定平衡压力的方法来测定该反应的平衡常数,这种方法尤其适用于纯固体或纯液体物质加热解离成气体产物反应的平衡常数。

在一定温度下,纯固体物质加热解离时其解离反应生成的气体达平衡时为定值,生成气体的总压力称为解离压力。

例如,纯固体物质 A(s)解离成气体 B 和 D

$$A(s) \xlongequal{\quad} B(g) + D(g)$$

若反应系统气体部分完全是 A 解离的气体产物,则系统总压即为解离压力,且有 $p_{解离}=p_B+p_D$,$p_B=p_D$。可得平衡常数 K_p 与解离压力的关系是

$$K_p = p_B \cdot p_D = \frac{p_{解离}}{2} \cdot \frac{p_{解离}}{2} = \frac{p^2_{解离}}{4}$$

因此测得平衡时的解离压力,根据化学计量方程式和热力学平衡常数的定义就可以求得平衡常数。由此可见,用压力法测平衡常数的实验装置需满足三方面要求:①测量系统温度必须恒定;②待测系统气相中没有其他非反应参与物的气体;③需准确地测出平衡压力。

通常以静态法来测定纯固体的解离压力,即在一定温度下测定化学平衡系统的压力。常用等压计密封被测样品并标示平衡压力,等压计装置如图 1-4 所示。被测试样装在等压计左边样品管中,等压计置于恒温浴中保证测试系统恒温,用密封液将测量样品与环境隔离。实验时先排除样品管中空气,然后使样品在恒温 T

下分解，此时样品管和等压计左管上方仅存样品分解的气体。调节等压计右管上方气压，使等压计中的密封液液面左右等高且稳定不变，则表示分解反应已达到平衡。此时从等压计右管外接的压力计测出的压力与等压计左管的气体压力相等，该压力即为温度 T 下被测试样的平衡解离压力。

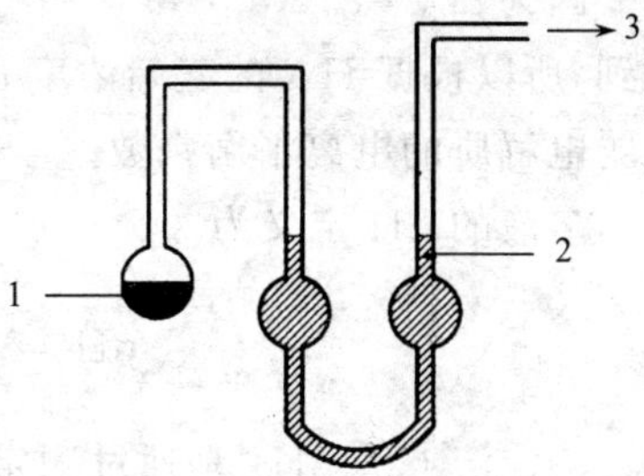

图 1-4 等压计
1. 待测样品；2. 密封液；
3. 连接压力计和真空系统

可根据研究系统的需要，选用不同的压力计或压差计。现一般使用数字精密压力计或压差计来测定系统的压力，其工作原理如图 1-5 所示。

图 1-5 中，压力传感器通常使用压阻式压力传感器，它是由在硅膜片上采用集成电路工艺制成 4 个等值的应变扩散电阻组成的惠斯通电桥，桥路的工作电源由直流恒流源供给，当压力传感器感受到被测压力时，由于压阻效应桥臂电阻发生变化，从而桥路输出相应的电势信号，实现压力的非电量变换。压力电势信号通过信号调理电路放大，经 A/D 转换为数字信号，送到单片机中进行运算和智能校正后，一方面将压力测量值用 LED 显示结果，另一方面通过 RS 串行口或 USB 输出，以便与计算机联用扩展其功能。

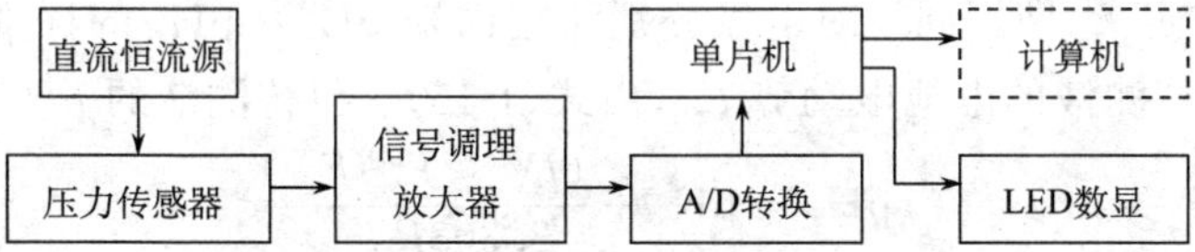

图 1-5 数字精密真空压力计原理框图

2. pH 测定法

弱电解质在水中会发生部分电离而使溶液的 pH 发生变化，在定温下，电离达平衡时，溶液的 c_{H^+} 为定值。

例如，对于一元弱酸 HA，在定温下水溶液中达电离平衡时

$$HA \rightleftharpoons H^+ + A^-$$

其电离平衡常数为

$$K_c = \frac{c_{H^+} c_{A^-}}{c_{HA}}$$

式中，c_{H^+}、c_{A^-} 和 c_{HA} 分别为电离平衡时 H^+、A^- 和 HA 的浓度。

因为 $c_{HA}=c_0-c_{H^+}$，$c_{H^+}=c_{A^-}$，而溶液中的 c_{H^+} 可根据平衡时测量溶液的 pH 得到，所以根据 HA 的起始浓度 c_0、平衡时溶液的 pH 和化学计量方程式，即可求得弱电解质的电离平衡常数。

溶液的 pH 定义为

$$\mathrm{pH}=-\lg a_{H^+}=-\lg\gamma_{c,B}\frac{c_{H^+}}{c^{\ominus}} \tag{1-13}$$

测定溶液的 pH_x 是通过测定氢离子选择性电极与参比电极(常用甘汞电极)构成的电池电动势 E_x 得到的。待测液 pH_x 与该电池电动势 E_x 的关系是

$$E_x=\varphi_{参比}-\varphi_{H^+}=\varphi_{参比}-\left[\varphi_{H^+}^{\ominus}-\frac{RT}{F}\ln\frac{1}{(a_{H^+})_x}\right]$$

$$=\varphi_{参比}-\left(\varphi_{H^+}^{\ominus}-\frac{2.303RT}{F}\mathrm{pH}_x\right)$$

或

$$\mathrm{pH}_x=\frac{E_x-\varphi_{参比}+\varphi_{H^+}^{\ominus}}{2.303RT/F} \tag{1-14}$$

式中，R 为摩尔气体常量；T 为热力学温度；F 为法拉第常量；$\varphi_{参比}$ 为参比电极的电极电势；$\varphi_{H^+}^{\ominus}$ 为氢离子选择性电极的标准电极电势。

在实际测定中，为消除测定中所用电极的差异，国际上和我国的国家标准都采用 pH 的操作定义，即用同一对电极分别测定已知 pH 为 pH_s 的标准溶液的电池电动势 E_s 和待测液的电池电动势 E_x，由式(1-15)求得待测液的 pH_x

$$\mathrm{pH}_x=\mathrm{pH}_s+\frac{(E_x-E_s)F}{2.303RT} \tag{1-15}$$

由式(1-15)所定义的 pH 是量纲为一的量，是 pH 的操作定义。

式(1-15)可写成

$$\Delta E_x=-\frac{2.303RT}{F}\Delta\mathrm{pH}_x \tag{1-16}$$

式中，$\Delta E_x=E_s-E_x$，$\Delta\mathrm{pH}_x=\mathrm{pH}_s-\mathrm{pH}_x$；$\frac{2.303RT}{F}$称为电极系统的理论斜率。

由此可知，用同一对电极测量出未知液与标准液的电动势差值，从标准溶液 pH 可得到未知液的 pH。

测量溶液 pH 的仪器称为 pH 计或酸度计，目前一般使用数字式 pH 计或智能 pH 计测量。数字式 pH 计原理图如图 1-6 所示。

插入溶液的电极和待测液构成电池系统，其产生的电池电动势由放大器放大，经温度和斜率校正后，由数字电压表以 pH 显示出结果。一般 pH 计除备有温度和电极斜率调节器外，还设有定位调节器。定位调节器的作用是调节电极，使其在

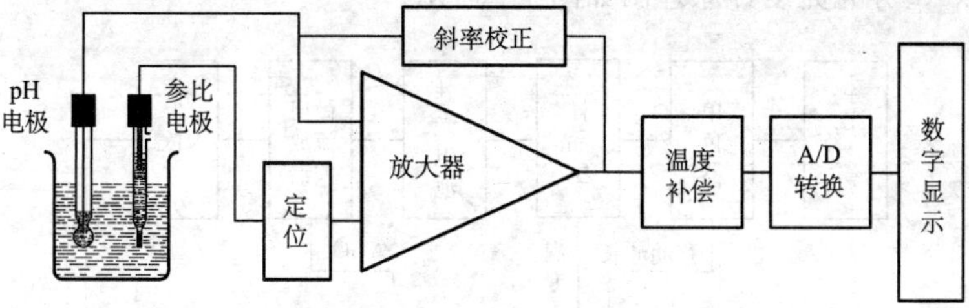

图 1-6 数字式 pH 计原理图

标准溶液中时 pH 计读数为标准溶液 pH；斜率调节器是补偿实际电极系统与理论值的差异，可用两种标准溶液予以校正；温度调节器使仪器可用于不同温度的测量。

3. 分光光度法

定温下，当波长一定的平行单色光通过均匀、非散射的有色溶液液层时，其吸光度 A 遵从朗伯-比尔定律：

$$A = \lg(I_0/I) = \varepsilon c l \tag{1-17}$$

式中，A 为吸光度；I_0 为入射光强度；I 为透射光强度；c 为溶液的浓度，单位为 $\mathrm{mol \cdot L^{-1}}$；$l$ 为被测溶液液层的厚度；ε 为摩尔吸光率（或摩尔吸光系数）。

由此可知，对物种相同而浓度不同的溶液，其摩尔吸光率 ε 相同，在定温下，液层厚度相同及其他测定条件相同时，根据朗伯-比尔定律可得：$A_1/A_2 = c_1/c_2$。因此测定物质的吸光度，可以定量地确定未知液的相对浓度和绝对浓度。

可用分光光度法测定有颜色离子或基团生成的弱电解质的电离度和电离平衡常数。例如，一元弱酸

$$\mathrm{HA} \rightleftharpoons \mathrm{H^+} + \mathrm{A^-}$$

若 $\mathrm{A^-}$ 是有色基团，则平衡时吸光度 A_e 与 $\mathrm{A^-}$ 的平衡浓度关系是 $A_e = \varepsilon c_e l$。如设法使 HA 完全解离，其完全解离的 $\mathrm{A^-}$ 浓度等于 HA 的起始浓度 c_0，完全解离吸光度 A_0 为 $A_0 = \varepsilon c_0 l$，因此电离度 $\alpha = c_e/c_0 = A_e/A_0$。若已知 HA 的起始浓度 c_0，即可得 HA 的电离平衡常数：

$$K_c = \frac{c_0\alpha^2}{1-\alpha} = \frac{c_0\left(\dfrac{A_e}{A_0}\right)^2}{1-\dfrac{A_e}{A_0}} \tag{1-18}$$

测量物质吸光度的仪器称为分光光度计。常用的 723 型可见光分光光度计是采用单片机控制的智能化仪器，具有自动调校、自动扫描、自动绘图及浓度计算等

功能。723 型分光光度计原理图如图 1-7 所示。

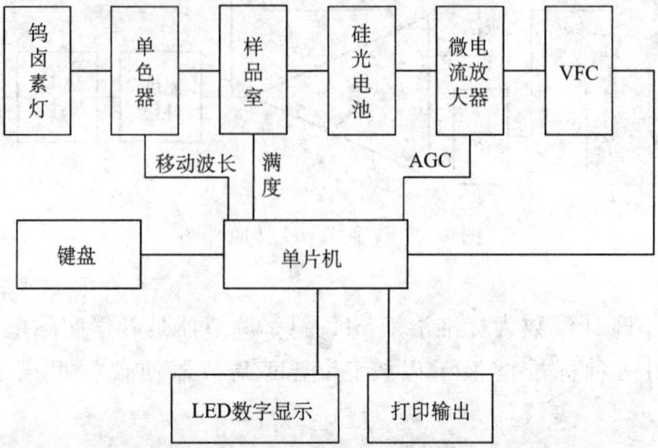

图 1-7 723 型分光光度计原理图

钨卤素灯发生的可见光经单色器后分离成一定波长的单色光，通过被测溶液的透射光照射到硅光电池转换为电流信号，该电流信号经微电流放大器和电压频率转换电路(VFC)送入单片机完成 A/D 转换，进行智能控制和数据处理，将结果用 LED 数字显示或由打印机打印，同时也可由 RS-232 串行口输出，供外接计算机扩展其功能。

4. 电导法

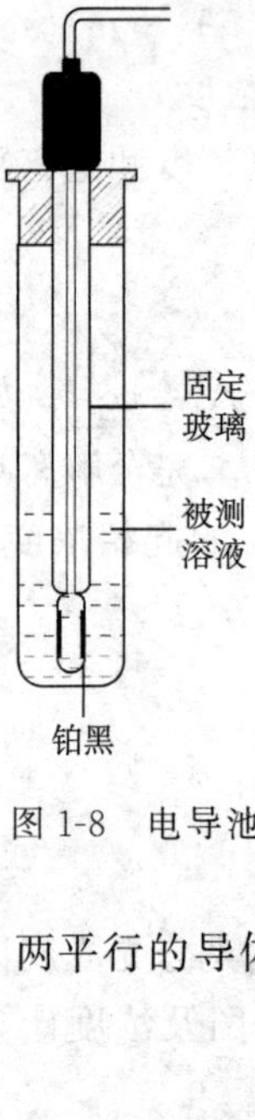

图 1-8 电导池

电解质溶液的导电能力用电导(electric conductance)G 来表示，其单位为 S(西门子，siemens)或 Ω^{-1}。通常使用摩尔电导率(molar conductivity)Λ_m 来比较不同电解质溶液的导电能力高低，Λ_m 与电解质溶液浓度 c 的关系是

$$\Lambda_m = \frac{\kappa}{c} \tag{1-19}$$

式中，κ 为电解质溶液的电导率，为单位长度(1 m)、单位截面积(1 m^2)导体的电导，其单位为 $S \cdot m^{-1}$；c 的单位为 $mol \cdot m^{-3}$；摩尔电导率 Λ_m 的单位为 $S \cdot m^2 \cdot mol^{-1}$。

在实际测量中，一般是用电导池测量电解质溶液的电导，电导池是由固定的两平行的惰性导体(常用铂片，也可称为电导电极)插入电解质溶液中构成，如图 1-8 所示。两平行的导体间的距离 l 与其面积 A 之比称为电导池常数 K_{cell}

$$K_{\text{cell}} = \frac{l}{A} \tag{1-20}$$

因为

$$G = \kappa \frac{A}{l} \tag{1-21}$$

所以

$$\kappa = \frac{l}{A}G = K_{\text{cell}}G = \frac{K_{\text{cell}}}{R} \tag{1-22}$$

式中,R 为溶液的电阻。

由式(1-22)可知,若知道电导池常数 K_{cell},测得溶液的电阻,即可求得电导率 κ,进而可得到 Λ_{m}。

由于导体表面通常涂有铂黑以增加导体表面积,难于直接测出 K_{cell},因此一般是用已知电导率的电解质溶液间接测定 K_{cell}。

测量电导率的仪器称为电导率仪,现在一般实验室使用数字式电导率仪来进行测量。其工作原理图如图 1-9 所示。

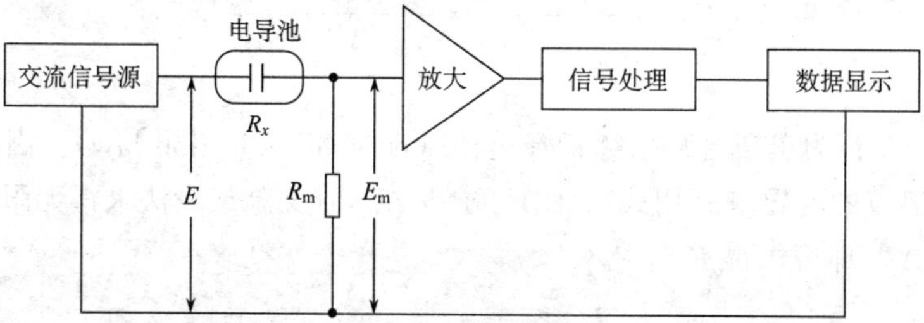

图 1-9 电导率仪工作原理图

由图 1-9 可知

$$E_{\text{m}} = \frac{ER_{\text{m}}}{R_{\text{m}} + R_x} = \frac{ER_{\text{m}}}{R_{\text{m}} + K_{\text{cell}}/\kappa} \tag{1-23}$$

式中,R_x 为液体电阻;R_{m} 为取样电阻;E 为交流信号源电压;E_{m} 为 R_{m} 的电压降。

由式(1-23)可知,当 E、R_{m} 及 K_{cell} 均为常数时,电导率 κ 的变化必将引起 E_{m} 作相应的变化,所以,通过测量 E_{m} 的大小,就可测得液体电导率的值。电导率仪通过电路设计或嵌入单片机进行相应的信号转换,直接用数字显示出被测液的电导率。通过电导池的测量信号 E 采用交流恒压源,是为了避免或降低电极的极化作用。

可用电导法测定弱电解质的电离度、电离平衡常数以及难溶盐溶解度。

例如,对+1、−1 价 AB 型弱电解质,若电解质的起始浓度为 c,电离度为 α,则

	AB ⟶	A^+ +	B^-
起始时	c	0	0
平衡时	$c(1-\alpha)$	$c\alpha$	$c\alpha$

$$K_c^{\ominus}=\frac{\frac{c}{c^{\ominus}}\alpha^2}{1-\alpha} \tag{1-24}$$

$$\alpha=\frac{\Lambda_m}{\Lambda_m^{\infty}}$$

式中,$c^{\ominus}$为标准浓度($1\ mol \cdot L^{-1}$);Λ_m 为电解质的摩尔电导率;Λ_m^{∞} 为电解质无限稀释的摩尔电导率;$K_c^{\ominus}$ 为弱电解质的电离平衡常数。

将 $\alpha=\frac{\Lambda_m}{\Lambda_m^{\infty}}$ 代入式(1-24)后得

$$K_c^{\ominus}=\frac{\frac{c}{c^{\ominus}}\left(\frac{\Lambda_m}{\Lambda_m^{\infty}}\right)^2}{1-\frac{\Lambda_m}{\Lambda_m^{\infty}}}=\frac{\frac{c}{c^{\ominus}}\Lambda_m^2}{\Lambda_m^{\infty}(\Lambda_m^{\infty}-\Lambda_m)} \tag{1-25}$$

式(1-25)称为奥斯特瓦尔德稀释定律(Ostwald's dilution law)。因此测得已知浓度 c 溶液的电导率 κ,用式(1-19)可求得 Λ_m,查文献或设法求得无限稀释的摩尔电导率 $\Lambda_m^{\ominus}$,即可求得 $K_c^{\ominus}$。

1.2.3 平衡常数测量的意义

准确地测量化学反应的平衡常数在科学研究和生产实践中有重要理论意义和应用价值。一方面通过对一个化学反应在指定条件下平衡常数的测定,可以计算出该化学反应热力学函数变化值,从而对化学反应的本质和基本规律做深入的研究。另一方面,若已知某化学反应的平衡常数,根据热力学的基本原理和规律,原则上就可以确定该化学反应的方向、平衡的条件、反应所能达到的最高限度,以及如何控制反应条件、减少副反应,使反应按照所需要的方向进行,这在实际中有重要意义。

例如,从实验中测量出平衡常数,由此可得到平衡转化率,将此与从生产实践得到的实际的转化率进行对比,找出差距,以便正确地判断生产工艺的优劣,从而根据具体情况制定工艺路线,创造工艺条件,设法使反应的转化率接近甚至达到由热力学公式计算得出的理论转化率,以获得最佳的生产效果。

(李将渊)

1.3 相 图

1.3.1 概论

物质在不同的宏观约束条件下能呈现各种不同的聚集状态。气、液、固态是常见的三种宏观聚集态。它们表现出显著不同的宏观性质，具有不同的运动特征。在平衡态热力学中，将任一聚集态内部物理性质和化学性质完全均匀的部分称为相(phase)。所谓均匀是指分散度达到分子的数量级。相是一个宏观概念，几个分子不能称为一个相。不同相之间有明显的分界面，越过此界面总有某些物理性质的改变是突跃式的，因此原则上可用一定方法把它们分开。但是，有明显分界面的未必是不同相。相在化学成分上可以是纯物质，也可以是由多种物质组成的，相的存在与物质的量无关。只包含一个相的系统称为单相系统，由两个或两个以上的相组成的系统称为复相系统或多相系统。系统中相的总数称为相数，用 Φ 表示。

通常情况下，不同物质的气体都能均匀混合，所以无论有多少种物质的气体组成的系统只可能有一个气相。对液体系统来说，由于液体间的互溶程度不同，可以是一相、两相或三相共存。例如，苯与水组成的系统发生分层现象就是两个液相系统的例子。系统中有几种固体物质，一般就有几个相。例如，铁粉与硫粉无论混合得多么均匀，仍是两个相，借助显微镜可以看到它们之间的分界面，利用磁铁就能把它们分开。同一物质的固态若内部结构不同，也存在不同的相，称为同素异形体。例如，石墨和金刚石是元素碳的同素异形体，而正交硫和单斜硫是元素硫的同素异形体。

描述相平衡系统的性质与条件及组成等之间的关系可以用不同方法。例如，列举实验数据的表格法、由实验数据作图的图解法、找出能表达实验数据的方程式的解析法。其中表格法是表达实验结果最直接的方法，其缺点是规律性不够明显；解析法便于运算和分析(如克拉贝龙方程)，然而，在比较复杂的情况下难以找到与实验数据完全相当的方程式；图解法是广泛应用的方法，用图解法研究由一种或多种物质所构成的相平衡系统的性质(如沸点、熔点、蒸气压、溶解度等强度性质)与条件(如温度、压力及组成等强度性质)之间的关系，具有清晰、直观、形象化的特点。我们把表示这种关系的图称为相平衡强度状态图，简称相图(phase diagram)。相图与平衡系统的状态呈相互对应关系。

研究多相平衡系统的状态变化规律以相律为指导，以相图为手段。相平衡系统的状态用强度性质来描述，在保持相的数目和相的形态不发生变化的条件下，独立可变的热力学强度性质的数目称为自由度(degrees of freedom)，用字母 f 表示。用相律公式可以计算系统的自由度 f

$$f = C - \Phi + n \tag{1-26}$$

相律是相平衡体系中揭示相数 Φ、独立组分数 C 和自由度 f 之间关系的规律。式中，n 通常取 2，是指温度 T 和压力 p 两个变量。相律最早由吉布斯(Gibbs)提出，所以又称为吉布斯相律。如果除 T、p 外，还受其他力场影响，则 $n>2$。当指定了温度或压力，自由度数则减少一个，$n=1$ 。

相律是一个定性规律，它指明特定条件下该平衡系统至多存在的相数及其相应的独立变量数，但不能指明是哪些相共存，哪些强度性质可作为独立变量及它们之间的定量关系。相律对单相与复相都适用，但应用相律时首先要考察系统是否满足相律成立的条件，并确定系统的独立组分数。

相图按照独立组分数来分，可分为单组分系统、双组分系统、三组分系统等；按照组分之间相互溶解情况，又可分为完全互溶系统、部分互溶系统、完全不互溶系统等；按照性质-组成来分，可以分为蒸气压-组成图、沸点-组成图、熔点-组成图以及温度-溶解度图等。

1.3.2 相图的绘制

建立相图的方法有两种：一种是利用已有的热力学参数，通过热力学计算绘制相图；另一种是依靠实验的方法绘制相图。目前，计算法还在发展之中，实际使用的相图都是实验法绘制的。

相图的坐标通常是描述系统的强度变量，如温度、压力或组成等。相图由若干个相区组成，每个相区中的点都有明确的物理意义。点分为物系点和相点，在单相区，物系点与相点重合；在 $\Phi \geqslant 2$ 相区中，只有物系点，它对应的相的组成由对应的相点表示。相图的突出优点是直观性与整体性。

相平衡是热力学在化学领域中的重要应用之一。研究多相体系的平衡在化学、化工的科研和生产中有重要的意义。例如，溶解、蒸馏、重结晶、萃取、提纯及金相分析等方面都应用到相图及相图知识。

(1) 气-液相平衡，与分馏操作和精馏操作有关。

(2) 气-固相平衡，与固体的升华和工厂生产的干燥操作有关。

(3) 固-液相平衡，与重结晶操作有关。

(4) 固-固相平衡，与不同晶形之间的转化有关。

(5) 液-液相平衡，与萃取操作有关。

【思考题】

1-1 物质的聚集状态和相是不是同一概念？

1-2 什么是相图？什么是自由度数？

1-3 金粉和银粉混合加热使其熔融，然后冷却得到的固体是同一相还是两相？说明原因。

实验1 恒温槽的组装及其性能测试

一、目的要求

(1) 了解恒温槽的构造及其工作原理,学会恒温水浴的装配技术。

(2) 测绘恒温槽的灵敏度曲线。

(3) 掌握贝克曼温度计的调节和正确使用方法。

二、基本原理

许多物理化学数据的测定必须在恒温下进行。通常采用两种办法实现恒温:利用物质相变点温度来实现;利用电子调节装置自动控温来实现。本实验组装的恒温槽就属于后者。其基本结构和温度控制原理参见《化学基础实验(Ⅰ)》2.3.4;贝克曼温度计的调节和使用参见《化学基础实验(Ⅱ)》5.3.1。

三、仪器与试剂

玻璃缸,水银接触温度计,水银温度计,贝克曼温度计,搅拌器(连可调变压器),加热器,停表。

四、实验步骤

(1) 将蒸馏水灌入浴槽至其容积的五分之四处,然后按照仪器说明书接线。

(2) 调节恒温水浴至设定温度,一般比室温高 5 ℃左右。

(3) 恒温水浴灵敏度的测定:当恒温水浴的温度在设定温度上下波动时(通过贝克曼温度计的显示屏读体系温度),每隔两分钟记录一次贝克曼温度计读数,记录 20～30 个数据。绘制恒温水浴的(温度与时间)灵敏度曲线。

(4) 调节恒温水浴温度比第一次温度高 10～20 ℃,同法记录体系温度,并绘出其灵敏度曲线。

五、思考题

(1) 影响恒温浴灵敏度的因素主要有哪些?

(2) 欲提高恒温浴的控温精度,应采取哪些措施?

(刘瑞泉)

实验2　萘燃烧热的测定

一、目的要求

(1) 用氧弹量热计测定萘的燃烧热。

(2) 明确燃烧热的定义,了解恒压燃烧热与恒容燃烧热的差别。

(3) 了解量热计主要部件的工作原理和作用,掌握氧弹量热计测量燃烧热的实验技术。

(4) 学会用雷诺(Renolds)温度校正法校正燃烧前后的温差。

二、实验原理

燃烧热是热化学中重要的基本数据。根据热化学的定义,1 mol 物质完全燃烧或完全氧化的反应热称为燃烧热。所谓完全氧化是指有机物中的C的燃烧产物为 $CO_2(g)$,H的燃烧产物为 $H_2O(l)$,N的燃烧产物为 $N_2(g)$,S的燃烧产物为 $SO_2(g)$等。燃烧热的测定除了有其实际应用价值外,还可以用于求算化合物的生成热、键能等。

量热法是热力学的一个基本实验方法。在恒容或恒压条件下测得的燃烧热分别为恒容燃烧热 Q_V 和恒压燃烧热 Q_p。在实际测量中,燃烧反应常在恒容条件下进行(如在弹式量热计中进行),这样直接测得的是反应的恒容热效应 Q_V(燃烧反应的热力学能变 ΔU),若反应系统中的气体物质均可视为理想气体,根据热力学第一定律即可计算出 Q_p,即燃烧焓 ΔH。测量热效应的仪器称为量热计,量热计的种类很多,本实验采用氧弹式量热计进行萘的燃烧热测定。

氧弹量热计是一种环境恒温式的量热计,见图1-10。

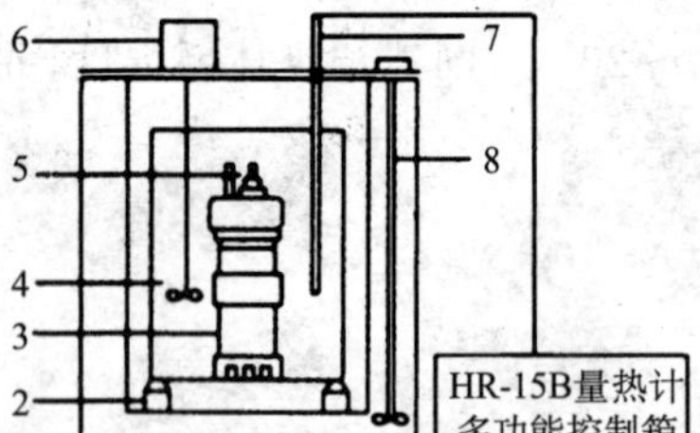

(a) 氧弹量热计示意图

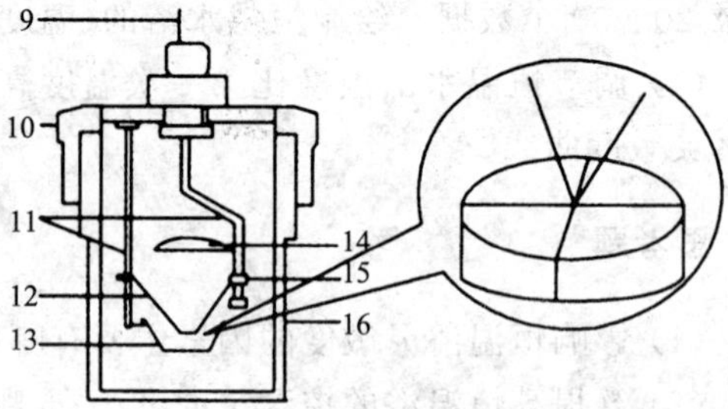

(b) 氧弹的构造

图1-10　氧弹量热计结构

1. 外筒,实验时充满水,通过搅拌器搅拌形成恒温环境;2. 绝热定位圈;3. 氧弹;4. 水桶,用以盛装量热介质;5. 电极;6. 水桶搅拌器;7. 温度传感器探头;8. 外筒搅拌器;9. 氧弹头,既是充气头,又是放气头;10. 氧弹盖;11. 电极;12. 引火丝;13. 燃烧杯;14. 燃烧挡板;15. 卡套;16. 氧弹体氧弹量热计的基本原理为能量守恒定律。样品完全燃烧所释放的能量使得氧弹本身及其周围的介质和量热计有关的附件温度升高，测量介质在燃烧前后温度的变化值，求算该样品的恒容燃烧热。其关系式如下：

$$-\frac{m_{样}}{M}Q_V - l\cdot Q_l = (m_{水}c_{水} + C_{计})\Delta T \quad (1\text{-}27)$$

式中，$m_{样}$和M分别为样品的质量和摩尔质量；Q_V为样品的恒容燃烧热；l和Q_l为引燃用引火丝的长度和单位长度的燃烧热；$m_{水}$和$c_{水}$分别为以水作为测量介质时水的质量和比热容；$C_{计}$为量热计的热容，即除水之外，量热计升高1 ℃所需的热量；ΔT为样品燃烧前后水温的变化值。

为了保证样品完全燃烧，氧弹中须充以高压氧气或其他氧化剂，因此氧弹应有很好的密封性能且耐高温耐腐蚀。氧弹放在一个与室温一致的恒温套壳中，盛水桶与套壳之间有一个高度抛光的挡板，以减少热辐射和空气的对流。实际上，量热计与周围环境的热交换无法完全避免，它对温度测量值的影响可用雷诺温度校正图校正，原理见1.1.3。

三、仪器与试剂

仪器：氧弹量热计，数字式精密温差测量仪，电子天平，台秤，万用电表，氧气钢瓶，温度计(0～50 ℃)，氧气减压阀，压片机，烧杯(1000 mL)，电炉(500 W)，塑料桶，引燃专用引火铁丝，剪刀，直尺。

试剂：苯甲酸(A. R.)，萘(A. R.)。

四、实验步骤

1）样品制作

用台秤称取大约1 g苯甲酸(切勿超过1.1 g)，在压片机上压成圆片。若样品压得太紧，点火时不易全部燃烧；若压得太松，样品容易脱落。将样品在干净的玻璃板上轻击两三次，再用电子天平精确称量。

2）装样并充氧气

拧开氧弹盖，将氧弹内壁擦干净，特别是电极下端的不锈钢丝更应该擦干净。在氧弹内的支架上搁上金属小皿，小心将样品片放置在小皿中部。剪取20 cm引火铁丝，用引火铁丝缠紧样品后，两端固定在两电极上，使样品悬挂在上方(注意：务必使引火铁丝与氧弹壁或金属小皿不短路)。用万用电表检查两电极接触良好。

3）充氧

旋紧氧弹盖和放气阀门，将进气管口的螺栓换接上导气管接头。导气管另一端与开启氧气钢瓶上的减压阀连接。打开钢瓶阀门，使氧弹中充入2 MPa的氧气。旋下导气管，关闭氧气瓶阀门，放掉氧气表中的余气。将氧弹的进气螺栓旋上,再次用万用电表检查两电极间的电阻。如果阻值过大或电极与弹壁短路,则应放出氧气,开盖检查。

4) 量热计安装

用台秤准确称取已被调节到低于室温 0.5～1.0 ℃的自来水 3 kg 于塑料桶内,将氧弹放入塑料桶中央。将点火器插在氧弹两电极上,盖上量热计盖子后,开启数字式精密温差测量仪电源,先将数字式精密温差测量仪的温度传感器插入恒温水夹套中测出环境温度,然后将其插入塑料桶的水中。

5) 测量

开动搅拌器,待温度稳定上升后,每隔 1 min 读取一次温度(准确读至 0.001 ℃)。10～12 min 后,按下点火按键通电 4～5 s,进行点火。若操作面板点火指示灯亮后即熄灭,且温度迅速上升,表示氧弹内样品已燃烧。若灯亮后不熄,表示引火铁丝没有烧断,应立即加大电流引发燃烧;若指示灯根本不亮或者虽加大电流也不熄灭,而且温度也不见迅速上升,则须打开氧弹检查原因。读数改为每隔 15 s 读一次,直至两次读数差值小于 0.005 ℃,读数间隔恢复为 1 min 一次,继续 15 min 后方可停止实验。

6) 取出氧弹

关闭电源后,先取出数字式精密温差测量仪的探头,再取出氧弹,打开出气口放出余气。旋开氧弹盖,检查样品燃烧是否完全。若燃烧完全,则氧弹中应没有明显的燃烧残渣;若发现黑色残渣,则应重做实验。测量燃烧后剩下的引火铁丝长度以便计算引火铁丝实际燃烧的长度。

7) 萘的燃烧热测量

称取 0.6 g 左右的萘,同上述方法进行测定。

五、数据处理

(1) 作苯甲酸和萘燃烧的雷诺温度校正图,分别求出 ΔT。

(2) 根据苯甲酸的燃烧热 $-26460\ \text{J}\cdot\text{g}^{-1}$、所用引火铁丝的燃烧热值、水的比热容以及 ΔT 计算量热计的热容。

(3) 根据(1)、(2)的结果,由萘的 ΔT 求出萘的恒容燃烧热 Q_V,并计算其恒压燃烧热 Q_p。

(4) 文献值: $p^{\ominus}$、20 ℃下,苯甲酸的恒压燃烧热为 $-3226.9\ \text{kJ}\cdot\text{mol}^{-1}$; $p^{\ominus}$、25 ℃下,萘的恒压燃烧热为 $-5153.8\ \text{kJ}\cdot\text{mol}^{-1}$。

六、注意事项

(1) 样品是否点燃与燃烧完全与否是本实验成功的关键。在装样时,应确保引火铁丝与样品、两电极接触良好,并务必注意不能使引火铁丝与氧弹壁或金属小皿短路，点火器插头与氧弹两电极接触良好，氧弹电极不能与氧弹壁短路等。

(2) 点火电流大小应适当，点火电流过大，引火铁丝会过早烧断；点火电流过小，不易点燃样品。

(3) 做精密测定时，需对实验用的氧气中所含氮气的燃烧值进行校正。可在氧弹中预先加入 5 mL 蒸馏水，燃烧后取出再用少量蒸馏水洗涤氧弹内壁，一并收集后，煮沸片刻，以 NaOH 溶液标定，并从总的燃烧热中扣除。

(4) 一般的精密温差测量仪都带有输出串行口，可连接计算机自动记录温度随时间的变化曲线。

七、思考题

(1) 固体样品为什么要压成片状？

(2) 塑料桶中的水温为什么要选用比环境温度低 0.5～1.0 ℃？

(3) 本实验中，哪些是系统？哪些是环境？试根据实验所得的雷诺温度校正图，解释系统与环境热交换的情况。

(4) 解释燃烧前后温度随时间略有变化的原因。

(5) 如何用萘的燃烧热数据来计算萘的标准生成热？

(6) 用该实验装置如何测定液体样品的燃烧焓？

（廖 钫 李将渊 刘瑞泉）

实验 3 凝固点降低法测定相对分子质量

一、目的要求

(1) 了解凝固点降低法测相对分子质量的原理。

(2) 掌握溶液凝固点的测定技术。

二、实验原理

实验原理参见《化学基础实验（Ⅱ）》2.1.3。

根据稀溶液的依数性，当稀溶液凝固析出纯固体溶剂时，溶液的凝固点低于纯溶剂的凝固点，其降低值与溶液的质量摩尔浓度成正比，即

$$\Delta T = T_f^* - T_f = K_f b_B \tag{1-28}$$

式中，T_f^* 为纯溶剂的凝固点；T_f 为溶液的凝固点；b_B 为溶液中溶质 B 的质量摩尔浓度；K_f 为溶剂的质量摩尔凝固点降低常数，它的数值仅与溶剂的性质有关。

若称取一定量的溶质 W_B(g)和溶剂 W_A(g)，配成稀溶液，则此溶液的质量摩

尔浓度为

$$b_B = \frac{W_B}{M_B \cdot W_A} \times 10^3 (\text{kg} \cdot \text{mol}^{-1})$$

式中，M_B 为溶质的相对分子质量。将该式代入式(1-28)，整理得

$$M_B = K_f \frac{W_B}{\Delta T_f \cdot W_A} \times 10^3 \tag{1-29}$$

若已知某溶剂的凝固点降低常数 K_f，通过实验测定此溶液的凝固点降低值 ΔT_f，即可计算溶质的相对分子质量 M_B。

通常测凝固点的方法是将溶液逐渐冷却，但溶液冷却到凝固点后并不析出晶体，往往成为过冷溶液。搅拌或加入晶种可促使溶剂结晶，结晶放出的凝固热使体系温度回升，当放热与散热达到平衡时，温度不再改变，此固液两相共存的平衡温度即为溶液的凝固点。如果过冷太多或寒剂温度过低，则凝固热抵偿不了散热，此时温度不能回升到凝固点，溶液在温度低于凝固点时完全凝固，就得不到正确的凝固点。其形状如图 1-11 所示。

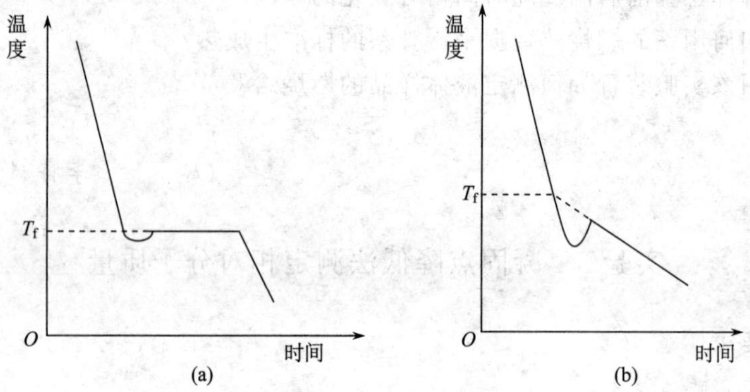

图 1-11　步冷曲线示意图

从相律看，溶剂与溶液的冷却曲线形状不同。纯溶剂两相共存时，自由度 $f^* = 1-2+1=0$，冷却曲线出现水平线段，如图 1-11(a)所示；溶液两相共存时，自由度 $f^* = 2-2+1=1$，温度仍可下降，但由于溶剂凝固时放出凝固热，温度回升，但回升到最高点又开始下降，所以冷却曲线不出现水平线段，如图 1-11(b)所示。由于溶剂析出后，剩余溶液浓度变大，回升的最高温度显然不是原浓度溶液的凝固点，严格的做法应作冷却曲线，并按图 1-11(b)中所示方法加以校正。但由于冷却曲线不易测出，而真正的平衡浓度又难于直接测定，实验总是用稀溶液，并控制条件使其晶体析出量很少，以起始浓度代替平衡浓度，对测定结果不会产生显著影响。本实验测纯溶剂与溶液凝固点之差，由于差值较小，所以测温需用较精密仪

器，本实验使用贝克曼温度计。

三、仪器与试剂

仪器：SWC-ⅡC 数字贝克曼温度计，凝固点测定仪，分析天平，烧杯，普通温度计(0～50 ℃)，移液管(25 mL)。

试剂：蔗糖，粗盐，冰。

四、实验步骤

1. 溶剂凝固点的测定

(1) 仔细阅读《化学基础实验(Ⅱ)》5.3.1 或 SWC-ⅡC 数字贝克曼温度计说明书后，打开电源，将其温度选择转向“0”，测量选择为“温差”。

(2) 仪器装置见《化学基础实验(Ⅱ)》图 2-4。用移液管向清洁、干燥的测试管内加入 25 mL 纯水，插入贝克曼温度计的探头、搅拌器(注意：探头应离管底 0.5 cm左右，不应与任何物质相碰，但也要保证探头浸入水中，且开动搅拌听不到碰壁与摩擦声)。先将盛水的凝固点管直接插入寒剂中，上下移动搅拌棒(勿拉过液面)，使水的温度逐渐降低，当过冷到 0.7 ℃以后，要快速搅拌(以搅拌棒下端擦管底)，幅度要尽可能小，待温度回升后，恢复原来的搅拌，同时观察温度计读数，直到温度回升稳定为止，此温度即为水的近似凝固点。取出凝固点管，用手温热，使管中固体全部熔化。将凝固点管放在空气套管中，缓慢搅拌，使温度逐渐降低，当温度降至近似凝固点时，自支管加入少量晶种，并快速搅拌(在液体上部)，待温度回升后，再改为缓慢搅拌。直到温度回升到稳定为止，以手轻叩管壁，读取温度，记下稳定的温度值，重复测定三次，每次之差不超过 0.006 ℃，三次平均值作为纯水的凝固点。

2. 溶液凝固点的测定

取出凝固点管，如前将管中冰融化，用分析天平精确称取约 1.4 g 蔗糖，其质量约使凝固点下降 0.3 ℃，加入凝固点管，待全部溶解后，测定溶液的凝固点。测定方法与纯水的相同，先测近似的凝固点，再精确测定，但溶液凝固点是取回升后所达到的最高温度。重复三次，取平均值。

五、数据处理

(1) 由水的密度计算所取水的质量 m_A，并将实验数据列入表 1-1 中。

表 1-1　凝固点降低法测蔗糖相对分子质量数据记录

物质	质量/g	测量凝固点			凝固点降低值
		测量值		平均值	
水		1			
		2			
		3			
蔗糖		1			
		2			
		3			

(2) 由所得数据计算蔗糖的相对分子质量,并计算与理论值的相对误差。

六、注意事项

(1) 搅拌速度的控制是做好本实验的关键,每次测定应按要求的速度搅拌,并且测溶剂与溶液凝固点时搅拌条件要完全一致。

(2) 寒剂温度对实验结果也有很大影响,过高会导致冷却太慢,过低则测不出正确的凝固点。

(3) 纯水过冷度为 0.7～1 ℃(视搅拌快慢),为了减少过冷度,加入少量晶种,每次加入晶种大小应尽量一致。

(4) SWC-ⅡC 数字贝克曼温度计是贵重的精密仪器,容易损坏,实验前要了解它的性能及使用方法。

七、思考题

(1) 为什么要先测近似凝固点?

(2) 根据什么原则考虑加入溶质的量? 太多或太少影响如何?

(3) 在实验过程中,凝固点管内液体有哪些热交换存在? 它们对凝固点的测定有何影响?

(刘瑞泉)

实验 4　双液系的气-液平衡相图

一、目的要求

(1) 绘制在标准压力下乙酸乙酯-乙醇双液系的气-液平衡相图。

(2) 学会阿贝折光仪的使用方法。

(3) 初步学会通过折光率确定二元液体组成的方法。

(4) 掌握测定双组分液体的沸点以及正常沸点的方法。

二、基本原理

1. 气液相图

两种液态物质混合后的双组分混合液称为双液系。两个组分若能以任意比互溶称为完全互溶双液系。液体的沸点是指液体的蒸气压与外界压力相等时的温度，在一定的外压下，纯液体的沸点有确定值；双液系的沸点不仅与外压有关，而且还与两种液体的相对含量有关。根据相律

$$自由度 = 组分数 - 相数 + 2$$

因此，气液共存的完全互溶双组分体系的自由度为 2。只要确定一个变量，整个体系的存在状态可以用二维图像来描述。例如，在一定温度下，可以画出体系的压力 p 和组分 X_B 的关系图，如体系的压力确定，则可以作温度 T 对 X_B 的关系图，这就是相图。在 T-X_B 相图上，还有温度、液相组成和气相组成三个变量，但是只有一个自由度。一旦设定某个变量，则其他两个变量必有相应的确定值。图 1-12为完全互溶双液系的沸点-组成图。

苯与甲苯双液系基本上接近于理想溶液，然而大多数实际体系与拉乌尔定律有一定偏差。偏差不大时温度-组分相图与图 1-12(a)相似，溶液的沸点仍处于两纯物质的沸点之间。但是有些体系与拉乌尔定律的偏差很大，以至于其相图将会出现极值。正偏差很大的体系在 T-X_B 图上呈现极小值；负偏差很大的则会出现极大值。这样的极值称为恒沸点，其气、液两相的组成相同。例如，H_2O-HCl 体系的最高恒沸点在标准大气压下为 108.5 ℃，恒沸物的组成含 20.242% HCl。

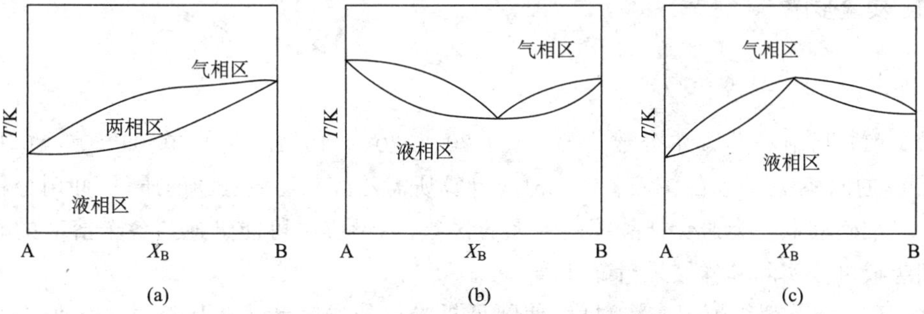

图 1-12　完全互溶双液系的沸点-组成图

通常，测定一系列不同配比溶液的沸点以及气、液两相的组成，就可以绘制气-液体系的相图。压力不同时，双液体系相图将略有差异，本实验要绘制标准压

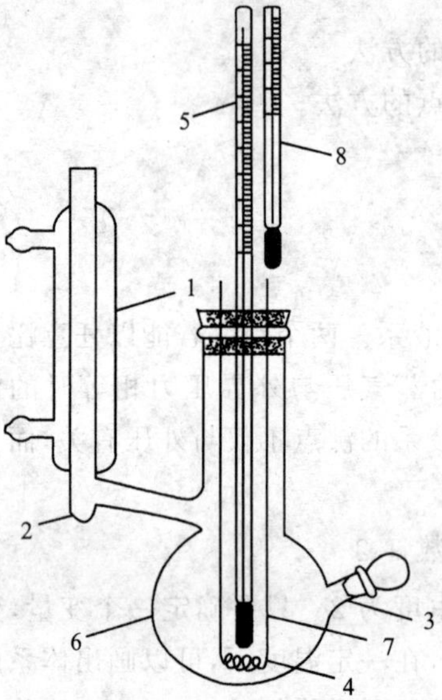

图 1-13　沸点测定仪

1. 冷凝管;2. 气相凝集液;3. 支管;4. 电热丝;5. 测量温度计;6. 长颈圆底烧瓶;7. 铜丝;8. 环境温度计

力下的双液相图,要对外压力校正到标准压力。

2. 沸点测定仪

各种沸点仪的构造虽然各具特色,但其设计思想都集中于正确测定沸点、便于取样、防止过热以及避免分馏等方面。本实验所用沸点仪如图 1-13 所示。这是一个带支管和回流冷凝管的长颈圆底烧瓶。冷凝管底部有一个半球形小室,用来收集、贮存冷凝的气相样品。电流经过变压器和粗导线通过浸于溶液中的电热丝。这样既可以减少溶液沸腾时的过热现象,还能防止暴沸。小玻璃管有利于降低周围环境对温度计读数可能造成的波动。

3. 组分分析

本实验使用数字阿贝折光仪对样品进行分析,关于数字阿贝折光仪的使用方法和折光仪的工作原理见《化学基础实验(Ⅱ)》5.3.3。

三、仪器与试剂

仪器:沸点测定仪,长滴管 10 支,阿贝折光仪,电源,贝克曼温度计,胶头 10 支,水银温度计 0～100 ℃(分度值 1),烧杯(50 mL、250 mL),量筒(25 mL)。

试剂:丙酮(A. R.),乙醇(A. R.),乙酸乙酯(A. R.)。

四、实验步骤

1. 工作曲线的绘制

(1) 配制乙醇摩尔分数为 0.10、0.20、0.30、0.40、0.50、0.60、0.70、0.80 和 0.90 的乙醇-乙酸乙酯溶液各 10 mL。计算所需乙醇和乙酸乙酯的质量,并用分析天平准确称取。为避免样品挥发带来的误差,称量应尽可能迅速。各个溶液的确切组成可按实际称样结果精确计算。

(2) 调节超级恒温水浴温度,使阿贝折光仪的温度计读数保持某一定值。测量上述 9 个溶液以及乙醇和乙酸乙酯的折光率。用较大的坐标纸绘制折光率-组成工作曲线。

乙醇-乙酸乙酯体系的折光率-浓度曲线是一个一次函数,因此根据折光率可以知道体系中各组分的含量，本实验的工作曲线已绘好，查此曲线得到的是乙醇的含量。

2. 沸点仪的安装

如图 1-13 所示，检查软木塞是否塞好，电热丝不要与温度计接触而且要保持在靠近烧瓶底部的中心，温度计不得高于支管，但要高于电热丝至少 2 cm。

3. 沸点测定

将沸点仪洗净、烘干，借助玻璃漏斗由支管加入 25 mL 乙醇或乙酸乙酯。注意电热丝应完全浸没在液体中，打开冷凝水，接通电源并调节电压由零开始逐渐加大电压，使溶液缓慢加热。实验所用电热丝所能承受的电压在几十伏，建议使用电压在 10 V 以下，电压过高会导致电热丝烧断而影响实验的进行，即使是十几伏的电压也可能造成溶液变质发黄而影响实验的准确性。溶液沸腾后，再调节电压和冷却水流量，使液体自小玻璃管喷溢，而蒸气在冷凝管中回流的高度保持在 2 cm 左右。温度计的读数稳定后方可读取沸点，并记录环境温度计的读数，在上述过程中要不断把气相凝聚液倾入圆底烧瓶中。

4. 取样并测定

切断电源，停止加热，液体温度稍微降低后，用一支干燥长滴管自冷凝管口伸入小球，吸取其中全部冷凝液。用另一支干燥长滴管由支管吸取圆底烧瓶内的溶液约 1 mL。上述两者即可认为是体系平衡时气、液两相的样品。样品可以分别贮存在带磨口塞的试管中。试管应放在盛有冰水的小烧杯内，以防样品挥发。样品的转移要迅速，并应尽早测定其折光率。操作熟练后，也可以将样品直接滴在折光仪毛玻璃上进行测定。最后，将溶液倒入指定的贮液瓶。

5. 系列乙醇-乙酸乙酯溶液的测定

按上述第 3、4 点所述步骤逐一测定各溶液的沸点及两相样品的折光率。如操作正确，系列溶液可回收供其他同学使用；测定后沸点仪也不必干燥。

测定第二系列之前，必须将沸点仪洗净并充分干燥。

6. 溶液组成的确定

未知溶液的组成从对应的折光率-组成工作曲线查得。将乙醇、乙酸乙酯以及系列溶液的沸点和气、液两相组成列表，绘制乙醇-乙酸乙酯的温度-组成相图。从图上可以确定最低恒沸点和恒沸物组成。

7. 绘制双液体系气液相图

根据实验所采集到的沸点和溶液组成的数据，分别将数据在坐标纸上表示出来，就得到双液体系气液相图。

五、数据处理

实验应对沸点温度进行校正。

(1) 正常沸点。在 $p^{\ominus}$ 下测得的沸点称为正常沸点。通常外界压力并不恰好等于 101325 Pa，因此，应对实验测得值作压力校正。校正式(1-30)系从特鲁顿(Trouton)规则及克劳修斯-克拉贝龙(Clausius-Clapeyron)方程推导而得。

$$\Delta t_{压}/℃ = \frac{(273.15 + t_A/℃)}{10} \cdot \frac{(101325 - p/\mathrm{Pa})}{101325} \tag{1-30}$$

(2) 温度露茎校正。在作精密的温度测量时，需对温度计读数作校正。除了温度计的零点和刻度误差等因素外，还应作露茎校正。这是由于玻璃水银温度计未能完全置于被测体系而引起的。校正方法见《化学基础实验(Ⅰ)》2.3.2。

(3) 经校正后的正常沸点应为

$$t_{沸} = t_A + \Delta t_{压} + \Delta t_{露} \tag{1-31}$$

使用数字式贝克曼温度计时没有必要考虑露茎校正，因此

$$t_{沸} = t_A + \Delta t_{压} \tag{1-32}$$

按照配料表投料并记录数据如表 1-2 所示。

表 1-2　双液系气-液平衡相图实验数据记录表

第一系列

25 mL 乙醇+乙酸乙酯	t_A	t_B	气相					液相				
			折光率				乙醇摩尔分数	折光率				乙醇摩尔分数
			1	2	3	平均		1	2	3	平均	
+0 mL												
+3 mL												
+7 mL												
+5 mL												
+5 mL												
+7 mL												

续表

第二系列													
25 mL 乙醇 ＋乙酸乙酯	t_A	t_B	气相					液相					
			折光率				乙醇摩尔分数	折光率				乙醇摩尔分数
			1	2	3	平均		1	2	3	平均	
＋0 mL												
＋2 mL												
＋2 mL												
＋2 mL												
＋2 mL												
＋8 mL												

注：t_A 为体系的温度，t_B 为环境的温度

六、思考题

(1) 在测定沸点时，溶液过热或出现分馏现象将使绘出的相图图形发生什么变化？

(2) 试设计其他方法用以测定气-液两相组成，并讨论其优缺点。

(3) 讨论压力-组成相图和温度-组成相图的关系。

(4) 试推导沸点的压力校正公式。

(5) 讨论本实验的主要误差来源。

（刘瑞泉　李将渊　廖　钫）

实验5　二组分金属相图的测绘

Ⅰ　Sn-Pb 二组分金属相图的绘制

一、目的要求

(1) 学会用热分析法测绘 Sn-Pb、Sn-Bi 二组分金属相图，了解固-液相图的基本特点。

(2) 掌握金属凝固点测试仪的使用方法。

(3) 掌握数字控温仪和可控升降温电炉的基本原理和使用，了解温度测量仪测量温度的原理。

二、实验原理

人们常用图形来表示体系的存在状态与组成、温度、压力等因素的关系。以体系所含物质的组成为自变量,温度为应变量所得到的 T-x 图是常见的一种相图。二组分相图已得到广泛的研究和应用。固-液相图多应用于冶金、化工等部门。

测绘金属相图常用的实验方法是热分析法,其原理是将一种金属或合金熔融后使之均匀冷却,每隔一定时间记录一次温度,表示温度与时间关系的曲线称步冷曲线。当熔融体系在均匀冷却过程中无相变化时,其温度将连续均匀下降得到一条光滑的冷却曲线;当体系内发生相变时,因体系产生的相变热与自然冷却时体系放出的热量相抵偿,冷却曲线就会出现转折点或水平线段,转折点或水平点所对应的温度即为该组成合金的相变温度。利用冷却曲线所得到的一系列组成和所对应的相变温度数据,以横轴表示混合物的组成,纵轴上标出开始出现相变的温度,把这些点连接起来就可绘出相图。

本实验研究的体系是一个有简单低共熔混合物生成的二组分系统。这类系统的步冷曲线和相图如图 1-14 所示。

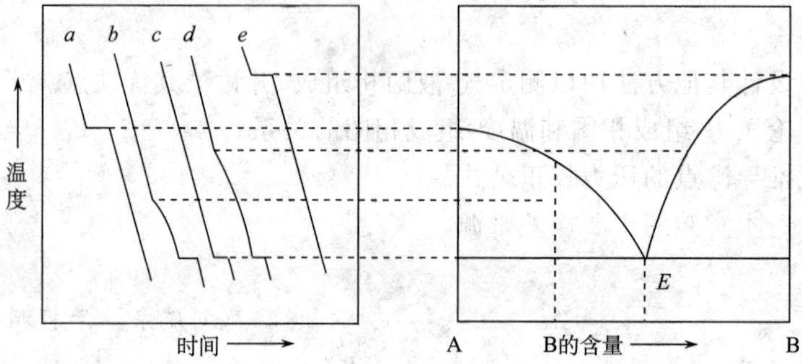

图 1-14　根据步冷曲线绘制相图

曲线 a 和 e 是纯物质 A 和 B 的步冷曲线。当系统自高温冷却时,起初没有发生相变化,温度下降较快,步冷曲线较陡;冷至凝固点时,固、液二相平衡共存,根据相律 $f^*=C-\Phi+1=1-2+1=0$, 温度不变,步冷曲线出现平台;直到液体完全凝固后,温度又继续下降。

曲线 b 和 d 是 A 和 B 组成的混合物的步冷曲线,系统自高温冷却时,有固体 A 先析出,由于不断放出凝固热,所以温度下降速度变慢,出现转折点,当达到低共熔温度 E 时,固体 A、B 与熔液三相平衡共存,$f^*=C-\Phi+1=2-3+1=0$,系统温度不变,步冷曲线出现平台,直到溶液完全凝固后,温度又继续下降。

曲线 c 是低共熔混合物的步冷曲线,它的形状与纯化合物步冷曲线相似,但它的平台部分是三相平衡共存。

用热分析法测绘相图时，被测体系必须时时处于或接近相平衡状态，因此必须保证冷却速度足够慢才能得到较好的效果。此外，在冷却过程中，一个新的固相出现以前常发生过冷现象，轻微过冷则有利于测量相变温度，但严重过冷会使折点发生起伏，使相变温度的确定产生困难。

三、仪器与试剂

仪器：立式加热炉，宽肩硬质玻璃管，镍铬-镍硅热电偶(热敏电阻传感器)。

试剂：铅(A. R.)，锡(A. R.)，液体石蜡。

四、实验步骤

1. 样品配制

在6个宽肩硬质玻璃管中，分别称入纯铅100 g、80 g、60 g、38.1 g、20 g、0 g，再称入纯锡0 g、20 g、40 g、61.9 g、80 g、100 g。样品上都加上少量液体石蜡。

2. 安装仪器

将探头及测量仪器按图1-15连接好。

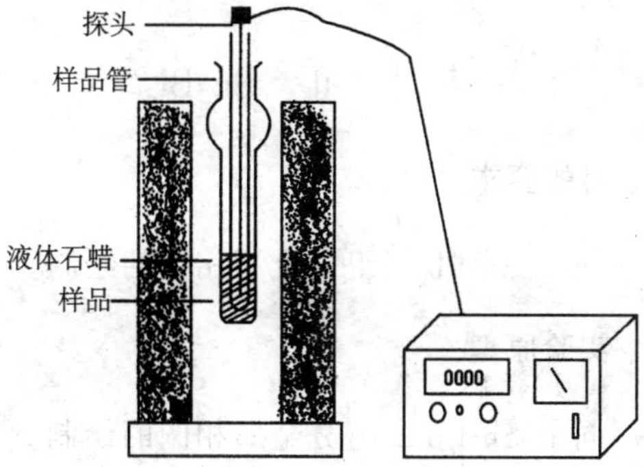

图1-15　步冷曲线测量装置

3. 样品测试

将样品管放在加热电炉中，调节设定温度(立式加热炉在加热过程中存在滞后现象，所以调节设定温度时设定在样品熔点以下100 ℃左右，不同厂家生产的立式加热炉性能不同，可根据实验结果调整控温设定温度)。打开开关使电炉通电加热，待样品完全熔化后，用热电偶玻璃套管轻轻搅动，使管内各处组成均匀一致。将炉温控制在以样品熔化后再升高20～30 ℃为宜。关掉加热电源，稍微打开炉盖，使温度下降，通常每分钟下降2～3 ℃。每隔半分钟(或1～2 min)读取温度，直到体系的温度下降到样品熔化点以下20～30 ℃。

分别取6个样品100% Pb、20% Sn 、40% Sn、61.9% Sn、80% Sn和100% Sn进行步冷曲线实验。

五、数据处理

(1) 根据实验数据画出纯 Pb、纯 Sn、40% Sn、61.9% Sn、80% Sn 和 100% Sn 的步冷曲线，并找出各步冷曲线中拐点和平台对应的温度值。

(2) 从步冷曲线上查出的各拐点温度和平台温度，以温度为纵坐标，以组成为横坐标，绘出 Sn-Pb 合金相图。

六、注意事项

(1) 用电炉加热样品时，注意温度要适当，温度过高样品易氧化变质；温度过低或加热时间不够则样品没有全部熔化，步冷曲线转折点测不出。

(2) 热电偶应插到样品中心部位，在套管内注入少量的液体石蜡，将热电偶浸入液体石蜡中，以改善其导热情况。搅拌时要注意勿使热端离开样品，金属熔化后常使热电偶玻璃套管浮起，这些因素都会导致测温点变动，必须消除。

(3) 用本实验方法也可以绘制其他二元金属如铋-镉、锡-铋相图等。

(刘瑞泉)

Ⅱ　Sn-Bi 二组分金属相图的绘制

一、目的要求

同Ⅰ Sn-Pb 二组分金属相图的绘制。

二、实验原理

同Ⅰ Sn-Pb 二组分金属相图的绘制。

三、仪器与试剂

仪器：数字控温仪，可控升降温电炉，硬质玻璃试管 11 支，天平，计算机。

试剂：Sn(C. P.)，Bi(C. P.)，石墨粉。

四、操作步骤

1. 实验装置

绘制 Sn-Bi 二组分金属相图的实验装置如图 1-16 所示，Pt 电阻温度传感器将温度变化信号转换为电阻变化的信号。加热升温时，Pt 电阻温度传感器置于炉膛中，将加热电炉的温度转换成电信号送入到数字控温仪。数字控温仪将温度电信号放大和 A/D 变换，经内置的单板机进行非线性校正后，通过串行口输入到计算机,同时由 LED 显示出实时温度,并与设定温度进行比较。若未达到设定温度,数字控温仪将输出一信号驱动加热炉控制器可控硅导通,使电加热炉通电加热。可控硅输出电流的大小取决于炉膛的温度与设定温度差值,差值越大,可控硅输出给电加热炉的电流也越大。当炉膛的温度与设定温度相同时,可控硅仅输出适当电流维持系统温度恒定,即数字控温仪控制加热电炉控制器实现 PID 控温。

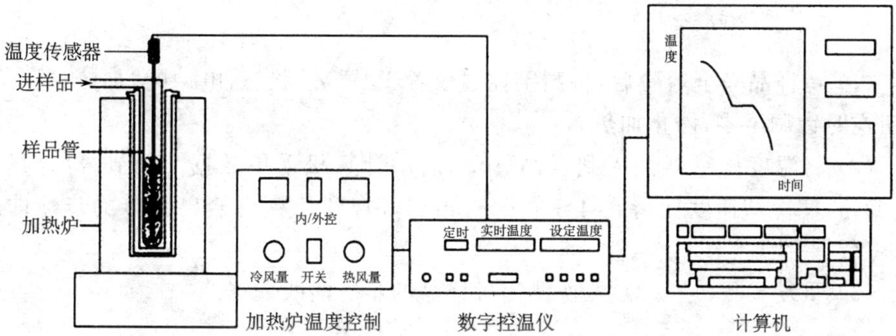

图 1-16 绘制 Sn-Bi 二组分金属相图的实验装置

当被测样品完全熔融后,需停止加热让被测样品冷却时,断开数字控温仪与加热电炉控制器的连接,电炉即断电停止加热。这时若将电阻温度传感器置于测试样品中,测试样品的温度随时间下降的变化通过数字控温仪从串行口输入到计算机,计算机用相关编程软件采集数据,即可自动绘出测试样品温度随时间变化的曲线——步冷曲线。

加热炉温度控制器面板设有一“内/外控”开关,当该开关置于“内”时,加热炉温度控制器不受数字控温仪控制,这时还可通过另一开关选择是否通风冷却。在本实验中,当待测样品完全熔融后,将“内/外控”开关置于“内”,通过鼓风加快或调节冷却速度。

2. 样品配制

分别称取按含 Sn 质量比为 0%、5%、10%、20%、40%、60%、70%、80%、90%、95%、100%的铋锡混合物各 50 g,分别装入样品管中,并在样品上方覆盖一层石墨粉。

3. 样品加热熔融

(1) 连接好各仪器和计算机的连线,将装有试样的样品管放入电炉中,按实验装置图将温度传感器插入电炉的炉膛保护筒内。

(2) 将电炉控制面板上的“内/外控”开关置于“外控”状态,“冷风量调节”旋钮调至最小。接通各仪器电源,启动计算机金属相图绘制软件。

(3) 数字控温仪置于“置数”状态,调节设定温度比待测样熔点高 30～40 ℃,再将数字控温仪置于“工作”状态,电炉控制面板上的“加热量调节”旋钮顺时针调至最大,直到样品熔化。

(4) 待温度达到设定温度后,保持 2～3 min,直到使样品完全熔融。

4. 绘制步冷曲线

(1) 待样品完全熔融后,将数字控温仪置于“置数”状态,电炉的“加热量调节”旋钮逆时针调至零,停止加热。

(2) 将温度传感器插入到样品管中,启动计算机采集数据。调节“冷风量调节”旋钮,使冷却速度保持在 4～6 ℃ · min^{-1},直到计算机绘出完整的步冷曲线后,将数据存盘。

(3) 重复步骤(1)、(2),依次测出各样品的步冷曲线数据。

五、数据处理

(1) 根据所得步冷曲线,读出各相变温度,绘制出铋-锡二组分金属相图。

(2) 从相图中求出低共熔点的温度与低共熔混合物的组成。

六、注意事项

(1) 在样品上方应覆盖一层石墨粉,防止金属氧化。

(2) 设定温度不能过高,一般不应超过金属待测样品熔点的 30～50 ℃,以防温度过高使金属氧化。

(3) 冷却速度不宜过快,以防步冷曲线的转折点不明显。

(4) 本实验也可用人工定时读数的方法记录实时温度,再作出步冷曲线。

(5) 用本实验方法也可以绘制其他二元金属相图,如铅-锡或铋-镉等。

七、思考题

(1) 步冷曲线各段的斜率以及水平段的长短与哪些因素有关?

(2) 试从实验方法比较测绘气-液相图和固-液相图的异同点。

(3) 为什么各样品的质量都相同?若质量不等会出现何现象?

(4) 为什么冷却速度不宜过快?

(5) 分析实验所绘制的相图。

(李将渊　廖　钫)

实验 6 差热分析

一、目的要求

(1) 掌握差热分析的原理及方法,了解差热分析仪的构造,学会操作技术。

(2) 用差热分析仪测定 $CuSO_4 \cdot 5H_2O$ 的差热图,并作定性解释。

二、实验原理

1. 差热曲线

许多物质在加热或冷却的过程中会发生一些物理或化学变化,如相变、脱水、分解、化合、吸附或脱附等。这些变化必然会伴随产生热效应,导致该物质与环境之间产生温度差。如果将这种能够发生物理化学变化并伴随有热效应的样品与一种对热稳定、无热效应的参比物一起置于可按设定速率改变温度的电炉中加热(或冷却)时,在样品与参比物之间就会产生一个温度差。测定这种温度差可以研究物质的变化规律,获得一些重要的热力学或热动力学性质,这种方法就称为差热分析(differential thermal analysis,DTA)。以温度差对温度作图获得的曲线称为差热分析曲线或差热谱图。可见,差热分析就是在程序控制温度下,测量被测物质与参比物之间的温度差与温度之间的关系的一种热分析技术。当试样发生任何物理或化学变化时,所释放或吸收的热量使试样的温度高于或低于参比物的温度,从而在差热曲线上显示出放热或吸热峰。如果以双笔记录仪分别记录温度差和温度,以温度差为纵坐标,以温度为横坐标作图就得到了 ΔT-T 曲线,如图1-17所示。图中纵坐标 ΔT 表示被测物质与参比物的温度差。

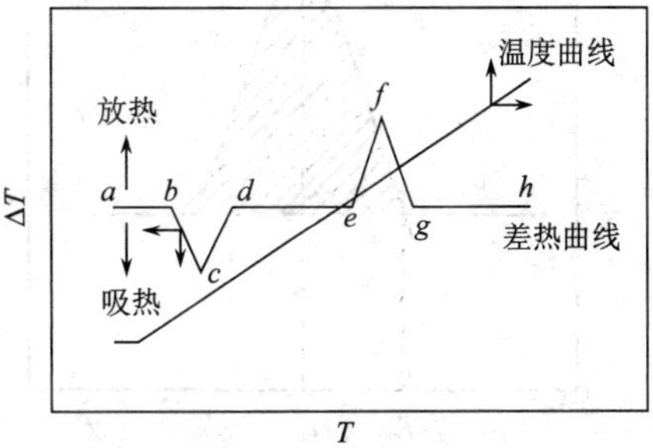

图 1-17 理想的差热分析曲线

差热分析中,将两支同类型以相反方向串联起来的热电偶热端分别插入样品和参比物中,冷端按照线路连接到放大器。如果参比物和被测试样的热容大致相同,而试样又无热效应,则两者的温度基本相同,两支热电偶所产生的热电势互相抵消,电势信号为零,此时得到的是一条平滑的直线。图 1-17 中的 *ab-de-gh* 段就表示这种状态,该直线称为基线。一旦试样发生变化而产生热效应,样品和参比物之间就会产生温度差,在差热分析曲线上就会有峰出现,如图中 *bcd* 和 *efg* 段。热效应越大,峰的面积也就越大。在差热分析中通常还规定,峰顶向上的峰为放热峰,它表示试样的焓变小于零,其温度高于参比物。相反,峰顶向下的峰为吸热峰,表示试样的温度低于参比物。差热峰的起始温度是样品的特征反应温度,峰面积相当于反应热,其值与样品用量成正比,峰形状与反应的动力学因素有关。

2. 差热峰位置与峰面积的确定

差热峰的数目、位置、方向、高度、宽度、对称性及峰面积是进行差热分析的依据。峰的数目表示在测定的温度范围内试样发生物理或化学变化的次数,峰位置表示样品发生变化的温度范围,峰的方向表明热效应的正负性,而峰面积则反映了热效应的大小。

一个热效应所对应的峰位置和方向反映了物质变化的本质,其宽度、高度和对称性除与测定条件有关外,通常还取决于样品变化过程的各种动力学因素。峰的确切位置还受变温速率、样品量、粒度大小等因素的影响。实验表明,峰的外推起始温度 T_e 比峰顶温度 T_p 所受影响要小得多,同时,它与其他方法求得的反应起始温度也较一致。因此,国际热分析联合会决定,以 T_e 作为反应的起始温度,并可用以表征某一特定物质。T_e 的确定方法如图 1-18 所示。

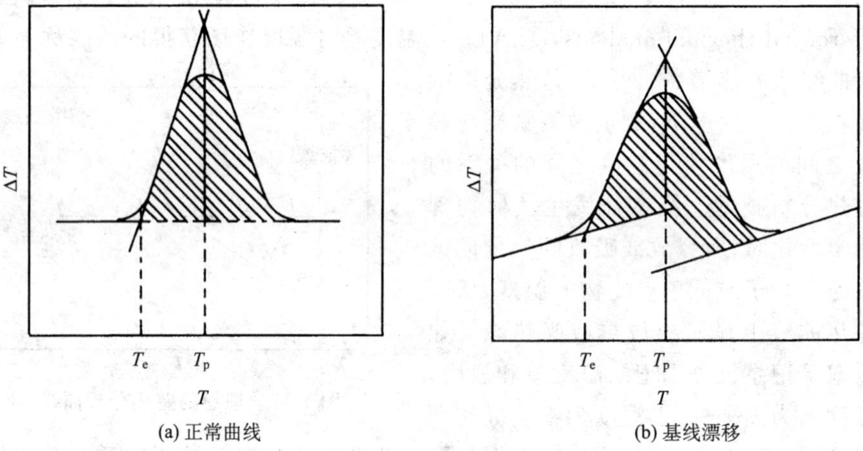

图 1-18　差热峰位置和面积的确定

图 1-18(a)为正常情况下测得的曲线,其 T_e 由两曲线的外延交点确定,即在峰前缘上斜率最大处作切线与外延基线的交点处的温度。峰面积为基线以上的阴影部分。不过,由于样品与参比物以及中间产物的物理性质不尽相同,以及样品在测定过程中可能发生体积改变等,往往基线发生漂移,甚至一个峰的前后基线也不在一直线上。这时 T_e 需要仔细确定,而峰面积可参照图 1-18(b)将两部分分别计算,然后加和。

在完全相同的条件下，大部分物质的差热分析曲线具有特征性，因此就有可能通过与已知物谱图的比较来对样品进行鉴别。通常，在谱图上都要详尽标明实验操作条件。除特殊情况外，绝大部分差热分析曲线是按程序控制升温方式测定的。

3. 影响差热分析曲线的因素

影响差热分析的因素主要来自两个方面：一是仪器因素，如炉子的大小与形状、样品支架的材料与形状、热电偶尺寸与位置、炉气氛及加热速度等；二是样品因素，如参比物的选择、试样粒度、用量及填充密度等。在实验中主要应考虑以下四个方面。

(1) 升温速度。一般来说，当加热速率较慢时，基线漂移小，接近于体系的平衡条件，有利于分辨非常靠近的变化过程，但是测定时间延长。反之，当加热速率较高时，峰形比较尖，测定时间短，但是基线漂移明显，与平衡条件相距较远，出峰温度误差较大，分辨率降低。所以实际测量时要选择合适的加热速率，通常升温速率为 2～20 ℃ · min^{-1}。

(2) 参比物选择。参比物应该在整个测温范围内具有良好的热稳定性，不会出现任何能产热效应的变化，同时尽可能选择与试样有相近的比热和导热系数的物质。常用的参比物为煅烧过的 α-Al_2O_3、MgO 及石英砂、镍等。

(3) 样品的预处理及用量。样品用量要尽可能少，以确保峰形尖锐，获得较高的分辨率。同时样品与参比物的装填高度与紧密程度应接近。一般非金属固体样品均经过研磨，使其成为 200 目左右的微细颗粒。这样可以减少死空间、改善导热条件，但过度研磨将有可能破坏晶体的晶格。

(4) 样品所处气氛和压力。样品周围存在的气体可能与某些样品发生反应，或者影响样品的化学变化或相变。因此，应根据情况选择适当的气氛和压力。常用的气氛为空气、氮气，或者将系统抽真空。

三、仪器与试剂

仪器：CRY-2P 差热分析仪，双孔绝缘小瓷管(孔径约为 5 mm)2 支。

试剂：α-Al_2O_3(A. R.)，$CuSO_4 \cdot 5H_2O$(A. R.)。

四、实验步骤

(1) 称取 $CuSO_4 \cdot 5H_2O$ 约 0.7 g 和 α-Al_2O_3 约 0.5 g 混合均匀，装入样品保持器左侧孔中。右孔装入 1.2～1.4 g α-Al_2O_3，使参比物高度与样品高度大致相同。升温速率控制为 10 ℃ · min^{-1}。最高温度可设置在 450 ℃。电脑在记录仪上将出现温度和温差随时间变化的两条曲线。

(2) 重复上述实验，加热电炉升温速率改为 5 ℃ · min^{-1}。

(3) 按操作规程关闭仪器。

五、数据处理

(1) 作出以 ΔT 对 T 表示的差热分析曲线。

(2) 指明样品脱水过程出现热效应的次数,各峰的外推起始温度 T_e 和峰顶温度 T_p。粗略估算各个峰的面积。从峰的重叠情况和 T_e、T_p 数值讨论升温速率对差热分析曲线的影响。

六、思考题

(1) 试从物质的热容解释图 1-18(b)的基线漂移。

(2) 根据无机化学知识和差热峰的面积讨论五个结晶水与 $CuSO_4$ 结合的可能形式。

(3) 从 $CaC_2O_4 \cdot H_2O$ 的分解反应讨论空气和氮气气氛对其差热分析曲线的影响。

(4) 在什么情况下,升温过程与降温过程所得到的差热分析结果相同?在什么情况下,只能采用升温或降温方法?

(杨　武)

实验 7　一元弱酸电离平衡常数的测定

Ⅰ　分光光度法测定酚酞的电离平衡常数

一、目的要求

(1) 掌握分光光度计和 pH 计的测定原理和使用方法。

(2) 掌握分光光度法测定酚酞电离平衡常数的原理与方法。

(3) 掌握电导率仪的使用方法。

(4) 学会用电导法测定一元弱酸的电离常数。

二、基本原理

电离平衡常数是弱酸、弱碱的特征常数,是衡量弱酸、弱碱强度的重要参数,电离平衡常数的测定对于深入理解弱酸、弱碱的解离平衡具有重要意义。通常弱酸、弱碱电离平衡常数的测定可以有多种方法,详见《化学基础实验(Ⅱ)》3.3 节。本实验分别运用分光光度法、电导法及 pH 电位法。

1. 分光光度法

如果某有机弱酸的酸式或碱式结构能够吸收特定波长的可见光或紫外光，或者二者的吸收波长具有明显差别（$\Delta\lambda \geqslant 40$ nm），即可以通过分光光度法测定该弱酸的电离平衡常数。例如，酚酞是一种弱有机酸，在 pH<8.2 的溶液中为无色的内酯式结构，当 pH>8.2 时为红色的醌式结构，若以 HR 表示，则在碱性溶液中存在如下的电离平衡

$$\mathrm{HR(无色)} \rightleftharpoons \mathrm{H^+} + \mathrm{R^-}\mathrm{(红色)}$$

如果弱酸的浓度不是很小，则平衡时，$c_{\mathrm{HR}} = c_0(1-\alpha)$，$c_{\mathrm{H^+}} = c_0\alpha$，$c_{\mathrm{R^-}} = c_0\alpha$。恒温下其平衡常数可表示为

$$K_c = \frac{c_0\alpha^2}{1-\alpha} \tag{1-33}$$

式中，c_0 为酚酞起始浓度；α 为电离度。

因为平衡时 $c_{\mathrm{H^+}} = c_{\mathrm{R^-}} = c_0\alpha$，$c_{\mathrm{H^+}} = 10^{-\mathrm{pH}}$，所以式(1-33)可改写为

$$K_c = \frac{\alpha}{1-\alpha} \times 10^{-\mathrm{pH}} \tag{1-34}$$

R^- 为红色，根据朗伯-比尔定律，其浓度与吸光度成正比。若取一定量的酚酞溶液滴入 NaOH 中使溶液显色，并测得吸光度为 D，在相同的条件下加入过量的 NaOH，使酚酞完全电离，测得其吸光度为 D_0，则电离度 $\alpha = D/D_0$。代入式(1-34)得

$$K_c = \frac{D/D_0}{1-D/D_0} \times 10^{-\mathrm{pH}} \quad 或 \quad K_c = \frac{D}{D_0 - D} \times 10^{-\mathrm{pH}} \tag{1-35}$$

故若取定量的酚酞溶液，在相同的条件下分别测出吸光度 D、D_0 和电离平衡时的 pH，即可求得 K_c。

将式(1-35)两边取对数，得

$$\lg\frac{D}{D_0 - D} = \mathrm{pH} + \lg K_c \tag{1-36}$$

以 $\lg\dfrac{D}{D_0 - D}$ 对 pH 作图，直线的截距即为 $\lg K_c$。

2. 电导法

由于弱酸在水溶液中能够电离，因此可以采用电导法测定其电离平衡常数。

以乙酸为例，设 c_0 为乙酸的起始浓度，根据奥斯特瓦尔德稀释定律，电离平衡常数与乙酸的摩尔电导率 Λ_{m} 的关系可表示为

$$K_c^{\ominus}=\frac{\frac{c_0}{c^{\ominus}}\Lambda_m^2}{\Lambda_m^{\infty}(\Lambda_m^{\infty}-\Lambda_m)}$$

上式可改写为

$$\frac{1}{\Lambda_m}=\frac{1}{\Lambda_m^{\infty}}+\frac{\Lambda_m\frac{c_0}{c^{\ominus}}}{K_c^{\ominus}(\Lambda_m^{\infty})^2} \tag{1-37}$$

式中,$c^{\ominus}$为标准浓度(1 mol·L^{-1});Λ_m 为电解质的摩尔电导率,Λ_m 与电导率 κ 的关系是$\Lambda_m=\frac{\kappa}{c}$;$\Lambda_m^{\ominus}$ 为电解质无限稀释的摩尔电导率;$K_c^{\ominus}$ 为弱电解质的电离平衡常数。

以$\frac{1}{\Lambda_m}$对$\frac{\Lambda_m c_0}{c^{\ominus}}$作图,由直线的截距$\frac{1}{\Lambda_m^{\infty}}$可求得 Λ_m^{∞},然后可根据直线的斜率求得 $K_c^{\ominus}$ 值。

3. pH 电位法

乙酸为一元弱酸,在定温下的水溶液中存在下列电离平衡

$$HAc \rightleftharpoons H^+ + Ac^-$$

在稀溶液中,活度系数可近似为 1,乙酸的电离平衡常数可写为

$$K_c^{\ominus}=\frac{c_{H^+}c_{Ac^-}}{c_{HAc}}\cdot c^{\ominus} \tag{1-38}$$

式中,c_{H^+}、c_{Ac^-}、c_{HAc} 分别为电离平衡时 H^+、Ac^- 和 HAc 的浓度,显然 $c_{H^+}=c_{Ac^-}$;$c^{\ominus}$为标准浓度(1 mol·L^{-1})。

设乙酸的起始浓度为 c_0,平衡时 $c_{HAc}=c_0-c_{H^+}$,代入式(1-38)得

$$K_c^{\ominus}=\frac{c_{H^+}^2}{c_0-c_{H^+}}\cdot c^{\ominus} \tag{1-39}$$

若在一定温度下,用 pH 计测定一系列已知浓度的乙酸的 pH,忽略活度系数的影响,则 $c_{H^+}=10^{-pH}$,代入式(1-38)即可得到一系列 $K_c^{\ominus}$,取其平均值,即为该温度下乙酸的电离常数。

三、仪器与试剂

仪器:分光光度计,数字酸度计,100 mL 容量瓶 6 个,50 mL 烧杯 6 个,1 mL 吸量管 2 支,2 mL 吸量管 2 支。

试剂:0.5% 酚酞溶液,1.00 mol· L^{-1} NaOH 溶液,0.10 mol· L^{-1} NaOH 溶液;0.4 mol· L^{-1} 混酸溶液(由 0.4 mol·L^{-1} HAc、H_3PO_4 和 H_3BO_4 等量混合

而成)。

四、实验步骤

1. 试液的配制

(1) 1～5号试液的配制:在1～5号的100 mL容量瓶中分别加入1 mL 0.5%酚酞溶液和0.4 mol· L^{-1}混酸后,加入蒸馏水至容量瓶的2/3,摇匀,用乳头滴管吸取1.00 mol·L^{-1}NaOH溶液滴加至微红,然后改用0.10 mol·L^{-1} NaOH溶液,使1～5号容量瓶溶液的红色由浅到深形成一个色阶,用蒸馏水稀释至刻度。

(2) 6号试液的配制:在100 mL容量瓶中加入0.10 mL 0.5%酚酞溶液和2.00 mL 0.10 mol·L^{-1} NaOH溶液,加入蒸馏水稀释至刻度。

2. 吸光度测定

选择分光光度计的波长为550 nm,以蒸馏水为参比液,调节仪器透光率为100%,分别测定1～6号溶液的吸光度。

3. pH的测定

以pH标准缓冲溶液校正酸度计后,分别测定1～5号溶液的pH。

五、数据处理

(1) 将测定的1～5号溶液的吸光度和pH填入表1-3中。

表1-3 酚酞试液吸光度和pH 实验温度:____ K

编 号	1	2	3	4	5	备 注
D						
pH						
K_c						

(2) 根据 $K_c=\dfrac{D}{D_0-D}\times 10^{-pH}$,计算在实验温度 T 时酚酞溶液的电离平衡常数。

六、注意事项

(1) 准确地测定溶液的吸光度和pH是做好本实验的关键,应注意正确使用仪器。

(2) 酚酞溶液在强碱性溶液中会逐渐褪色,所以1～5号溶液不宜颜色过深,并应在配制好后迅速测定其吸光度,且最好同时测定同一待测液的吸光度和 pH。

(3) 由于有色物质对光有选择性吸收,可以先用一待测液在不同波长下进行测定,作吸收光谱曲线,找到最大吸收波长,并以此波长测定。

(4) 用此实验方法也可测定甲基红等其他酸碱指示剂的电离平衡常数。

七、思考题

(1) 1～5 号试液所取的酚酞量不一致对实验结果有无影响?

(2) 使用数字酸度计和分光光度计时,有哪些操作要点?

(3) 为什么电离度可用 $\alpha = D/D_0$ 计算?

Ⅱ　电导法测定乙酸的电离平衡常数

一、目的要求

同Ⅰ分光光度法测定酚酞的电离平衡常数。

二、基本原理

同Ⅰ分光光度法测定酚酞的电离平衡常数。

三、仪器与试剂

仪器:恒温水浴,数字电导率仪,铂黑电导电极,100 mL 容量瓶 5 个,50 mL、25 mL、5 mL 移液管各 1 支。

试剂:0.1000 $mol \cdot L^{-1}$ HAc 标准溶液,电导水。

四、实验步骤

(1) 取适量的 0.1000 $mol \cdot L^{-1}$ HAc 标准溶液分别移入 5 个 100 mL 容量瓶中,配制成 0.1000/2 $mol \cdot L^{-1}$、0.1000/4 $mol \cdot L^{-1}$、0.1000/8 $mol \cdot L^{-1}$、0.1000/16 $mol \cdot L^{-1}$、0.1000/32 $mol \cdot L^{-1}$ 待测液,编成 1～5 号,备用。

(2) 按电导率仪使用说明书调校电导率仪。

(3) 取适量 5 号待测液加入到洗净干燥的电导池中,插入电导电极后,置于恒温水浴中,25 ℃恒温。

(4) 当电导率仪读数不变时,记录测量数据。

(5) 按(3)、(4)步骤分别测量 4～1 号和 0.1000 $mol \cdot L^{-1}$ HAc 标准溶液的电导率值。

五、数据处理

(1) 以$\frac{1}{\Lambda_{\mathrm{m}}}$对$\frac{\Lambda_{\mathrm{m}}c}{c^{\ominus}}$作图，将直线外推得到直线的截距，由$\Lambda_{\mathrm{m}}^{\infty}=\frac{1}{\text{截距}}$求得$\Lambda_{\mathrm{m}}^{\infty}$。

(2) 根据直线的斜率求出$K_{c}^{\ominus}$。

六、注意事项

(1) 盛装待测液的电导池在换样时必须重新洗净干燥，可用大口径的试管充当，测量时电极铂黑部分必须完全浸没在待测液中。

(2) 电导池常数在电极出厂时已由厂家标定，但使用一段时间后会发生变化，因此最好参阅有关文献或仪器使用说明书重新标定电导池常数。

(3) 测定待测液时最好按从稀到浓的顺序进行测定。换样时应用电导水充分冲洗电极，并仔细用滤纸将电极上的残留液吸掉。切勿损伤电极。

(4) $\Lambda_{\mathrm{m}}^{\ominus}$也可根据文献值计算得到。

七、思考题

(1) 什么是电导池常数？如何测量电导池常数？

(2) 测量时为什么要在当电导率仪读数不变时才读取数据？

(3) 如何调校电导率仪？

Ⅲ pH电位法测定乙酸的电离平衡常数

一、目的要求

同Ⅰ分光光度法测定酚酞的电离平衡常数。

二、基本原理

同Ⅰ分光光度法测定酚酞的电离平衡常数。

三、仪器与试剂

仪器：pH计，100 mL容量瓶5个。

试剂：0.2000 mol·L^{-1} HAc标准溶液。

四、实验步骤

(1) 配制不同浓度的乙酸溶液。用移液管或滴定管分别取50 mL、25 mL、12 mL、6 mL和3 mL 0.2000 mol·L^{-1} HAc标准溶液于5个100 mL容量瓶中，用蒸馏水稀释至刻度,摇匀,编成1～5号,备用。

(2) 用两种pH标准缓冲溶液调校酸度计。

(3) 用洗净干燥的50 mL烧杯分别盛装1～5号溶液约20 mL,用酸度计分别测定pH,并记录测量结果。

五、数据处理

(1) 将测量的实验数据及计算结果填入表1-4。

表1-4　乙酸电离平衡常数pH电位法测定数据　温度:______℃

样品编号	c_0	pH	c_{H^+}	K_i	$K_c^{\ominus}$
1					
2					
3					
4					
5					

(2) 由K_i的平均值求出$K_c^{\ominus}$。

六、注意事项

(1) 测量1～5号溶液的pH时必须使用洗净干燥的烧杯盛装待测液。

(2) 校正酸度计时应用两种pH标准缓冲溶液准确调校酸度计。

(3) 测待测液最好按从稀到浓的顺序进行测定。换样时应用蒸馏水充分冲洗电极,并仔细用滤纸将电极上的残留液吸掉。

(4) HAc标准溶液应准确标定。

七、思考题

(1) 使用酸度计时为什么必须用pH标准缓冲溶液调校酸度计?

(2) 不同起始浓度的乙酸溶液平衡时,其pH是否相同?为什么?

(3) 为什么在用容量瓶配制待测液可以不用干燥的容量瓶,而测pH却必须使用干燥的烧杯盛装1～5号待测液?

(李将渊)

实验8　氨基甲酸铵分解平衡常数的测定

一、目的要求

(1) 学会静态法测平衡压力的方法,掌握其测定技术。

(2) 测定氨基甲酸铵在不同温度下的分解压力，并求得反应的标准平衡常数。

(3) 学会根据不同温度下的分解压力用作图法求得 $\Delta_r H_m^\ominus$、$\Delta_r G_m^\ominus$ 和 $\Delta_r S_m^\ominus$。

二、实验原理

固态的氨基甲酸铵是不稳定的化合物，其分解反应可用下式表示

$$NH_2COONH_4(s) \rightleftharpoons 2NH_3(g) + CO_2(g)$$

该反应为多相反应系统，在压力较小时，可将反应中气体视为理想气体。由热力学原理知该反应的平衡总压 $p_{总}$ 即为氨基甲酸铵的分解压力，且

$$p_{总} = p_{NH_3} + p_{CO_2} \tag{1-40}$$

其标准平衡常数为

$$K_p^\ominus = \left(\frac{p_{NH_3}}{p^\ominus}\right)^2 \left(\frac{p_{CO_2}}{p^\ominus}\right) \tag{1-41}$$

式中，p_{NH_3} 和 p_{CO_2} 分别为反应温度下 NH_3 和 CO_2 的平衡分压；$p^\ominus = 100$ kPa。

由分解反应方程式知平衡总压 $p_{总}$ 与 p_{NH_3} 和 p_{CO_2} 关系为

$$p_{NH_3} = \frac{2}{3} p_{总}, \quad p_{CO_2} = \frac{1}{3} p_{总} \tag{1-42}$$

代入式(1-41)，可得

$$K_p^\ominus = \left(\frac{2}{3}\frac{p_{总}}{p^\ominus}\right)^2 \left(\frac{1}{3}\frac{p_{总}}{p^\ominus}\right) = \frac{4}{27}\left(\frac{p_{总}}{p^\ominus}\right)^3 \tag{1-43}$$

因此测得一定温度下的平衡总压，便可按式(1-43)算出此温度下的反应平衡常数 $K_p^\ominus$。

等压下，平衡常数与温度的关系是

$$\frac{\mathrm{d}\ln K_p^\ominus}{\mathrm{d}T} = \frac{\Delta_r H_m^\ominus}{RT^2} \tag{1-44}$$

式中，$\Delta_r H_m^\ominus$ 为该反应的标准摩尔等压热效应；R 为摩尔气体常量；T 为热力学温度。

当温度变化范围不大时，$\Delta_r H_m^\ominus$ 可视为常数，将式(1-44)积分，可得

$$\ln K_p^\ominus = -\frac{\Delta_r H_m^\ominus}{RT} + I \tag{1-45}$$

式中，I 为积分常数。根据式(1-45)，只要测得不同温度下的 $K_p^\ominus$，以 $\ln K_p^\ominus$ 对 $1/T$ 作图，应为一直线，该直线的斜率为 $-\frac{\Delta_r H_m^\ominus}{RT}$，即可求得实验温度范围内的平均摩尔等压热效应 $\Delta_r H_m^\ominus$。

利用如下热力学关系式还可以计算反应的标准摩尔吉布斯函数变化 $\Delta_r G_m^\ominus$ 和

标准摩尔熵变 $\Delta_r S_m^\ominus$：

$$\Delta_r G_m^\ominus = -RT\ln K_p^\ominus \tag{1-46}$$

$$\Delta_r G_m^\ominus = \Delta_r H_m^\ominus - T\Delta_r S_m^\ominus \tag{1-47}$$

三、仪器与试剂

仪器：静态法测定平衡压力装置，玻璃恒温水浴，DP-AF 精密数字真空压力计，真空泵，缓冲储气罐，干燥吸收瓶 2 个。

试剂：氨基甲酸铵(A. R.)。

四、实验步骤

(1) 安装测量装置。按图 1-19 将待测样品装入，并安装好测量装置。

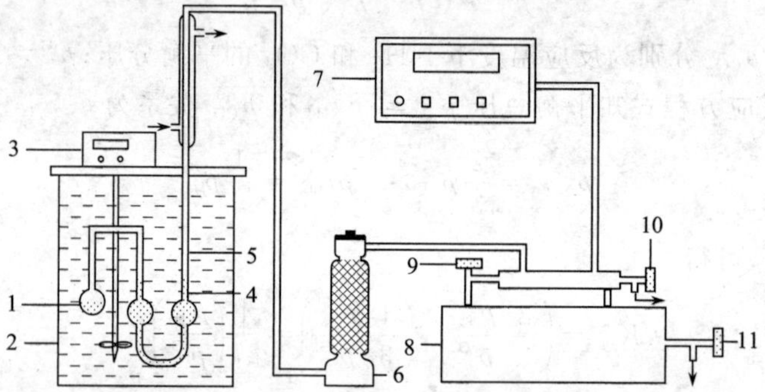

图 1-19　氨基甲酸铵分解压测定装置

1. 样品；2. 玻璃恒温水浴；3. 控温器；4. 密封液；5. 等压计；6. 干燥吸收瓶；7. 精密数字真空压力计；8. 缓冲储气罐；9、10、11. 螺旋式阀门

(2) 压力计读数校正。打开压力计电源，预热 10 min，旋转各气阀和活塞，确保压力计气路与大气相通，将压力计读数置零。读取大气压力计，并记录大气压力数据。

(3) 恒温与抽空气。打开恒温水浴电源，调节恒温水浴温度为 25 ℃。旋转各气阀和活塞，使测量系统与大气隔离，与真空泵连通；开启真空泵对系统缓缓抽气 10 min 左右，直至排尽样品管中的空气，且等压计指示液液面右管高于左管，关闭气阀 11，停泵。

(4) 测量。缓慢旋转气阀 10，缓缓将空气放入系统，直至等压计密封液液面右、左管等高，迅速关闭气阀 10。仔细观察并控制气阀 10，使等压计指示液液面左右管等高状态维持数分钟不变，读取数字(真空)压力计、大气压力计和恒温水浴温度。

（5）升温测量。升高恒温水浴温度 3～5 ℃，按上述方法再次测量另一温度的分解压。然后依次升温 3～5 ℃如法测量，直至测得 5～7 组数据。

（6）测量完毕后，在关闭气阀 9 的状态下，开启气阀 10，缓缓放入空气使系统恢复到和大气相通状态。

五、数据处理

（1）记录实验所测数据，计算 $K_p^{\ominus}$ 值。

大气压______ kPa；室温______℃。

$T=$______ K。

$p=$______ kPa。

$K_p^{\ominus}$ ______，$\ln K_p^{\ominus}$ ______。

（2）以 $\ln K_p^{\ominus}$ 对 $1/T$ 作图，由直线的斜率求出实验温度范围内的平均摩尔等压热效应 $\Delta_r H_m^{\ominus}$。

（3）计算 25 ℃时反应的标准摩尔吉布斯函数变化 $\Delta_r G_m^{\ominus}$ 和标准摩尔熵变 $\Delta_r S_m^{\ominus}$。

六、注意事项

（1）系统应不漏气，测量前应对系统进行检漏。若在恒温状态下，不能维持等压计密封液液面左右管等高数分钟不变，则系统漏气。

（2）必须充分排除净样品管上方的空气，在测量前抽气时间不宜缩短。在测量过程中用气阀 10 放入空气时应十分缓慢，切不可太快，以免空气倒灌入等压计左管中，一旦发生倒灌，则必须重新排尽空气。

（3）温度对氨基甲酸铵分解反应影响较大，测量时温度控制的精度应达到 0.1 ℃。

（4）等压计密封液应选用蒸气压小且不与测试物质发生化学反应的液体，本实验密封液可选用蒸气压极小的硅油。

七、思考题

（1）实验压力计读数置零怎样操作？为什么只需置零 1 次？

（2）为什么在测量前需先抽去空气？测量中怎样防止空气倒灌？

（3）等压计密封液和缓冲储气罐在实验中有何作用？对密封液有何要求？

（4）氨基甲酸铵的用量多少对分解压力有无影响？怎样判断氨基甲酸铵分解反应已达平衡？

（李将渊）

实验 9　气-液色谱法测定非电解质溶液的热力学函数

一、目的要求

(1) 用气-液色谱法测定正己烷和环己烷在邻苯二甲酸二壬酯溶液中的无限稀释活度系数、偏摩尔溶解焓和偏摩尔超额溶解焓。

(2) 熟悉以热导池为检测器的气相色谱仪的工作原理和基本构造,掌握脉冲进样气相色谱操作技术。

(3) 了解气-液色谱法在化学热力学方面的一些应用。

二、实验原理

1. 活度系数

溶液活度系数(activity coefficient)是溶液热力学研究的重要参数。它集中反映了指定溶剂中溶质分子之间及溶质分子与溶剂分子之间的相互作用。对溶液结构理论的研究具有重要的意义。

近年来超额热力学性质的测定和理论研究进展很快。超额热力学性质的研究不仅有助于探求溶液的结构,检验并改进溶液理论,而且对化工生产过程的开发和设计提供了重要的热力学基础数据,大大促进了这一领域的发展。

超额热力学性质的应用十分广泛。例如,超额自由能(excess free energy)是用来表征液体混合物非理想性的一个常用量,它直接与溶液中各组分的活度系数有关。

超额焓(excess enthalpy)即混合热,在化工生产和设计中应用特别广泛,如在液体混合物的分离过程中,计算理论塔板数时,要建立物料平衡、相平衡和热平衡等三组平衡方程。为此,除了具备相应组分的相平衡数据外,还需要超额焓的数据。以前由于缺少这方面的数据,在计算蒸馏过程的液相焓时,只能把非理想溶液当成理想溶液来处理,因而引进了较大的计算误差。在等压气-液平衡的热力学一致性检验中也需要超额焓的数据。近年来,利用超额焓来预测气-液平衡、液-液平衡数据得到了巨大的成功,由于它只需要纯组分的物性常数和超额函数,因而大大减少了实验工作量。特别是当其中有一易挥发组分时,气-液平衡数据很难测准,因此更体现出这一方法的优越性。超额焓也是在进行非等温气液平衡数据的热力学一致性检验时不可缺少的物理量,超额体积则是非等压气液平衡数据的热力学一致性检验中必要的物理量。因此测定超额热力学函数在理论和实践上都具有重要的意义。

色谱技术应用广泛,也可以用来测定许多重要的物理化学参数。本实验采用气相色谱法,参见《理化测试(Ⅰ)》4.3节。

从溶质进样到在检测器出现浓度极大值所需的时间 t_r 称为保留时间。以皂膜流量计测得的载气流量 F 乘以 t_r 即为保留体积 V_r,指从进样开始到被测组分在柱后出现浓度极大点时所通过的流动相的体积。F 与死时间 t_d 的乘积 V_d 则称为死体积,它与溶解过程无关,而只与色谱仪的进样器、色谱柱和检测器这三部分的空间大小有关。所以,t_r 与 t_d 的差值反映了溶质的溶解或溶液的性质。另外,应以色谱柱内载气的真实流速 F_c 来讨论保留体积才较合理。然而,从色谱柱的性质已知,柱内压力是柱长的函数,因而柱内各部位的实际流量也不是常量,对此可用压力校正因子 j 加以校正。如再考虑其他因素的影响,则应以单位质量固定液上样品的比保留体积 V_g^0 来表示,才能真正反映溶质与作为溶剂的固定液之间相互作用的特性

$$V_g^0 = \frac{273 \times (t_r - t_d) j (p_0 - p_w) F}{p_0 T_r W_1} \tag{1-48}$$

式中,压力校正因子为 $j = \dfrac{3/2 \times [(p_1/p_0)^2 - 1]}{[(p_1/p_0)^3 - 1]}$;$T_r$ 为皂膜流量计所在位置的温度(K);p_1、p_0、p_w 分别为色谱柱前压力、出口压力以及 T_r 时水的饱和蒸气压;W_1 为固定液质量。

无限稀释非电解质溶液的活度系数可用下式计算

$$\gamma_2^\infty = \frac{273 \times R}{V_g^0 p_2^* M_1} \tag{1-49}$$

式中,p_2^* 为纯溶质的蒸气压;M_1 为固定液的摩尔质量。

2. 偏摩尔溶解焓和偏摩尔超额溶解焓

根据克劳修斯-克拉贝龙方程并结合亨利定律,可得

$$\mathrm{d}(\ln p_2^*) = \frac{\Delta_V H_m}{RT^2} \mathrm{d}T \tag{1-50}$$

$$\mathrm{d}[\ln(x_2 p_2^* \gamma_2^\infty)] = \frac{\Delta_V H_{2,m}}{RT^2} \mathrm{d}T \tag{1-51}$$

式中,$\Delta_V H_{2,m}$ 为溶质从溶液中气化的偏摩尔气化焓。对于理想溶液,$\gamma_2^\infty = 1$,溶质的分压为 $x_2 p_2^*$,偏摩尔气化焓则与纯溶质的摩尔气化焓相等,偏摩尔溶解焓(partial molar enthalpy of dissolution)等于液化焓,即 $\Delta_V H_{2,m} = \Delta_V H_m = -\Delta_S H_{2,m} = -\Delta_S H_m$。非理想溶液的偏摩尔溶解焓 $\Delta_S H_{2,m}$ 则与溶液的活度系数有关。

将式(1-50)作适当变形,然后取对数并对 $1/T$ 微分,再将式(1-49)代入可得

$$\frac{d(\ln V_g^0)}{d(1/T)}=-\frac{d[\ln(\gamma_2^{\infty}\cdot p_2^*)]}{d(1/T)}=\frac{\Delta_V H_{2,m}}{R} \tag{1-52}$$

在一定温度范围内,$\Delta_V H_{2,m}$变化不大,可视为常数,故将上式积分可得

$$\ln V_g^0=\frac{\Delta_V H_{2,m}}{RT}+C \tag{1-53}$$

将(1-50)与(1-51)两式相减可得

$$d(\ln\gamma_2^{\infty})=\frac{(\Delta_V H_{2,m}-\Delta_V H_m)dT}{RT^2}=-\frac{(\Delta_S H_{2,m}-\Delta_S H_m)}{RT^2} \tag{1-54}$$

积分上式可得

$$\ln\gamma_2^{\infty}=\frac{\Delta_S H_{2,m}-\Delta_S H_m}{RT}+C'=\frac{\Delta_S H^E}{RT}+C' \tag{1-55}$$

式(1-53)和式(1-55)中,C、C'为积分常数。$\Delta_S H^E$ 为非理想溶液与理想溶液中溶质的溶解焓之差,称为偏摩尔超额溶解焓(partial molar excess enthalpy)。

$$\Delta_S H^E=\Delta_S H_{2,m}-\Delta_S H_m=\Delta_S H_{2,m}+\Delta_V H_m \tag{1-56}$$

当 $\gamma_2^{\infty}>1$ 时,溶液对拉乌尔定律产生正偏差,溶质与溶剂分子之间的作用小于溶质之间的作用力,$\Delta_S H^E>0$;反之则相反。上式中 $\Delta_V H_m$ 为偏摩尔气化焓。

可见,以 $\ln V_g^0$、$\ln\gamma_2^{\infty}$ 对温度的倒数 $1/T$ 作图,从直线的斜率即可分别求得偏摩尔溶解焓 $\Delta_S H_{2,m}$和偏摩尔超额溶解焓 $\Delta_S H^E$。

三、仪器与试剂

仪器:气相色谱仪,氢气钢瓶,停表,微量进样器(1 μL,10 μL)。

试剂:正己烷(A. R.),环己烷(A. R.)。

四、实验步骤

本实验采用中国科学院兰州化学物理研究所色谱技术开发中心生产的成品色谱柱。

材质:不锈钢;固定相:20%邻苯二甲酸二壬酯(DNP);规格:2 m×3 mm;最高使用温度:140 ℃。

(1) 安装、检漏及老化。小心将色谱柱装于色谱仪上,按操作规程检查,确保色谱仪气路及电路连接情况正常;打开氢气钢瓶,利用减压阀和色谱仪的针形阀调节气流量至 50 mol · min^{-1}左右,将仪器载气出口处堵死。如果柱前转子流量计的指示值下降至零,表示系统气密性良好。反之,如果流量计显示有气流,则说明系统漏气。用肥皂水顺次检查各接头处,将漏气处的接头旋紧,直至整个气路不漏气。

保持氢气流量,调节柱温至 130 ℃, 恒温约 4 h, 使固定相老化(注意,切勿超

过 140 ℃)，整个操作过程应禁止明火,同时要保持实验室环境通风良好。

(2) 测定保留值。将柱温调到大约 60 ℃，柱前压力约为 2×10^5 Pa。打开热导池电源,调节桥路电流至 120 mA,气化室温度为 110 ℃左右。观察记录仪基线稳定后进样。分别用 10 μL 和 1 μL 微量注射器对空气和样品进样,以停表测定出峰时间。根据出峰时间、峰形大小和形状,调节最合适的载气流量和进样体积。峰形稳定后开始记录 t_d 和 t_r 数据。重复测定 3～5 次,取平均值。记下柱前压力、大气压力、层析室温度、皂膜流量计处温度,并用皂膜流量计测定载气流量。

(3) 测定保留时间与柱温的关系。升高层析室温度,测定不同柱温下的保留时间及其他数据。每次升温幅度为 8～10 ℃,共测定 5 组数据。

(4) 实验完毕后,先逐一关闭各个部分开关,然后再关电源。待层析室温度接近室温后再关闭气源。

五、数据处理

(1) 实验数据记录入表 1-5。

表 1-5 非电解质溶液热力学函数气谱法测定数据

固定相质量:______g

样品	柱温	p_1	p_0	F	t_d	t_r
正己烷						
环己烷						
水						

(2) 确定纯溶质的饱和蒸气压。

正己烷：

$$p_2^* = 133.3 \times e^{[15.834-2693.8/(224.11+t)]}$$

$$p_2^* = 133.3 \times e^{[17.79-3811/T]}$$

式中，p_2^*、t、T 的单位分别为 Pa、℃及 K。方程适用温度为 −10～+90 ℃。

环己烷：

$$p_2^* = 133.3 \times e^{[15.957-2879.9/(228.20+t)]}$$

式中，p_2^* 与 t 的单位同上。

水：

$$p_w = 6.1100 \times 10^2 + 44.227 \times t + 1.4816t^2 + 2.1593 \times 10^{-2} t^3 + 4.7939 \times 10^{-4} t^4$$

(3) 计算比保留体积和活度系数。根据固定相的制备数据及实际用量计算固定相质量 m_1，然后利用式(1-48)计算不同柱温下的比保留值 V_g^0。

利用(2)求得相应温度下各溶质的蒸气压，然后根据式(1-49)计算活度系数 γ_2^∞。

柱温测量的精度直接影响测定结果的准确度，所以应使用较精确的温度计，精度以±0.1 ℃为宜，测温点的位置也必须慎重确定。

商品色谱仪的柱前压力表应换装成精密压力表，也可以利用气体进样六通阀接 U 形水银差压计测量压力。

p_w 指的是皂膜流量计所处温度下水的饱和蒸气压。可在载气出口处串连一个水蒸气预饱和管以确保 p_w 的正确、可靠。

(4) 计算偏摩尔溶解焓、偏摩尔超额溶解焓和偏摩尔气化焓。

以正己烷和环己烷在不同柱温时测得的 $\ln V_g^0$ 和 $\ln\gamma_2^\infty$ 对 $1/T$ 作图，由斜率分别求出相应的偏摩尔溶解焓 $\Delta_S H_{2,m}$ 与偏摩尔超额溶解焓 $\Delta_S H^E$，然后求得偏摩尔气化焓 $\Delta_V H_m = \Delta_S H^E - \Delta_S H_{2,m}$，正己烷和环己烷的部分热力学数据参见表 1-6。

表 1-6　正己烷和环己烷的部分热力学数据　　　温度：0～40 ℃

物质	物理量	正己烷	环己烷
纯溶质	沸点/℃	68.95	80.70
	$\Delta_V H_m$/(kJ · mol^{-1})	31.91	32.76
在邻苯二甲酸二壬酯无限稀释溶液中	γ_2^∞(30℃)	1.203	0.932
	$\Delta_S H_{2,m}$/(kJ · mol^{-1})	−29.10	−30.07
	$\Delta_S H^E$/(kJ · mol^{-1})	1.403	1.579

六、注意事项

(1) 实验开始时,应先通入一定量的载气,然后再打开色谱仪的电源开关。实验结束后,先关闭电源,等色谱柱、检测室冷却至接近室温后再关闭载气,防止损坏热导池元件。

(2) 实验过程中,必须保持实验室内通风良好,排出的废气必须导向室外,以防发生安全事故。

(3) 微量进样器易变形、损坏,使用时必须非常小心,切记用力过猛,不能将针芯拉出。

(4) 注射样品要迅速。

七、思考题

(1) 试讨论实验条件对比保留体积和活度系数的影响。

(2) 哪一类溶液体系的热力学函数可以采用气液色谱法进行测定?如何测定无限稀释电解质溶液的热力学函数?

(3) 试分析影响本实验测定结果准确度与精密度的因素。

(4) 如果溶剂也是挥发性较高的物质,本实验是否适用?

(杨 武)

实验 10 晶体碘的标准熵和升华焓的测定

一、目的要求

(1) 掌握分光光度法测定晶体碘的标准熵和升华焓的方法。

(2) 加深对统计热力学基本概念、原理的理解,学会用配分函数计算热力学函数的方法。

二、实验原理

根据爱因斯坦推导晶体热容公式时所用模型,假定三个条件:

(1) 每个原子的振动都有一个谐振子。当振动的振幅不大时,各原子的振动可看作是相对独立的。

(2) 晶体的每个原子有三个方向(x、y、z)可以振动,故可将晶体中的 N 个原子当作 $3N$ 个简谐振子,由量子力学可知,N 个三维自由振子的能量与 $3N$ 个一维自由振子的能量相同。

(3) 各振子的振动频率相同。

根据上述假定,由 N_s(s 代表固体)个碘分子(有 $2N_s$ 个碘原子)组成的晶体,其振动配分函数 Q_v 可表示为

$$Q_v = \left[\frac{e^{-\frac{1}{2}(h\nu/kT)}}{1-e^{-h\nu/kT}}\right]^{3\times 2N_s} = \left[\frac{e^{-\theta/2T}}{1-e^{-\theta/T}}\right]^{6N_s} \tag{1-57}$$

式中,$\theta=\dfrac{h\nu}{k}$ 为晶体碘的特性温度。当温度很高,即 $T\gg\theta$ 时,有

$$e^{-\theta/T}\approx 1-\frac{\theta}{T} \qquad e^{-\theta/2T}\approx 1-\frac{\theta}{2T}$$

因此,式(1-57)中的振动配分函数 Q_v 变为

$$Q_v = \left(\frac{e^{-\theta/2T}}{1-e^{-\theta/T}}\right)^{6N_s} = (T/\theta)^{6N_s} \tag{1-58}$$

根据振动配分函数可导出由振动贡献的热力学能、熵、吉布斯自由能等热力学函数,例如

$$U(T) = kT^2\frac{\partial}{\partial T}\ln Q_v = 6N_s kT \tag{1-59}$$

$$C_v(T) = \left(\frac{\partial U}{\partial T}\right)_v = 6N_s k \tag{1-60}$$

$$S(T) = kT\frac{\partial}{\partial T}\ln Q_v + k\ln Q_v = 6N_s k\left[1+\ln\left(\frac{T}{\theta}\right)\right] \tag{1-61}$$

$$G(T) = -kT\frac{\partial}{\partial N_s}\ln Q_v = -6kT\ln\left(\frac{T}{\theta}\right) \tag{1-62}$$

式(1-59)和式(1-60)中,$U(T)$ 和 $C_v(T)$ 的结果与能量均分定理一致。而式(1-62)中,$G(T)$ 为每个 I_2 分子的振动自由能,对于晶体碘 I_2(s)来说,除了振动的贡献外,还有晶体的电子能量 W_e 的贡献,因此晶体碘的总自由能为

$$G_s(T) = W_e - 6kT\ln(T/\theta) \tag{1-63}$$

当晶体碘与其蒸气处于平衡时,则有

$$G_s(T) = G_g(T) \quad (\text{g 表示气体}) \tag{1-64}$$

由统计热力学可知

$$G_g(T) = G_g(\mathrm{t}) + G_g(\mathrm{r}) + G_g(\mathrm{v}) + G_g(\mathrm{e}) \tag{1-65}$$

式中,$G_g(\mathrm{t})$、$G_g(\mathrm{r})$、$G_g(\mathrm{v})$、$G_g(\mathrm{e})$分别为平动、转动、振动和电子运动对自由能的贡献。

又已知

$$G_g(\mathrm{t}) = -kT\ln[(2m\pi kT/h^2)^{3/2}kT] + kT\ln p \tag{1-66}$$

$$G_g(\mathrm{r}) = -kT\ln(8\pi^2 IkT/\sigma h^2) = -kT\ln(T/\sigma\theta_r) \tag{1-67}$$

$$G_g(\mathrm{v}) = kT\ln(1 - \mathrm{e}^{-h\nu/kT}) + h\nu/2 = kT\ln(1 - \mathrm{e}^{-\theta_v/T}) + k\theta_v/2 \quad (1\text{-}68)$$

$$G_g(\mathrm{e}) = D_e - kT\ln g \quad (1\text{-}69)$$

由式(1-63)、式(1-64)及式(1-65)～式(1-69)得

$$W_e - 6kT\ln(T/\theta) = kT\ln p - kT\ln[(2m\pi kT/h^2)^{3/2}kT] - kT\ln[T/\sigma\theta_r] + kT\ln(1 - \mathrm{e}^{-\theta_v/T}) + D_0 \quad (1\text{-}70)$$

将式(1-70)整理后得

$$\ln[pT^{5/2}(1 - \mathrm{e}^{-\theta v/T})] = \ln[(2m\pi k/h^2)^{3/2}k\theta^6/\sigma\theta_r] - (D_0 - W_e)/kT \quad (1\text{-}71)$$

式中，m 为碘分子的质量，4.214×10^{-25} kg；θ_r 为转动特性温度，其值等于 $h^2/8\pi^2Ik = 0.0538$ K；θ_v 为振动特征温度，其值等于 $h\nu/k = 306.8$ K；σ 为对称数，2；g 为电子基态的简并度，1；D_e 为基态电子能量；h 为普朗克常量，6.626×10^{-34} J·s；k 为玻耳兹曼常量，1.3806×10^{-23} J·K^{-1}。

$-D_0 = -(D_e + k\theta_v/2)$，代表相对于振动零点能级测得的气相碘分子 $I_2(g)$的解离能。

由式(1-71)可知，若能测得不同温度下的饱和蒸气压 p，则可将 $\ln[pT^{5/2}(1-\mathrm{e}^{-\theta v/T})]$对 $1/T$ 作图，得一直线，其截距应等于

$$\ln[(2m\pi k/h^2)^{3/2}k/\sigma\theta_r] + 6\ln\theta \quad (1\text{-}72)$$

由此可算出晶体碘的特征温度 θ，将 θ 值代入式(1-61)即可求得不同温度下晶体碘的标准熵值 $S_s^\ominus(T)$。

利用测得的蒸气压数据还可以计算晶体碘升华反应的平衡常数 K_p 和晶体碘的升华焓 $\Delta_v H^\ominus$

$$I_2(s) \longrightarrow I_2(g)$$

$$K_p = p_{I_2(g)}/p_{I_2(s)} = p_{I_2(g)} \quad (1\text{-}73)$$

由于平衡时

$$G_s(T) = G_g(T) \quad (1\text{-}74)$$

根据

$$\Delta G_T^\ominus = -RT\ln K_p = \Delta H_T^\ominus - T\Delta S_T^\ominus \quad (1\text{-}75)$$

得

$$\Delta H_T^\ominus = T\Delta S_T^\ominus - RT\ln K_p \quad (1\text{-}76)$$

升华反应的熵变 $\Delta S_T^\ominus = S_g^\ominus(T) - S_s^\ominus(T)$。气体碘的摩尔标准熵 $S_g^\ominus$ 随温度的变化不大，在整个实验过程中可看作常数，相关的热力学函数文献值见表1-7及表1-8。这样就可求得各实验温度下晶体碘的升华热 $\Delta_v H_T^\ominus$。

表 1-7 298 K 时碘的几个热力学函数文献值

物质	$\Delta_f H_m^\ominus(298\ K)$/ $(kJ \cdot mol^{-1})$	$S_m^\ominus(298\ K)$/ $(J \cdot K^{-1} \cdot mol^{-1})$	$\Delta_f G_m^\ominus(298\ K)$/ $(kJ \cdot mol^{-1})$	$C_{p,m}^\ominus$/ $(J \cdot K^{-1} \cdot mol^{-1})$
$I_2(s)$	0	116.135	0	54.438
$I_2(g)$	62.438	260.69	19.327	36.90

表 1-8 晶体碘的标准熵值

T/K	200	220	240	260	280	298.15	300	320
$S_m^\ominus(T)$/ $(J \cdot K^{-1} \cdot mol^{-1})$	94.98	99.91	104.52	108.74	112.72	116.15	116.48	120.04

通过以上分析可知,本实验的关键在于测定一定温度下与晶体碘呈平衡的碘的饱和蒸气压。实验表明,碘蒸气对可见光有较强的吸收,其蒸气浓度与吸光度之间符合朗伯-比尔定律

$$\lg \frac{I_0}{I} = lca \tag{1-77}$$

式中,l 为样品管光径长度,单位为 cm;c 为碘蒸气的浓度,单位为 $mol \cdot L^{-1}$;a 为吸光系数,在波长为 520 nm 时,$a=730\ L \cdot mol^{-1} \cdot cm^{-1}$。

若视碘蒸气为理想气体,则

$$p = cRT = \frac{RT}{la} \lg \frac{I_0}{I} = ART/la \tag{1-78}$$

式中,$A = \lg \frac{I_0}{I}$为与晶体碘呈平衡的碘蒸气的吸光度。

因此,在一定温度下测得 A 值后,利用式(1-78)即可求得晶体碘的饱和蒸气压 p,从而求算晶体碘的特征温度及标准熵和升华焓等热力学函数值。

三、仪器与试剂

仪器:分光光度计,超级恒温水浴,带恒温套管的比色皿,汞灯或钠光灯,精密温度计。

试剂:晶体碘(A. R.)。

四、实验步骤

(1) 开启超级恒温水浴,使恒温水经恒温夹套循环流动。检查密封是否良好。

(2) 将分光光度计的灵敏度旋钮调至“Ⅰ”挡(放大倍率最小)。

(3) 开启电源,指示灯亮,选择开关置于“T”,波长调至 520 nm,仪器预热

20 min。

(4) 打开试样室盖(光门自动关闭),调节"0"旋钮,使数字显示为"0.00",盖上试样室盖,将比色架置于空气校正位置,使光电管受光,调节透光率"100%"旋钮,使数字显示为"100.0",即为 I_0。如果显示不到"100.0",可适当增加微电流放大器的倍率挡数,但尽可能使倍率置低挡使用,这样仪器将有更高的稳定性。改变倍数后,必须重新校正"0"和"100%"。

(5) 预热后,按步骤4连续几次调整"0"和"100%",仪器即可进行测定工作。

(6) 在保持 I_0 不变的条件下,用台秤称取晶体碘粉末约0.1 g,使之平铺在比色皿底部成一薄层,加塞旋紧。

(7) 在25~50 ℃,每隔5 ℃左右测量晶体碘与碘蒸气呈平衡后的透光率 T ($T=I/I_0$)。

五、数据处理

(1) 利用最小二乘法和回归分析法,或自编计算程序,计算晶体碘的特征温度 θ。

(2) 通过配分函数求算各温度下晶体碘的标准熵值。

(3) 计算各实验温度下晶体碘的升华热。

六、分析讨论

(1) 测量过程中的注意事项。

(i) 恒温夹套的密封性要好,保证不漏水。

(ii) 在使用分光光度计之前,应该对仪器进行安全性检查,电源线接线应牢固,通地要良好,各个调节旋钮的起始位置应该正确,符合要求才可接通电源开关。仪器在使用前先检查一下放大器暗盒的硅胶干燥剂筒(在仪器的左侧),如受潮变色,应更换干燥的蓝色硅胶或者倒出原硅胶,烘干后再用。仪器经过运输和搬动等,会影响波长精度和吸光度精度,应根据仪器调校步骤进行调整,然后投入使用。仪器在使用过程中,要安装在平整且防震的实验台上。

(iii) 对于自动扫描型分光光度计,调"0"和调"100%"可由软件控制自动进行。

(iv) 晶体碘一定要研细,且要装平整。

(v) 测量过程中只能逐步升温,不能降温。

(vi) 为了使对温度的测量更准确,温度计的读数应经过露茎校正。

(vii) 为了确保晶体碘与碘蒸气达平衡,温度恒定后,应每隔一两分钟读取分光光度计示数一次,直至透光率稳定不变。

(2) 求晶体碘的特征温度 θ 的数据处理,如果采用作图法,由于 θ 与直线的截距呈指数关系，截距的微小偏差就会导致 θ 较大的变化，进而不可避免地产生较大误差。所以，本实验提倡学生利用最小二乘法和回归分析法，计算晶体碘的特征温度 θ。

(3) 晶体碘的升华焓也可由热力学的克拉贝龙-克劳修斯方程式求得，即

$$\ln p = \frac{\Delta H}{RT} + 常数$$

根据实验测定的不同温度下碘的饱和蒸气压 p，以 $\ln p$ 对 $1/T$ 作图，可得一直线，由直线的斜率 $\Delta H/R$ 即可求得升华焓 ΔH。试比较该方法和本实验的方法所求升华热的值有什么不同，并通过与文献值相比较，判断哪一种方法所得结果更准确。

七、思考题

(1) 认真体会本实验的设计思想，加深对统计热力学基本原理的理解，分析实验过程中可能产生的误差，提出减小误差的方法。

(2) 本实验过程中如果使用降温法，结果将如何？

(3) 如果实验温度过高，结果会怎样？

（李将渊）

第2章　动　力　学

学习指导

本章主要介绍动力学函数的基本概念及其测量方法。动力学过程是一个动态过程，要着重理解各种实验条件如温度、压力、浓度等对动力学参数的影响。对于一些复杂的反应体系，数据处理过程往往比较复杂，常需要具有一定的数理统计学和线性代数的基础，同时要学会根据实验目的和要求以及实验体系的特点进行简化处理的方法，还要求对实验条件进行严格的控制。

2.1　概　　述

化学动力学是研究化学反应过程的速率和反应机理的学科，它的研究对象是物质性质随时间变化的非平衡的动态体系，时间是化学动力学的一个重要变量。动力学分析包括反应级数、反应速率系数、活化能的测定以及反应机理推断等。

化学动力学的研究方法主要有两种。一种是唯象动力学研究方法，也称经典化学动力学研究方法，它是从化学动力学的原始实验数据——浓度与时间的关系出发，经过分析获得某些反应动力学参数——反应速率系数、活化能、指前因子、反应级数等；另一种是分子反应动力学研究方法，例如，利用激光、分子束等实验技术考察由某特定能态下的反应物分子通过单次碰撞转变成另一特定能态下的生成物分子的速率，从而可得到微观反应速率系数，把反应动力学的研究推向了分子水平。分子束实验已经获得了许多经典化学动力学无法取得的关于化学元反应的微观信息，分子反应动力学是现代化学动力学的一个前沿阵地。这里只讨论经典化学动力学研究方法。

2.1.1　反应速率

对任一反应的化学计量式

$$aA + bB = gG + hH \tag{2-1}$$

均可写作

$$0 = \sum \nu_B B \tag{2-2}$$

式中，ν_B 为反应式中反应物及产物的计量系数。其中，产物的计量系数为正值，反应物的计量系数为负值。

式(2-1)只表示初始反应物与最终产物之间的计量关系,中间产物一般不出现在反应式中。如果反应步骤中有中间产物,而且随反应的进行中间产物的浓度逐渐变大,反应将不符合总的计量式,这类反应称为依时计量学反应。若反应不存在中间产物,或虽有中间产物但其浓度甚小,可忽略不计,则反应在整个反应过程中均符合反应总的计量式,这类反应则称为非依时计量学反应。

对于非依时计量反应,其反应进度 ξ 的定义为 $n_i = n_{i0} + \nu_i \xi$。式中,n_{i0} 为某反应物或产物 i 的起始物质的量,n_i 为反应进行到某时刻 t 时某反应物或产物 i 的物质的量,则 $\mathrm{d}n_i = \nu_i \mathrm{d}\xi$,反应速率(rate)$r$ 定义为

$$r = \frac{\mathrm{d}\xi}{\mathrm{d}t} = \frac{1}{\nu_B} \frac{\mathrm{d}n_B}{\mathrm{d}t} \tag{2-3}$$

其单位为 $\mathrm{mol \cdot s^{-1}}$。对于非依时计量反应,反应速率的大小与用来表示速率的物质 B 的选择无关,但与化学计量式的写法有关,故用式(2-3)时必须指明反应的化学计量式。

对于反应过程中体积保持不变的非依时计量反应,更常使用参加反应各物质的浓度随时间的变化率来定义反应的速率,即

$$r = \frac{1}{V} \frac{\mathrm{d}\xi}{\mathrm{d}t} = \frac{1}{\nu_B} \frac{\mathrm{d}n_B/V}{\mathrm{d}t} = \frac{1}{\nu_B} \frac{\mathrm{d}c_B}{\mathrm{d}t} \tag{2-4}$$

反应速率与浓度的关系只有通过实验来测定。若反应物浓度与反应速率呈如下函数关系

$$r = \frac{1}{\nu_B} \frac{\mathrm{d}c_B}{\mathrm{d}t} = k c_A^{\alpha} c_B^{\beta} \tag{2-5}$$

式(2-5)称为反应速率方程式。式中,k 为速率常数(rate constant);α 为反应物 A 的级数;β 为反应物 B 的级数,$(\alpha+\beta)$ 称为反应的(总)级数,α、β 可以是整数或分数。因为 k 可看作反应物浓度为 $1\ \mathrm{mol \cdot L^{-1}}$ 时的反应速率,所以它只与温度和催化剂有关,而与反应物浓度无关,速率常数的单位为 $(\mathrm{mol \cdot L^{-1}})^{1-(\alpha+\beta+\cdots)} \cdot$ 时间$^{-1}$。只有一步完成的反应,即基元反应(elementary reactions)的反应级数才等于此步骤中该反应物的计量系数的代数和。对于多步才能完成的反应,反应级数必须通过实验来确定。

2.1.2 动力学参数测量的意义

化学动力学是研究化学反应过程的速率和反应机理的学科,它是从化学动力学的原始实验数据——浓度与时间的关系出发,经过分析获得某些反应动力学参数——反应速率常数、反应级数、活化能、指前因子等。用这些参数可以表征反应体系的速率,化学动力学参数是探讨反应机理的有效数据。

2.2 反应速率的测定方法

2.2.1 一般原理

在 T、V 恒定条件下的某均相反应，由实验测出各不同时间 t 时反应物 A 的浓度 c_A，或产物 M 的浓度 c_M，则可绘出反应的动力学曲线（c-t 曲线），如图 2-1 所示。某时间 t 曲线的斜率 $-dc_A/dt$ 及 dc_M/dt 分别为反应物 A 的消耗速率或产物 M 的生成速率。反应速率的测定，实际就是测定在各个不同时间 t 时任一反应组分的浓度问题。浓度的测定有化学法和物理法之分。

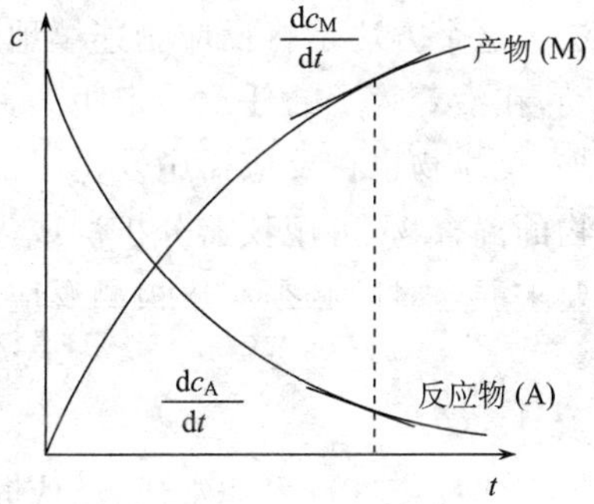

图 2-1 反应物和产物的浓度随时间的变化

化学法利用化学分析法来测定反应中某时刻各物质的浓度，必须使取出的样品立即停止反应，否则测定的浓度并非是指定时刻的浓度。使反应停止的方法有骤冷、冲稀、加入阻化剂或除去催化剂，究竟用哪种方法，要针对具体问题选用最适当简便的方法。化学法能直接测量出不同时刻浓度的绝对值。

物理法则通过物理性质的测定求出反应物或生成物的浓度。例如，测定系统的旋光度、吸光度、折光率、电导、电动势、黏度、导热率、介电常数、吸收光谱、压力或体积的改变等。此法比化学法迅速、方便、并可以使用自动的连续记录装置以记录某物理性质在反应中的变化。物理分析方法优于化学分析方法在于它不必使反应中止，但由于不能直接测量物质浓度，所以要先找出物质浓度与被测物理量之间的关系。

测定不同反应在各个不同时间 t 时任一反应组分的浓度使用不同的实验方法。如果反应进行得非常慢，反应物可以简单地混合起来，可以利用化学法测定反应中某时刻各物质的浓度，或用物理法跟踪测定某一反应物或产物的浓度。

凡是半衰期小于 1 s 的反应称为快速反应。快速反应的例子很多，如常见的离子反应、酸碱中和反应、血红蛋白和氧气与一氧化碳的反应、某些有机取代反应和爆炸反应等。

2.2.2 快速反应研究方法

1. 改进经典法

由于一般的经典手段不能确定快速反应的浓度随时间的变化率，如果充分降低反应物的浓度，使反应速率减慢到能用经典测试方法来确定物质浓度的范围，便可以用经典方法来研究快速反应，这种方法关键是在稀溶液中能准确测定浓度。例如，酚的溴化反应，在溶液中侵入光滑铂电极，测定氧化还原电位，溴的检测灵敏度可达到 10^{-8} mol·L^{-1}。

2. 流动法

若反应速率很快，反应物在混合期间就发生了相当大的浓度变化时，则可用流动法。这个方法是将反应物连续地通过一反应器，并使它沿着管子以平稳的速度流动，在沿着管子的任意给定距离，反应速率是不变的，但随着与混合室的距离的增加，反应物也在反应器中发生了部分反应，并且建立了稳态，流出物是反应物与产物的混合物，可用仪器分析法或先设法使反应停止再用常规方法分析。这个方法要求混合时间必须小于被测反应的半衰期。

3. 弛豫法

有些反应进行得非常快，反应时间远小于 10^{-3} s，这种反应的速率不能用混合法加以研究，可利用由 M. Eigen 和他的同事改进的弛豫法(松弛法)，即使反应时间少到约 10^{-9} s。该方法是在一定条件下使反应快速达到平衡后，通过快速改变与平衡有关的某一条件(通常为温度、压力或电场强度等)来扰动处于平衡的溶液，于是反应平衡受到破坏并迅速向新的平衡移动，然后利用快速物理分析方法(如分光光度法或电导法)跟踪系统的变化直到新的平衡状态。改变温度(如果 $\Delta H \neq 0$)、改变压力(如果 $\Delta V \neq 0$)或者稀释(如果 $\Delta \nu \neq 0$)，都可以使平衡移动。

如果是单一反应，反应物 A 在平衡移动中浓度的变化 Δc_{A} 用下式表示：

$$\Delta c_{\mathrm{A}} = \Delta c_{\mathrm{A}_0} \mathrm{e}^{-t/\tau} \tag{2-6}$$

式中，Δc_{A_0} 为反应物 A 在两个不同条件下的平衡浓度之差值。弛豫时间 τ 是使 Δc_{A} 下降到 Δc_{A_0} 的 1/e 所需的时间，即使系统中反应物 A 的浓度变化 Δc_{A} 达到最终变化值 Δc_{A_0} 的 36.79%所需的时间。

温度跃升法是弛豫法中常用的一种技术。该法是将少量样品装入适当的电容池中，使其在 1 μs 的时间内通过强大的电流，或者接受一个激光脉冲，或者微波脉冲，从而使样品在 1 μs 内升温 5～10 K，然后追踪浓度随时间的变化，便可测到弛豫时间，从而可算出反应的速率系数。

随着新技术的迅速发展，快速反应化学动力学的研究方法将越来越多，如今对快速反应的研究已成为现代化学动力学研究的重要内容。

2.2.3　温度对反应速率的影响及其测量

温度对反应速率的影响表现在对反应速率常数 k 的影响，反应速率常数 k 与温度的关系可用阿伦尼乌斯(Arrhenius)公式表示：

$$k = A\exp\left(\frac{-E_a}{RT}\right) \tag{2-7a}$$

式中，k 为反应速率常数；A 为指前因子；R 为摩尔气体常量；E_a 为反应的活化能；T 为反应温度，K。对阿伦尼乌斯公式两边取自然对数得

$$\ln k = \ln A - \frac{E_a}{R}\left(\frac{1}{T}\right) \tag{2-7b}$$

以 $\ln k$ 对 $1/T$ 作图是一条直线，其斜率为 $-E_a/R$，截距为 $\ln A$。因此反应的活化能可以通过实验来测定。即用在不同温度下测量到的 k 的自然对数 $\ln k$ 对 $1/T$ 作图，由截距求出指前因子 A，由斜率可求得 E_a(图 2-2)，也可以用反应在两个不同温度下的反应速率常数进行计算求得反应的活化能 E_a。已知温度为 T_1 时，反应速率常数为 k_1；温度为 T_2 时，反应速率常数为 k_2。

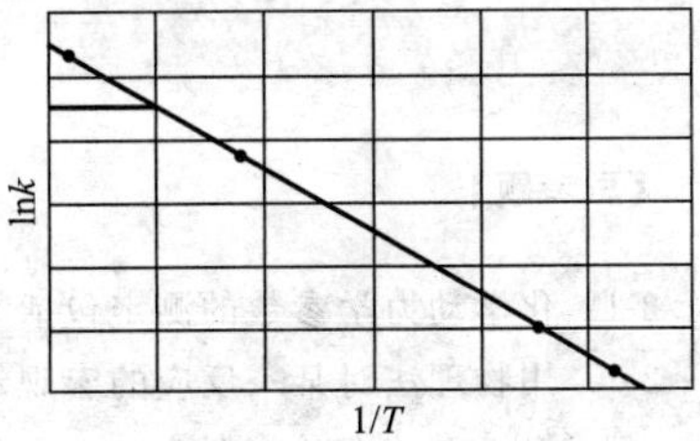

图 2-2　lnk 与 1/T 的关系曲线

$$\ln\left(\frac{k_1}{k_2}\right) = \frac{E_a}{R}\left(\frac{1}{T_2} - \frac{1}{T_1}\right) \tag{2-8}$$

2.2.4　反应级数的测定方法

反应级数的测定是建立速率方程的基础。若反应 $a\text{A} \longrightarrow$ 产物，反应级数为 n，其速率方程的通式为

$$r = \frac{1}{a}\frac{\mathrm{d}c_\text{A}}{\mathrm{d}t} = kc_\text{A}^n \tag{2-9}$$

对速率方程的通式(2-9)进行积分得速率方程的通解：

$$\frac{1}{(n-1)c_{\text{A}_t}^{n-1}} = k_n t + \frac{1}{(n-1)c_{\text{A}_0}^{n-1}} \tag{2-10a}$$

$$k_n = \frac{1}{t(n-1)}\left(\frac{1}{c_{\text{A}_t}^{n-1}} - \frac{1}{c_{\text{A}_0}^{n-1}}\right) \tag{2-10b}$$

$$t = \frac{1}{k_n(n-1)}\left(\frac{1}{c_{\text{A}_t}^{n-1}} - \frac{1}{c_{\text{A}_0}^{n-1}}\right) \tag{2-10c}$$

$$t_{\frac{1}{2}} = \frac{2^{n-1}-1}{k_n(n-1)c_{\text{A}_0}^{n-1}} \tag{2-10d}$$

式中,c_{A_t}、c_{A_0}分别表示反应物A在反应某时刻的浓度和初始浓度。通解的使用条件为$n \neq 1$,半衰期通式的使用条件除$n \neq 1$外,对于任何级数的反应都适用,包括非整数级数的反应。当反应级数$n=1$时

$$\ln \frac{c_{A_0}}{c_{A_t}} = k_1 t \tag{2-11a}$$

$$k_1 = \frac{1}{t} \ln \frac{c_{A_0}}{c_{A_t}} \tag{2-11b}$$

$$t_{\frac{1}{2}} = \frac{\ln 2}{k_1} \tag{2-11c}$$

【思考题】

2-1 化学动力学参数的测定包括哪几种方法?各有什么优缺点?

2-2 用物理法对某一反应的宏观动力学性质进行实验测定时,选择跟踪反应的某一物理量,一般希望它具有什么条件?

(刘瑞泉)

实验11 旋光法测定蔗糖转化反应的速率常数

一、目的要求

(1)用旋光法测定蔗糖转化反应的速率常数和半衰期。

(2)了解旋光仪的工作原理,掌握旋光仪的正确使用方法。

二、实验原理

1. 一级反应特点

蔗糖在水中的转化反应为

$$C_{12}H_{22}O_{11} + H_2O \longrightarrow C_6H_{12}O_6(\text{葡萄糖}) + C_6H_{12}O_6(\text{果糖})$$

为使水解反应加速,反应常以酸为催化剂,故水解反应在酸性介质中进行。由于反应在水溶液中进行,所以,此反应可视为假一级反应,其动力学方程为

$$-\frac{dc}{dt} = kc \tag{2-12}$$

式中,k为反应速率常数;c时间t时的反应物浓度。

将式(2-12)积分得

$$\ln c = -kt + \ln c_0 \tag{2-13}$$

式中，c_0 为反应物的初始浓度。

当 $c=1/2c_0$ 时，t 可用 $t_{1/2}$ 表示，即为反应的半衰期。由式(2-13)可得

$$t_{1/2}=\frac{\ln 2}{k}=\frac{0.693}{k} \tag{2-14}$$

上式说明一级反应的半衰期只取决于反应速率常数 k，与起始浓度无关，这是一级反应的一个特点。

2. 蔗糖浓度与物系旋光度之间的关系

蔗糖及其水解产物葡萄糖和果糖均含有不对称的碳原子，具有旋光性，但它们的旋光能力不同，所以可以利用在反应过程中旋光度的变化来判断反应的进程。而溶液的旋光度与溶液中所含旋光物质的种类、浓度、液层厚度、光源波长及反应温度等因素有关。

为了比较各种物质的旋光能力，引入比旋光度$[\alpha]_D$这一概念，并表示为

$$[\alpha]_D^{20}=100\alpha/(L\cdot c) \tag{2-15}$$

式中，20 为实验时的温度 20 ℃；D 为实验温度时所用钠灯光源 D 线，波长 589 nm；α 为旋光度；L 为液层厚度，dm；c 为浓度，g · 100 mL^{-1}。当其他条件不变时，即得

$$\alpha=Kc \tag{2-16}$$

K 在一定条件下是一常数。

蔗糖是右旋性物质，其比旋光度$[\alpha]_D^{20}=66.5°$，生成物中葡萄糖$[\alpha]_D^{20}=52.0°$，果糖为左旋性物质，$[\alpha]_D^{20}=-91.9°$，整个反应过程中，旋光度由右旋向左旋变化(旋光度与浓度成正比，且溶液的旋光度为各组成旋光度之和)，当温度及测定条件一定时，其旋光度与反应物浓度根据式(2-16)有下列关系。

若反应时间为 0、t、∞时溶液的旋光度分别用 α_0、α_t、α_∞ 表示，则

$$\alpha_0=K_{反}c_0\text{(表示蔗糖未转化)} \tag{2-17}$$

$$\alpha_\infty=K_{生}c_0\text{(表示蔗糖已完全转化)} \tag{2-18}$$

式(2-17)、式(2-18)中，$K_{反}$ 和 $K_{生}$ 分别为相应反应物与产物的比例常数

$$\alpha_t=K_{反}c+K_{生}(c_0-c) \tag{2-19}$$

将式(2-17)、式(2-18)、式(2-19)联立可以解得

$$c_0=\frac{\alpha_0-\alpha_\infty}{K_{反}-K_{生}}=K'(\alpha_0-\alpha_\infty) \tag{2-20}$$

$$c=\frac{\alpha_t-\alpha_\infty}{K_{反}-K_{生}}=K'(\alpha_t-\alpha_\infty) \tag{2-21}$$

将式(2-20)、式(2-21)代入式(2-13)即得

$$\ln(\alpha_t-\alpha_\infty)=-kt+\ln(\alpha_0-\alpha_\infty) \tag{2-22}$$

由式(2-22)可见,以 $\ln(\alpha_t-\alpha_\infty)$ 对 t 作图为一直线,由该直线的斜率即可求得反应速率常数 k,进而可求得半衰期 $t_{1/2}$,然后根据阿伦尼乌斯方程可求得蔗糖转化反应的活化能。

三、仪器与试剂

仪器:旋光仪,恒温旋光管,恒温槽,台秤,停表,烧杯(100 mL),移液管(50 mL)2 支,带塞三角瓶(100 mL)2 支。

试剂:HCl 溶液($3\ mol \cdot L^{-1}$),蔗糖(A. R.)。

四、实验步骤

(1) 调节恒温槽温度至 50～60 ℃。

(2) 旋光仪零点调节。参见《化学基础实验(Ⅱ)》2.4.3 和实验 21。

(3) α_t 的测量。将恒温水浴调节至所需反应温度(25 ℃或 35 ℃)。称取 10 g 蔗糖,在锥形瓶内加入 50 mL 蒸馏水溶解,溶解完全后,用移液管吸取 25 mL 蔗糖溶液注入预先清洁干燥的锥形瓶中;用另一支移液管吸取 25 mL $4.00\ mol \cdot L^{-1}$ 的 HCl 溶液加入该蔗糖溶液中,同时记下反应开始的时间,迅速混合均匀后,用少量反应液润洗旋光管两次,然后将反应液装满旋光管,旋上套盖,放入自动旋光仪中,盖好箱盖。测量 α_t,第一个数据在 3 min 时测量,前 15 min 内每 2 min 测量一次,以后由于反应物的浓度降低,反应速率变慢,可以每间隔 5 min 测量一次,一直测量到旋光度为负值为止(切记测量中不可动清零键)。

(4) α_∞ 的测量。在剩余的 25 mL 蔗糖溶液中加入 25 mL $4.00\ mol \cdot L^{-1}$ 的 HCl 溶液,放入 60 ℃恒温水浴中温热 30 min,使反应加速反应至完全。然后取出,冷至室温后测量旋光度,在 10 min 内读取 5 个数据,取其平均值,即为 α_∞。实验完毕,洗净量筒和锥形瓶,放入烘箱中干燥。洗净样品管,注入蒸馏水,放入旋光仪(水浴温度不宜过高)。

(5) 按照步骤(3)、(4),测定不同温度、不同时间的旋光度。

五、数据处理

(1) 实验数据记录入表 2-1 中。

表 2-1　蔗糖水解速率实验数据

α_t 的测定	t/min	0	3	6	9	12	15	18
	$\alpha_t(T_1)$							
	$\alpha_t(T_2)$							
	t/min	21	24	27	30	33	36	40
	$\alpha_t(T_1)$							
	$\alpha_t(T_2)$							
α_∞ 的测量	平行次数	1	2	3	4	5	平均	
	α_∞							

(2) 实验数据计算。

(i) 以 $\ln(\alpha_t-\alpha_\infty)$ 对时间 t 作图，得出不同温度下的速率常数 k。

(ii) 计算不同温度下反应的半衰期。

(iii) 计算反应的活化能。

六、注意事项

(1) 装样品时，旋光管管盖旋至不漏液体即可，不要用力过猛，以免压碎玻璃片。

(2) 在测定 α_∞ 时，通过加热使反应速率加快，但加热温度不要超过 60 ℃。

(3) 由于酸对仪器有腐蚀，操作时应特别注意，避免酸液滴漏到仪器上，实验结束后必须将旋光管洗净。

(4) 旋光仪中的钠光灯不宜长时间开启，测量间隔较长时应熄灭，以免损坏。

七、思考题

(1) 实验中为什么用蒸馏水来校正旋光仪的零点？在蔗糖转化反应过程中，所测的旋光度 α_t 是否需要零点校正？为什么？

(2) 配置溶液时不够准确，对测量结果是否有影响？

(3) 在混合蔗糖溶液和盐酸溶液时，将盐酸溶液加到蔗糖溶液中，可否将蔗糖溶液加到盐酸溶液中？为什么？

（刘瑞泉）

实验 12　丙酮碘化反应的速率方程

一、目的要求

(1) 测定酸催化作用下丙酮碘化反应的速率常数。

(2) 通过本实验加深对复杂反应特征的理解。

(3) 掌握光度计和反应-吸收样品池的使用方法。

二、实验原理

不同的化学反应其反应机理是不相同的。按反应机理的复杂程度不同可以将反应分为基元反应(简单反应)和复杂反应两种类型。简单反应是由反应物粒子经碰撞一步就直接生成产物的反应。复杂反应不是经过简单的一步就能完成的,而是要通过生成中间产物的许多步骤来完成的,其中每一步都是一个基元反应。常见的复杂反应有对峙反应(或称可逆反应,与热力学中的可逆过程的含义完全不同),平行反应和连续反应等。

丙酮碘化反应是一复杂反应,反应方程式为

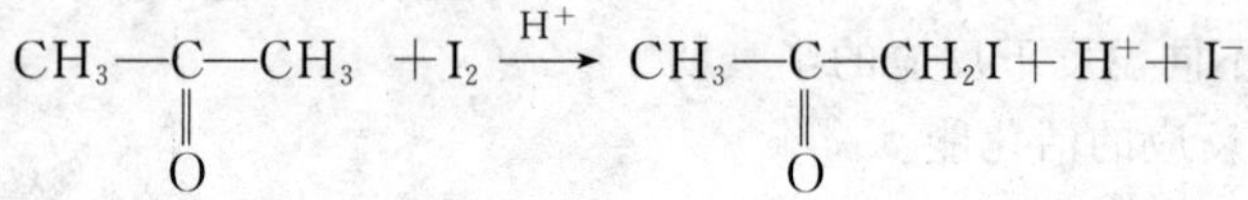

H^+ 是催化剂,由于反应本身能生成 H^+,所以,这是一个自动催化反应。一般认为该反应的反应机理包括下列两步:

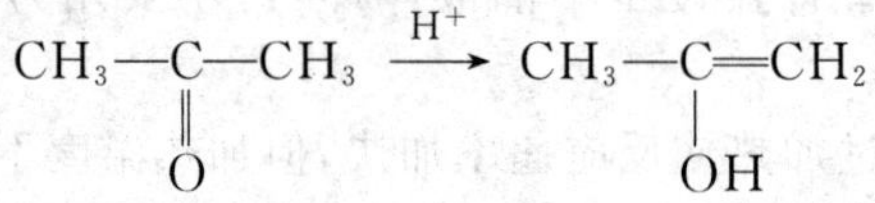

(A)　　(B)

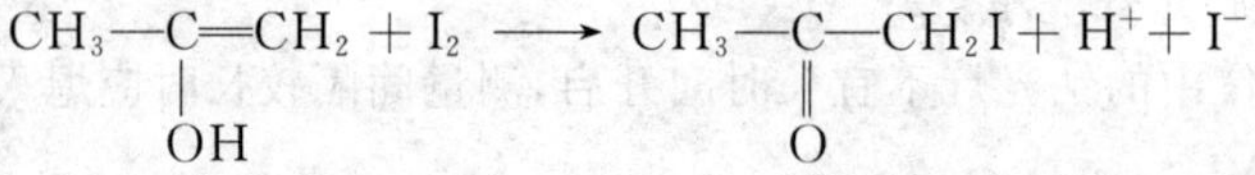

(B)　　(D)

这是一个连续反应。第一步是丙酮的烯醇化反应,是一个可逆反应,进行得很慢。第二步是烯醇的碘化反应,是一个快速且能进行到底的反应。根据连续反应的特点,该反应的总反应速率由第一步决定,其反应的速率方程可表示为

$$-\frac{dc_A}{dt}=\frac{dc_D}{dt}=Kc_Ac_{H^+} \tag{2-23}$$

式中,c_A 为丙酮的浓度;c_D 为产物碘化丙酮的浓度;c_{H^+} 为氢离子的浓度;K 为丙酮碘化反应总的速率常数。

由第二步反应可知$\frac{dc_D}{dt}=\frac{-dc_{I_2}}{dt}$,如果测得反应过程中各时间碘的浓度,就可以求出$\frac{dc_D}{dt}$。由于碘在可见光区有一个比较宽的吸收带,所以本实验可采用分光光度法来测定不同时刻反应物的浓度。若在反应过程中,丙酮的浓度为 0.1～

0.6 mol · L^{-1},酸的浓度为 0.05～0.5 mol · L^{-1}时,可视丙酮与酸的浓度为常数。将式(2-23)积分得

$$\int_{c_{D_1}}^{c_{D_2}} dc_D = \int_{t_1}^{t_2} K c_A c_{H^+} dt$$

$$c_{D_2} - c_{D_1} = K c_A c_{H^+} (t_2 - t_1) \tag{2-24}$$

按朗伯-比尔定律,若指定波长的光通过碘溶液后光强为 I,通过蒸馏水后的光强为 I_0,则透光率可表示为

$$T = \frac{I}{I_0}$$

并且透光率与碘的浓度有如下关系:

$$\lg T = -\varepsilon d c_{I_2} \tag{2-25}$$

式中,d 为比色皿光径长度;ε 为取 10 为底的对数时的吸收系数。又因 $\frac{dc_D}{dt} = -\frac{dc_{I_2}}{dt}$,积分后可得

$$c_{D_2} - c_{D_1} = c_{I_2(1)} - c_{I_2(2)} \tag{2-26}$$

将式(2-25)、式(2-26)代入式(2-24)中整理得

$$\lg T_2 - \lg T_1 = k\varepsilon d c_A c_{H^+} (t_2 - t_1) \tag{2-27}$$

$$k = \frac{\lg T_2 - \lg T_1}{\varepsilon d (t_2 - t_1) c_A c_{H^+}} \tag{2-28}$$

或

$$d\lg T = K \cdot \varepsilon d \cdot c_A c_{H^+} \cdot dt$$

式中,εd 可通过测定一已知浓度的碘溶液的透光率 T 代入式(2-25)求得。当 c_A 与 c_{H^+} 浓度已知时,只要测出不同时刻反应物的透光率,就可利用式(2-28)求出丙酮碘化反应的速率常数 K。

为了验证上述反应机理,可以进行反应级数的测定。根据总反应方程式,可建立如下关系式:

$$V = \frac{dc_E}{dt} = k c_A^{\alpha} c_{H^+}^{\beta} c_{I_2}^{\gamma} \tag{2-29}$$

式中,α、β、γ 分别表示丙酮、氢离子和碘的反应级数。若保持氢离子和碘的起始浓度不变,只改变丙酮的起始浓度,分别测定在同一温度下的反应速率,则

$$\frac{V_2}{V_1} = \left(\frac{c_{A(2)}}{c_{A(1)}}\right)^{\alpha} \quad \rightarrow \quad \alpha = \lg\frac{V_2}{V_1} \div \lg\left(\frac{c_{A(2)}}{c_{A(1)}}\right) \tag{2-30}$$

同理可求出 β、γ:

$$\beta=\lg\left(\frac{V_3}{V_1}\right)\div\lg\left(\frac{c_{H^+_{(2)}}}{c_{H^+_{(1)}}}\right)\quad \gamma=\lg\left(\frac{V_4}{V_1}\right)\div\lg\left(\frac{c_{I_{2(2)}}}{c_{I_{2(1)}}}\right)\tag{2-31}$$

三、仪器与试剂

仪器:带恒温装置的 722 型光栅分光光度计,超级恒温槽,停表,磨口锥形瓶(100 mL)1 支,容量瓶(50 mL)2 支,5 mL 移液管 3 支。

试剂:2 mol · L^{-1}丙酮溶液,0.02 mol · L^{-1} I_2 溶液,0.05 mol · L^{-1} I_2 溶液,2 mol · L^{-1} HCl 溶液。

四、实验步骤

(1) 将超级恒温槽的温度调至 25 ℃(或 30 ℃)。

(2) 调整分光光度计。在使用仪器前,应该对仪器进行检查,电源接线应牢固,接地要良好。各个调节旋钮的起始位置应该正确,然后再接通电源开关。将灵敏度旋钮调置"1"挡(放大倍率最小)。开启电源,指示灯亮,选择开关置于透光率"T",波长调到 565 nm 的位置上,然后将比色架(带有恒温水套)放入暗箱中盖好箱盖,将仪器预热 10 min。打开试样室盖(光门自动关闭),调节"0"旋钮,使数字显示为"00.0"。盖上试样室盖,将装有蒸馏水的比色皿(光径长为 1 cm)放到比色架上,使之处在光路中。调节透光率"100%"旋钮,使数字显示为"100.0"。如果显示不到"100.0",则可适当增加微电流放大器的倍率挡数,但尽可能使用低挡,这样仪器将有更高的稳定性。改变倍率后,必须重新校正"0"和"100%"。

(3) 求 εd。取另一比色皿,注入已知浓度的碘溶液(0.02 mol · L^{-1}),放到比色皿架的另一挡位置上,测其透光率 T,利用式(2-25)求出 εd。

(4) 测定丙酮碘化反应的速度常数 K。在一洗净的 50 mL 容量瓶中,用移液管移入 5 mL 2 mol · L^{-1}丙酮和 5 mL 蒸馏水。取另一洗净的 50 mL 容量瓶,用移液管移入 5 mL 2 mol · L^{-1} HCl、5 mL 0.02 mol · L^{-1}碘和 10 mL 蒸馏水。再用另一洗净的 50 mL 容量瓶,移入 25 mL 蒸馏水。三瓶各自盖好塞子,一起放入恒温槽中恒温。待达到恒温 10 min 后,将丙酮溶液倒入盐酸和碘溶液容量瓶中,用恒温蒸馏水洗丙酮瓶 3～4 次,洗涤液倒入混合液瓶中,用恒温蒸馏水稀释至刻度。此步骤在恒温槽小孔口中进行。取出此容量瓶,摇匀后迅速倒入比色皿中,用擦镜纸擦干玻璃外壁,放在比色皿架上。以下与步骤(3)相同,测其透光率 T,每隔 2 min 读一次,T 达到 90 以后停止测试。在测量过程中,需经常检查检流计零点和空白蒸馏水的透光率。

(5) 测定各反应物的反应级数。测定方法同步骤(3)、(4)。各反应物的用量见表 2-2。温度仍分别为(25.0±0.1) ℃和(30.0±0.1) ℃。

表 2-2 丙酮碘化实验的反应物用量

编号	2 mol · L^{-1}丙酮溶液	2 mol · L^{-1}盐酸溶液	0.02 mol · L^{-1}碘溶液
2	10 mL	5 mL	5 mL
3	5 mL	10 mL	5 mL
4	5 mL	5 mL	10 mL (或 2.5 mL)

五、数据处理

实验数据记录在表 2-3 中。

表 2-3 丙酮碘化实验数据

25 ℃	t/min	2	4	6	8	10	12	14	16	18	20	…
	T/%											
	$-\lg T$											
30 ℃	t/min	2	4	6	8	10	12	14	16	18	20	…
	T/%											
	$-\lg T$											

(1) 求出 25 ℃/30 ℃ 条件下的 εd = ______，$c_{碘}$ = 0.02 mol · L^{-1} 的 T = ______%。

(2) 测定丙酮碘化反应的速度常数 K。分别用 $\lg T$ 对时间 t 作图，从其斜率可求出 K_1(25 ℃)和 K_2(30 ℃)。

$$\mathrm{d}\lg T = K \cdot \varepsilon d \cdot c_A c_{H^+} \cdot \mathrm{d}t$$

(3) 根据下式计算反应的活化能。

$$\lg \frac{K_2}{K_1} = \frac{E}{R}\left(\frac{T_2 - T_1}{T_2 \times T_1}\right) (\mathrm{J \cdot mol^{-1}})$$

(4) 由实验步骤(3)和(4)中测得的数据，分别以 $\lg T$ 对 t 作图，得到四条直线。求出各直线斜率，即为不同起始浓度时的反应速率，代入式(2-30)、式(2-31)可求出 α、β、γ。

六、注意事项

(1) 温度影响速率常数，实验时体系始终要恒温。

(2) 实验所需溶液均要准确配制。

(3) 混合反应溶液时要在恒温槽中进行，操作必须迅速准确。实验证明：丙酮卤化时，无论实验中使用哪种卤族元素，在某固定温度下，反应速率常数相同，且反应活化能也相近。

(4) 每次用蒸馏水调节吸光度零点后,方可测其吸光度值。

七、问题讨论

虽然在第一步反应中,从表观上看除 I_2 外没有其他物质吸收可见光,但实际上反应体系中还存在一个次要反应,即在溶液中存在着 I_2、I^- 和 I_3^- 的平衡:

$$I_2 + I^- \rightleftharpoons I_3^-$$

其中 I_2 和 I_3^- 都吸收可见光。因此反应体系的吸光度不仅取决于 I_2 的浓度而且与 I_3^- 的浓度有关。根据朗伯-比尔定律知,含有 I_3^- 和 I_2 的溶液的总吸光度 D 可以表示为 I_3^- 和 I_2 两部分吸光度之和。

$$D = D_{I_2} + D_{I_3^-} = \varepsilon_{I_2} dc_{I_2} + \varepsilon_{I_3^-} dc_{I_3^-}$$

而摩尔吸光系数 ε_{I_2} 和 $\varepsilon_{I_3^-}$ 是入射光波长的函数。在特定条件下,即波长 $\lambda =$ 565 nm 时,$\varepsilon_{I_3^-} = \varepsilon_{I_2}$,所以上式可变为

$$E = \varepsilon_{I_2} d(c_{I_2} + c_{I_3^-})$$

也就是说,在 565 nm 这一特定的波长条件下,溶液的吸光度 D 与总碘量($I_2 + I_3^-$)成正比。因此常数 εd 可以由测定已知浓度碘溶液的总吸光度 D 来求出。所以本实验必须选择工作波长为 565 nm。

八、思考题

(1) 动力学实验中,正确计量时间是实验的关键。本实验从反应物开始混合,到开始记录反应时间,中间有一段不算很短的操作时间。这对实验有无影响?为什么?

(2) 将蒸馏水从样品池倒出后,样品池不一定能完全在样品架上正确复位,如稍有变动,致使 I_0 变成 80 或 120,这对结果有何影响?

实验 13　电导法测定乙酸乙酯皂化反应的速率常数

一、目的要求

(1) 用电导法测定乙酸乙酯皂化反应的速率常数,了解反应活化能的测定方法。

(2) 了解二级反应的特点,学会用图解计算法求取二级反应的速率常数。

(3) 掌握电导仪的使用方法。

二、实验原理

乙酸乙酯皂化是一个二级反应,其反应式为

$$CH_3COOC_2H_5 + Na^+ + OH^- \longrightarrow CH_3COO^- + Na^+ + C_2H_5OH$$

在反应过程中，各物质的浓度随时间改变。某一时刻的 OH^- 浓度，可以用标准酸滴定，也可以通过测量溶液的某些物理性质求出。以电导仪测定溶液的电导值 G 随时间的变化关系，可以监测反应的进程，进而可以求算反应的速率常数。二级反应的速率与反应物的浓度有关。为了处理方便，在设计实验时反应物 $CH_3COOC_2H_5$ 和 NaOH 均采用相同的浓度 c 作为起始浓度。当反应时间为 t 时，反应所生成的 CH_3COO^- 和 C_2H_5OH 的浓度为 x，则 $CH_3COOC_2H_5$ 和 NaOH 的浓度为$(c-x)$。设逆反应可以忽略，则有

	$CH_3COOC_2H_5$	+ NaOH ⟶	CH_3COONa	+ C_2H_5OH
$t=0$	c	c	0	0
$t=t$	$c-x$	$c-x$	x	x
$t\to\infty$	$\to 0$	$\to 0$	$\to c$	$\to c$

二级反应的速率方程可表示为

$$\frac{dx}{dt}=k(c-x)(c-x) \tag{2-32}$$

积分得

$$kt=\frac{x}{c(c-x)} \tag{2-33}$$

显然，只要测出反应进程中 t 时的 x 值，再将 c 代入，就可以计算出反应的速率常数 k。

由于反应是在稀水溶液中进行的，因此可以假定 CH_3COONa 全部电离。溶液中参与导电的离子有 Na^+、OH^- 和 CH_3COO^- 等，而 Na^+ 在反应前后浓度不变，OH^- 的迁移率比 CH_3COO^- 大得多，而 $CH_3COOC_2H_5$ 和 C_2H_5OH 不具有明显的导电性。随反应时间的增加，OH^- 不断减少，而 CH_3COO^- 不断增加，所以体系的电导值不断下降。在一定范围内可以认为体系的电导值减少量和 CH_3COONa 的浓度 x 的增加量成正比，即

$$t=t \text{ 时}, \ x=\beta(G_0-G_t) \tag{2-34}$$

$$t=\infty \text{ 时}, c=\beta(G_0-G_\infty) \tag{2-35}$$

式中，G_0 和 G_t 分别为起始和 t 时的电导；G_∞ 为反应终了时的电导；β 为比例常数。将式(2-34)和式(2-35)代入式(2-33)得

$$kt=\frac{\beta(G_0-G_t)}{c\beta[(G_0-G_\infty)-(G_0-G_t)]}=\frac{(G_0-G_t)}{c(G_t-G_\infty)} \tag{2-36}$$

或

$$\frac{(G_0-G_t)}{(G_t-G_\infty)}=ckt \qquad G_t=\frac{1}{ck}\,\frac{G_0-G_t}{t}+G_\infty \tag{2-37}$$

从直线方程(2-37)知，只要测定出 G_0 以及一组时间 t 和 G_t 值以后，利用 G_t 对 $(G_0-G_t)/t$ 作图，应得一直线，其斜率为 $\frac{1}{ck}$，由斜率即可求得反应的速率常数 k，k 的单位为 $L \cdot min^{-1} \cdot mol^{-1}$。

在不同温度 T_1、T_2 时测出反应速率常数 k_1，k_2，则可由阿伦尼乌斯公式求算反应的活化能。

$$\ln \frac{k_2}{k_1} = \frac{E(T_2 - T_1)}{RT_1 T_2} \tag{2-38}$$

三、仪器与试剂

仪器：DDSJ-308A 型数字式电导率仪，铂黑电导电极，双管电导池，单管电导池，超级恒温槽，移液管(10 mL)，停表，烧杯，洗耳球。

试剂：0.02 $mol \cdot L^{-1}$ NaOH，0.02 $mol \cdot L^{-1}$ $CH_3COOC_2H_5$。

四、实验步骤

(1) 启动恒温水浴，调至所需温度。恒温水浴的构造和使用方法参阅本书实验 1。

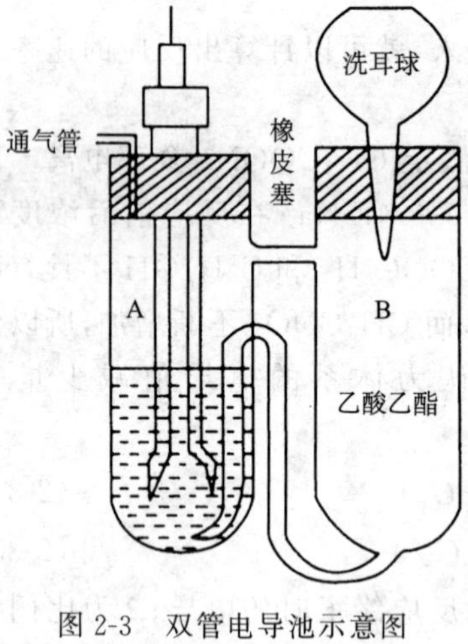

图 2-3　双管电导池示意图

(2) 电导率仪的调节。参见《化学基础实验(Ⅱ)》5.3.5 或选用仪器说明书。

(3) G_0 的测量。采用单管电导池，先将铂黑电极取出，浸入电导水中。取下橡皮塞，将单管电导池洗净烘干，加入适量 0.02 $mol \cdot L^{-1}$ NaOH 溶液，再将铂黑电极取出，用相同浓度的 NaOH 溶液淋洗。插入电极，把电导池置于恒温水浴 10 min(记录温度)，接上电导率仪，测量溶液的电导值，每隔 2 min 读一次数据，测三次取平均值 G_0。

(4) G_t 的测量。双管电导池和电极的处理方法同前，安装后置于恒温水浴内，然后用移液管吸取 10 mL 0.02 $mol \cdot L^{-1}$ NaOH 注入 A 管，用移液管吸取 10 mL 0.02 $mol \cdot L^{-1}$ $CH_3COOC_2H_5$ 注入 B 管，恒温10 min，用洗耳球将 $CH_3COOC_2H_5$ 压入 A 管。注入一半时，记录时间。反复压几次，使溶液混合均匀，并立即开始测量其电导值，每隔 3 min 读一次数据，直至电导值变化不大时(一般反应时间为 45 min～1 h)，可停止测量。

反应结束后，倾去反应物，洗尽电导池，重新测量 G_0。如果与反应前的电导值基本一致,可终止实验,并洗尽电导池,将铂黑电极浸入电导水中。

(5) 反应活化能的测定。反应按上述操作步骤测定另一温度下的反应速度常数 k,用阿伦尼乌斯公式计算反应活化能。

五、数据处理

(1) 实验数据记录在表 2-4 中。

表 2-4 25 ℃时乙酸乙酯皂化反应测量数据

t/min	3	6	9	12	15	20
G_t/S						
$\frac{G_0-G_t}{t}/(S\cdot min^{-1})$						
t/min	25	30	35	40	50	60
G_t/S						
$\frac{G_0-G_t}{t}/(S\cdot min^{-1})$						

条件记录:初始浓度______,室温______。

初始电导率:10 mL 水+10 mL NaOH(0.02 $mol\cdot L^{-1}$)的平均电导率:______$S\cdot cm^{-1}$。

反应物配比:10 mL 乙酸乙酯(0.02 $mol\cdot L^{-1}$)+ 10 mL NaOH(0.02 $mol\cdot L^{-1}$)。

(2) 35 ℃下仿照表 2-3 制表记录实验数据。

(3) 以 G_t 对$(G_0-G_t)/t$ 作图,并从直线斜率计算不同温度时的反应速率常数 k。

(4) 计算反应的阿伦尼乌斯活化能。

六、注意事项

(1) 由于空气中的 CO_2 会溶入电导水和配制好的 NaOH 溶液中,引起溶液浓度的改变,所以应该使用煮沸的电导水,同时在配制好的 NaOH 溶液试剂瓶上装配碱石灰吸收管。

(2) 乙酸乙酯溶液应该新鲜配制。

七、思考题

(1) 为何本实验要在恒温条件下进行,而且乙酸乙酯和氢氧化钠溶液在混合前还要预先恒温?

(2) 反应分子数与反应级数是两个完全不同的概念,反应级数只能通过实验来确定。如何从实验结果来验证乙酸乙酯皂化反应为二级反应?

(3) 乙酸乙酯皂化反应为吸热反应,在实验过程中如何处置这一影响而使实验得到较好的结果?

(4) 如果乙酸乙酯和氢氧化钠均为浓溶液,能否用此方法求得 k? 为什么?

(刘瑞泉)

实验 14 过氧化氢催化分解反应速率常数的测定

一、目的要求

(1) 掌握用量气法测定 H_2O_2 分解反应的速度常数和半衰期的实验技术。

(2) 熟悉一级反应的特点,了解反应物浓度、温度和催化剂等因素对一级反应速率的影响。

(3) 学会用图解法求解一级反应的速率常数。

二、实验原理

过氧化氢分解反应的化学计量式为

$$H_2O_2(l) \longrightarrow H_2O(l) + \frac{1}{2}O_2(g)$$

过氧化氢在没有催化剂存在时,分解反应进行得很慢,在有催化剂如 KI 的条件下,分解速率明显加快,其反应机理为

$$H_2O_2 + KI \longrightarrow KIO + H_2O$$

$$KIO \longrightarrow KI + 1/2O_2$$

因为第一步反应的速率比第二步慢得多,所以 H_2O_2 催化分解反应的速度主要由第一步反应决定

$$-\frac{dc_{H_2O_2}}{dt} = kc_{KI}c_{H_2O_2}$$

式中,k 为反应的速率常数。KI 为催化剂,反应前后其浓度维持不变,故 H_2O_2 催化分解反应可视为一级反应

$$-\frac{dc_{H_2O_2}}{dt} = k_1c_{H_2O_2}$$

将上式积分后可得

$$\ln\frac{c_t}{c_0}=-k_1t \tag{2-39}$$

式中，c_t 和 c_0 分别为 t 时刻和起始时刻 H_2O_2 的浓度。

根据计量方程式，在分解过程中，放出的氧气体积与分解的 H_2O_2 物质的量成正比。令 V_∞ 表示 H_2O_2 全部分解放出的氧气体积，V_t 表示 H_2O_2 在 t 时刻分解放出的氧气体积，则

$$c_t\propto(V_\infty-V_t)\qquad c_0\propto V_\infty$$

$$\ln\frac{c_t}{c_0}=\ln\frac{V_\infty-V_t}{V_\infty}=-k_1t \tag{2-40}$$

即

$$\ln(V_\infty-V_t)=-k_1t+\ln V_\infty \tag{2-41}$$

由此可知，若定量测量出 H_2O_2 完全分解释放出的氧气体积 V_∞，或已知 H_2O_2 的起始浓度 c_0，通过计量方程式求得 V_∞，再测得反应进行不同时刻 t 时 H_2O_2 分解释放出的氧气体积 V_t，即可以 $\ln(V_\infty-V_t)$ 对 t 作图，由直线的斜率求出反应速率常数 k_1，并可求得反应的半衰期

$$t_{\frac{1}{2}}=\frac{\ln 2}{k_1} \tag{2-42}$$

测定两个或两个以上温度的速率常数，则可以根据阿伦尼乌斯关系式估算反应的活化能。

$$E_a=\frac{RT_1T_2}{T_2-T_1}\ln\frac{k_2}{k_1} \tag{2-43}$$

测量 H_2O_2 催化分解反应释放出的氧气体积的实验装置如图 2-4 所示。反应系统在恒温条件下进行；反应过程中由于氧气的产生会使量气管液面下降，调节水位瓶使 U 形量气管左右两管的液面相平，维持反应系统处于恒压状态。记录不同反应时间量气管的示值，即可得不同时刻放出氧气的体积。

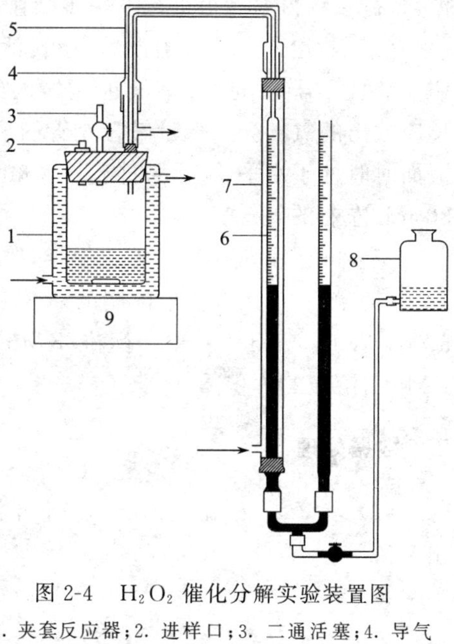

图 2-4 H_2O_2 催化分解实验装置图

1. 夹套反应器；2. 进样口；3. 二通活塞；4. 导气管；5. 导水管；6. 量气管；7. 导水管；8. 水位瓶；9. 电磁搅拌器

三、仪器与试剂

仪器：量气装置，CH1015 超级恒温槽，电磁搅拌器，25 mL、5 mL 移液管各 1

支,锥形瓶,秒表,100 mL 容量瓶;5 mL 注射器。

试剂:H_2O_2(A.R.)溶液,0.5 mol·L^{-1} KI 溶液,3 mol·L^{-1} H_2SO_4,0.05 mol·L^{-1}标准 $KMnO_4$ 溶液。

四、实验步骤

(1) 按图 2-4 安装好仪器,注意连接好超级恒温槽循环水进出管。

(2) 取适量 H_2O_2 于 100 mL 容量瓶中,加水定容,配制成 0.3%的 H_2O_2 溶液。

(3) 检漏。旋转二通活塞 3,使反应器与大气相通,升高水位瓶,使量气管液面上升。再旋转二通活塞 3,使反应器系统隔绝大气,降低水位瓶,使量气管左右两管的液面相差 10 cm 左右,若液面保持数分钟不变则说明系统不漏气。

(4) 用移液管吸取 25 mL 0.3%H_2O_2 溶液注入反应瓶中,放进 1 个磁搅拌子,塞紧瓶塞。用注射器吸取 0.5 mol·L^{-1}的 KI 溶液 1 mL,并将针头刺过进样口密封橡胶,将注射器垂直固定在夹套反应器上(注意:此时不能将 KI 推入)。旋转二通活塞使系统与大气相通,调节水位瓶,升高量气管液面,并使量气管左右两管的液面相平。

(5) 开启电磁搅拌器和超级恒温槽电源,由超级恒温槽向系统送入 25 ℃的恒温水,待系统恒温后可进行下一步操作。

(6) 测定 V_t。系统恒温后,旋转活塞 3,使系统与大气隔绝,记录量气管读数 V_0。将注射器中的 KI 溶液迅速加入到 H_2O_2 溶液中,同时开始记录反应时间。反应放出的氧气会压低量气管左管的液面,不断调节水位瓶,使量气管左右两管的液面时时处于水平状态。每隔 2~3 min 记录时间 t 和量气管示值 V_t,直至收集到 30 mL 左右的氧气。

(7) 测定另一温度的 V_t。换样,改变反应温度为 35 ℃,重复 4~6 次操作。

(8) 测定 c_0。准确取配制的 0.3%H_2O_2 溶液 3 mL,加 3 mol·L^{-1} H_2SO_4 5 mL,以 0.05 mol·L^{-1} 标准 $KMnO_4$ 溶液滴定至微红色不消失,记录所用 $KMnO_4$溶液的体积。

五、数据处理

(1) 求 V_∞。根据用标准 $KMnO_4$ 溶液标定的 H_2O_2 的初始浓度,由下式计算出 V_∞

$$V_\infty = \frac{c_0 V_{H_2O_2} RT}{2p}$$

式中,p 为氧的分压,即大气压减去实验温度下水的饱和蒸气压;c_0 为 H_2O_2 的初始浓度;$V_{H_2O_2}$ 为实验所取用的 H_2O_2 的体积;T 为实验温度,K;R 为摩尔气体常量。

(2) 校正 V_t。因测量的气体体积 $V_{t,测量}$ 中含有水蒸气,将其扣除后才是氧气的真实体积 $V_{t,校正}$。校正公式如下

$$V_{t,校正}=V_{t,测量}\times\left(1-\frac{p_{水}}{p_{大气}}\right)$$

式中,$p_{水}$ 为实验温度时水的饱和蒸气压;$p_{大气}$ 为大气压。

(3) 列出 t,$V_{t,测量}$,$V_{t,校正}$,$(V_\infty-V_{t,校正})$ 和 $\ln(V_\infty-V_{t,校正})$ 数据表。

(4) 作 $\ln(V_\infty-V_{t,校正})$-t 图,由直线斜率求反应速率常数 k,并计算半衰期。

(5) 由阿伦尼乌斯关系式计算反应的活化能。

六、注意事项

(1) H_2O_2 的起始浓度应控制在 0.3%为宜,浓度过高,氧气生成速度过快;浓度过低,氧气生成速度过慢,均会使读数误差增大。

(2) 系统是否漏气是实验成功的关键,应注意确保系统不漏气。

(3) V_∞ 除可用高锰酸钾标定 H_2O_2 的浓度计算出体积外,也可用加热使 H_2O_2 完全分解直接测量的方法。加热法是在测量 V_t 后,升高反应温度为 60 ℃左右,使反应液加热分解完全,直接用量气管测量放出的全部氧气体积 V_∞。

(4) 读量气管示值时,量气管左右两管的液面必须是等高状态。

七、思考题

(1) 水位瓶在本实验中起什么作用?

(2) 除滴定和加热法求 V_∞ 外,还有其他方法可求得 V_∞ 吗?

(3) 为什么可以用 $\ln(V_\infty-V_t)$-t 代替 $\ln c$-t 作图求速率常数?

(4) 配制实验所用的 0.3%H_2O_2 溶液时是否需精确配制?

(5) 换样时反应瓶是否需洗涤?是否可用被测液淌洗?

(李将渊)

实验 15 弛豫法测定铬酸根-重铬酸根离子反应的速率常数

一、目的要求

(1) 了解跳浓弛豫法测定反应速率常数的原理和方法。

(2) 学会用跳浓弛豫法测定 $2HCrO_4^- \rightleftharpoons Cr_2O_7^{2-}+H_2O$ 平衡反应的正、逆反应速率常数。

二、实验原理

1. 弛豫法

弛豫是指一个平衡系统因受外来因素快速扰动而偏离平衡位置，在新的条件下趋向新平衡的过程，是一种研究快速反应的重要手段。弛豫法包括快速扰动方法和快速监测扰动后的非平衡态趋近于新平衡态的速率或时间。快速扰动的方法可以用脉冲激光使反应系统的温度在 10^{-6} s 内突然升高几度(温度跳跃)，或突然改变系统的压力(压力跳跃)；也可用冲稀扰动，突然改变系统的浓度(浓度跳跃)等。由于弛豫时间与速率常数、平衡常数和物种平衡浓度有一定的函数关系，因此如能测出弛豫时间，就可以根据相应的原理求出反应的速率常数。弛豫法是在 20 世纪 50 年代由门夫雷德(Manfred)和艾根(Eigen)等发展起来的。对峙反应的平衡常数一般借助于热力学方法比较容易得到，因此，借助于弛豫过程的动力学研究测定其弛豫时间或弛豫速率常数，即可求得正向和逆向的反应速率常数。这对于测定对峙反应尤其是快速进行的对峙反应是很有效的。现代科技的发展可使快速扰动在 1 μs 甚至更快的时间内完成。因此，弛豫法已成为快速反应动力学研究中一种十分重要的方法。

设一化学平衡体系中，任一物质 i 的平衡浓度为 $\bar{c}_i^0$，在微扰发生后 t 时刻其浓度为 c_i^t，达到新平衡后其浓度为 $\bar{c}_i$。

令 $\Delta c_i = c_i^t - \bar{c}_i$，由于是微扰，$\Delta c_i$ 很小。对于一级动力学过程，体系趋向于新平衡的速率 $\frac{\mathrm{d}\Delta c_i}{\mathrm{d}t}$ 正比于偏离新平衡的大小，即

$$-\frac{\mathrm{d}\Delta c_i}{\mathrm{d}t} = \frac{1}{\tau}\Delta c_i \quad 或 \quad \frac{\mathrm{d}\Delta c_i}{\mathrm{d}t} = -\frac{1}{\tau}\Delta c_i \tag{2-44}$$

式中，τ 为体系的弛豫时间。令微扰刚结束、弛豫还未开始时的 $t=0$，这时的 $\Delta c_i = \Delta c_i^0 = \bar{c}_i^0 - \bar{c}_i$，在 t 时刻，$\Delta c_i = \Delta c_i^t = c_i^t - \bar{c}_i$，显然，起始时 Δc_i^0 的值为偏离新平衡的最大值，对式(2-44)积分 $\int_{\Delta c_i^0}^{\Delta c_i^t} \frac{\mathrm{d}\Delta c_i}{\Delta c_i} = -\int_0^t \frac{1}{\tau}\mathrm{d}t$ 得

$$\ln\frac{\Delta c_i^0}{\Delta c_i^t} = \frac{t}{\tau} \tag{2-45}$$

当 $t=\tau$ 时，$\ln\frac{\Delta c_i^0}{\Delta c_i^t} = \ln e = 1$，$\frac{\Delta c_i^0}{\Delta c_i^t} = e$ (e 为自然对数的底数，e=2.718)，$\Delta c_i^t = \frac{\Delta c_i^0}{e} = 0.3679\Delta c_i^0$，所以弛豫时间 τ 相当于 Δc_i^t 减小到最大偏离值 Δc_i^0 的 $\frac{1}{e}$ 倍时所需的时间。显然，弛豫时间的大小反映出弛豫速率的大小。

弛豫时间 τ 是速率常数、平衡常数和物质浓度的复杂函数，函数具体形式与反应性质和机理有关。

2. 铬酸根-重铬酸根离子体系

在本实验中,铬酸盐和重铬酸盐在水溶液中有如下平衡反应

$$2H^+ + 2CrO_4^- \rightleftharpoons Cr_2O_7^{2-} + H_2O$$

反应的机理为

$$H^+ + CrO_4^{2-} \underset{k_{-1}}{\overset{k_1}{\rightleftharpoons}} HCrO_4^- \quad (快速反应)$$

$$2HCrO_4^- \underset{k_{-2}}{\overset{k_2}{\rightleftharpoons}} Cr_2O_7^{2-} + H_2O \quad (慢速反应)$$

当反应达到平衡时

$$K_1 = \frac{c_{HCrO_4^-}}{c_{H^+} \cdot c_{CrO_4^{2-}}} \tag{2-46}$$

$$K_2 = \frac{c_{Cr_2O_7^{2-}}}{c^2_{HCrO_4^-}} \tag{2-47}$$

由于 k_1 和 k_{-1} 远大于 k_2 和 k_{-2},故在任何时刻式(2-46)都成立。

当体系受到微扰时,则有

$$\Delta c_{HCrO_4^-} = K_1(c_{H^+} \cdot \Delta c_{CrO_4^{2-}} + c_{CrO_4^{2-}} \cdot \Delta c_{H^+}) \tag{2-48}$$

由反应可知

$$\Delta c_{H^+} = \Delta c_{CrO_4^{2-}} \tag{2-49}$$

所以

$$\Delta c_{HCrO_4^-} = K_1(c_{H^+} + c_{CrO_4^{2-}}) \cdot \Delta c_{CrO_4^{2-}}$$

$$\Delta c_{CrO_4^{2-}} = \frac{\Delta c_{HCrO_4^-}}{K_1(c_{H^+} + c_{CrO_4^{2-}})} \tag{2-50}$$

令 c_{Cr} 表示以各种形态存在的铬(Ⅵ)离子浓度的总和,并选择实验条件温度为25 ℃,pH 为 6.0～7.3，c_{Cr} 为 $10^{-3} \sim 10^{-2}$ mol · L^{-1}(保证 c_{Cr} 的变化可忽略,即 $\Delta c_{Cr} = 0$),则

$$c_{Cr} = c_{HCrO_4^-} + 2c_{Cr_2O_7^{2-}} + c_{CrO_4^{2-}} \tag{2-51}$$

因 $\Delta c_{Cr} = 0$,所以

$$\Delta c_{HCrO_4^-} = -2\Delta c_{Cr_2O_7^{2-}} - \Delta c_{CrO_4^{2-}} \tag{2-52}$$

由式(2-50)和式(2-52)得

$$\Delta c_{HCrO_4^-}=\frac{-2K_1(c_{H^+}+c_{CrO_4^{2-}})}{1+K_1(c_{H^+}+c_{CrO_4^{2-}})}\cdot\Delta c_{Cr_2O_7^{2-}} \tag{2-53}$$

另有

$$\frac{dc_{Cr_2O_7^{2-}}}{dt}=k_2c_{HCrO_4^-}^2-k_{-2}c_{Cr_2O_7^{2-}}\cdot c_{H_2O} \tag{2-54}$$

如果忽略浓度变量 Δc 的二次项,则

$$\frac{d\Delta c_{Cr_2O_7^{2-}}}{dt}=2k_2c_{HCrO_4^-}\cdot\Delta c_{HCrO_4^-}-k_{-2}(c_{Cr_2O_7^{2-}}\cdot\Delta c_{H_2O}+c_{H_2O}\cdot\Delta c_{Cr_2O_7^{2-}}) \tag{2-55}$$

将式(2-53)代入式(2-55)得

$$\frac{d\Delta c_{Cr_2O_7^{2-}}}{dt}=[2k_2\cdot c_{HCrO_4^-}\cdot R-k_{-2}(c_{Cr_2O_7^{2-}}+c_{H_2O})]\cdot\Delta c_{Cr_2O_7^{2-}} \tag{2-56}$$

其中

$$R=\frac{-2K_1(c_{H^+}+c_{CrO_4^{2-}})}{1+K_1(c_{H^+}+c_{CrO_4^{2-}})}$$

在选定的实验条件下,$c_{H_2O}\gg c_{Cr_2O_7^{2-}}$,$K_1(c_{H^+}+c_{CrO_4^{2-}})\gg 1$,则

$$-\frac{d\Delta c_{Cr_2O_7^{2-}}}{dt}=(4k_2\cdot c_{HCrO_4^-}+k_{-2}\cdot c_{H_2O})\cdot\Delta c_{Cr_2O_7^{2-}} \tag{2-57}$$

对式(2-57)积分得

$$-\ln\Delta c_{Cr_2O_7^{2-}}=\frac{t}{\tau+\text{常数}\,a} \tag{2-58}$$

由式(2-49)和式(2-52)得

$$\Delta c_{Cr_2O_7^{2-}}=-\frac{1}{2}(\Delta c_{HCrO_4^-}+\Delta c_{H^+})$$

将式(2-48)代入上式得

$$\Delta c_{Cr_2O_7^{2-}}=-\frac{1}{2}[K_1(c_{H^+}+c_{CrO_4^{2-}})+1]\cdot\Delta c_{H^+}$$

在选定的实验条件下:$c_{H^+}\approx10^{-7}\sim10^{-6}\,mol\cdot L^{-1}$,$c_{CrO_4^{2-}}=10^{-3}\sim10^{-2}\,mol\cdot L^{-1}$,$\Delta c_{H^+}\approx10^{-8}\,mol\cdot L^{-1}$。所以,$K_1(c_{H^+}+c_{CrO_4^{2-}})\approx K_1c_{CrO_4^{2-}}\gg 1$,且可视其为常数,则

$$-\ln\Delta c_{Cr_2O_7^{2-}}=-\ln\Delta c_{H^+}+\text{常数}\,b=\frac{t}{\tau}+\text{常数}\,c \tag{2-59}$$

至此，以$-\ln\Delta c_{H^+}$对时间t作图，其斜率即为τ^{-1}。

对式(2-57)定积分得

$$\tau^{-1}=4k_2\cdot c_{HCrO_4^-}+k_{-2}\cdot c_{H_2O} \tag{2-60}$$

以τ^{-1}对$c_{HCrO_4^-}$作图，便可求得k_2及k_{-2}的值。

三、仪器与试剂

仪器：精密酸度计(ΔpH＝0.001)，超级恒温水浴，磁力搅拌器，秒表，带恒温夹套的玻璃容器(内径 40 mm，高 110 mm)，50 mL、250 mL 容量瓶各 1 支，10 mL、25 mL、50 mL 移液管 1 支，碱式滴定管，0.25 mL、1 mL、2 mL 的长针头注射器各 1 支。

试剂：0.0500 mol·L^{-1} $K_2Cr_2O_7$ 溶液(G.R.，含有 0.060 mol·L^{-1}的 KNO_3溶液)，2.0 mol·L^{-1} KOH 溶液(A.R.)，0.060 mol·L^{-1} KNO_3 溶液；0.5 mol·L^{-1} HNO_3溶液；$K_2Cr_2O_7$基准物(G.R.)，pH＝4.008 邻苯二甲酸氢钾标准缓冲溶液(25 ℃)，pH＝6.865 的混合磷酸盐标准缓冲溶液(25 ℃)。

四、实验步骤

(1) pH 计的标定。打开酸度计电源预热 30 min 后，用一点法或两点法标定 pH 计。

(2) 被扰动液初始 pH 控制，工作曲线(V_{KOH}-pH)的绘制。移取一定量的 $K_2Cr_2O_7$ 溶液，用 KNO_3溶液稀释至 50 mL，然后用滴定管滴加 KOH 溶液，并测定 pH，绘制 V_{KOH}-pH 工作曲线。

(3) 扰动液的配制。准确移取一定体积的 $K_2Cr_2O_7$溶液于 50 mL 容量瓶中，用 KNO_3 溶液稀释至刻度，摇匀，得浓度分别为 5×10^{-2} mol·L^{-1}、2.5×10^{-2} mol·L^{-1}、1×10^{-2} mol·L^{-1}的三种 $K_2Cr_2O_7$溶液 A_1、A_2、A_3。

(4) 被扰动液的配制。准确移取一定体积的 $K_2Cr_2O_7$溶液于容量瓶中，以滴定管加入适量的 2.0 mol·L^{-1} KOH 溶液，再用离子强度调节剂 KNO_3溶液稀释至刻度，并用 0.5 mol·L^{-1} HNO_3溶液进一步调节体系的 pH 为 6.0～7.3，配制三份 $K_2Cr_2O_7$ 浓度分别为 1×10^{-2} mol·L^{-1}、5×10^{-3} mol·L^{-1}、2.5×10^{-3} mol·L^{-1}的被扰动液 B_1、B_2、B_3。

(5) 测量。开启恒温水浴，准确移取 50 mL 被扰动液 B 于玻璃容器中，开启搅拌器，插入 pH 电极和热敏元件，待体系温度恒定在(25.0±0.1) ℃时，精确记录 pH 初始值。用注射器吸取适量扰动液 A(扰动液的加入量必须满足体系扰动前后 Cr^{6+}总浓度改变量小于 5%)，迅速注入被扰动液 B 中，并精确记录 pH 随时间 t 的变化关系。等体系达平衡时准确读取 pH。按同样方法至少测定 6 组不同配比溶液的实验数据。

五、数据处理

(1) 求取 τ^{-1}。据式(2-59),以 $-\ln\Delta c_{H^+}$ 对时间 t 作图,其斜率即为 τ^{-1}。

(2) 计算各次实验的 $\bar{c}_{HCrO_4^-}$ 的值。

计算公式如下:

$$\bar{c}_{HCrO_4^-}=\frac{1}{4K_2}\left\{-\left(1+\frac{1}{K_1\cdot c_{H^+}}\right)+\sqrt{\left(1+\frac{1}{K_1\cdot c_{H^+}}\right)^2+8\cdot K_2\cdot c_{Cr(Ⅵ)}}\right\} \tag{2-61}$$

(3) 据式(2-60),以 τ^{-1} 对 $c_{HCrO_4^-}$ 作图,便可求得 k_2 及 k_{-2} 的值。

(4) 文献值:平衡常数 K_1(25 ℃)= 1.3×10^6 L · mol^{-1};K_2(25 ℃)= 50 L · mol^{-1}。

表 2-5 铬酸氢根-重铬酸根离子反应速率常数文献值

k_2(23 ℃)/(L · mol^{-1} · s^{-1})	1.4±0.5	1.15
10^4k_{-2}(23 ℃)/(L · mol^{-1} · s^{-1})	5.3±1.0	3.83

六、注意事项

(1) 实验过程中,A、B 两种溶液必须在尽可能短的时间内快速混合,并立即检测 pH 的改变。

(2) pH 的测量必须准确。

(3) 在据式(2-61)计算 $\bar{c}_{HCrO_4^-}$ 的值时,需预先知道体系中 Cr(Ⅵ)的总浓度,如以注射器所吸取的扰动液体积进行计算,误差较大。可以在弛豫反应结束并精确测定 pH 后,用碘量法对反应体系中 Cr(Ⅵ)总量进行精确测定。

(4) 用分光光度计同样可以监测这一体系的弛豫过程。具体过程请参阅有关文献。

(5) 本实验是通过 $c_{Cr_2O_7^{2-}}$ 的突跃来扰动 $2HCrO_4^- \rightleftharpoons Cr_2O_7^{2-} + H_2O$ 平衡体系的慢反应,考虑到 Cr(Ⅵ)的毒性大,对环境污染严重,也可以用 $AgNO_3$ 溶液代替 $K_2Cr_2O_7$ 溶液作扰动液,使生成 Ag_2CrO_4 沉淀,通过干扰该体系的快反应来测定反应速率常数。该方法能够大大缩短弛豫时间,充分体现弛豫技术的特点。具体过程请参阅有关文献。

七、思考题

（1）弛豫时间的定义是什么？弛豫法的适用范围是什么？

（2）实验过程中为什么要将体系的 pH 调节为 6.0～7.3？

（3）实验中为什么要用 KNO_3 溶液作为离子强度调节剂？

（4）讨论离子强度和温度对该反应速率常数的影响。

（杨　武）

第3章 电 化 学

学习指导

本章主要介绍电化学性质的基本概念及其测量方法，学生除了学习本书内容外，还应参考相关的读物，了解基本的电工学知识及其安全防护知识。

3.1 概　　述

电化学是物理化学的一个重要组成部分，它不仅与无机化学、有机化学、分析化学和化学工程等学科密切相关，还渗透到生物科学、材料科学、能源科学、环境科学和金属工业等领域。当代电化学已形成了多个分支，包括合成电化学、量子电化学、半导体电化学、有机导体电化学、光谱电化学、生物电化学等，发展相当活跃。

长期以来，电化学被定义为研究电能和化学能之间相互转化及转化过程中有关规律的科学。电化学反应是涉及电能与化学能相互转化的化学反应，因而电能和化学能相互转化确实是电化学研究的重要内容。然而，电化学研究的范畴已随着科学的发展迅速扩展。例如，金属的腐蚀大多属于电化学腐蚀，有电现象产生却没有电能和化学能之间的相互转化；电渗析和电泳涂漆也属于电化学范畴，但它们也没有明显的电能和化学能转化。实际上，电化学是电与化学的交叉，其研究对象离不开导体。通常导体可分为电子导电相（金属、半导体等）和离子导电相（溶液、熔盐、固体电解质等）：前者可独立完成导电任务，而后者不能。因此电化学反应必须发生在电子导电相和离子导电相的界面上。

电化学是研究电子导电相和离子导电相之间的界面上发生的各种界面效应，即伴随电现象发生的化学反应的科学。电现象的发生必然伴随化学反应的发生，因而也可以说电化学是研究电与化学变化之间的关系和电能与化学能相互转化规律的科学，其研究对象是电化学反应。

电化学的研究内容应包括两个方面：一方面是电解质的研究，即电解质学，其中包括电解质的导电性质、离子的传输性质、参与反应离子的平衡性质等，其中电解质溶液的物理化学研究常称作电解质溶液理论；另一方面是电极的研究，即电极学，其中包括电极的平衡性质和通电后的极化性质，也就是电极和电解质界面上的电化学行为。电解质学和电极学的研究都会涉及化学热力学、化学动力学和物质结构。

在物理化学的众多分支中,电化学是唯一以大工业为基础的学科。它的应用大致分为以下七个方面。

(1) 电化学电解工业。其中的氯碱工业是仅次于合成氨和硫酸的无机物基础工业。耐纶66的中间体己二腈是通过电解合成的,铝、钠等轻金属的冶炼,铜、锌等的精炼也都用的是电解法。

(2) 金属防腐与保护。大部分金属腐蚀是电化学腐蚀问题。使用电化学方法可减少金属的腐蚀并对金属进行保护。金属的腐蚀对国民经济带来的损失是惊人的,全世界每年由于腐蚀而报废的金属设备和材料,约相当于金属年产量的1/3。因此电化学在这一领域的应用对金属腐蚀及其防护有特别重要的意义。

(3) 化学电源。利用电池可将化学能转换成电能。电池具有可携带、多种组合、高能量密度以及噪音低和废气少的优点,所以应用范围很广。例如,锂离子电池、高分子锂电池、燃料电池、太阳能电池等。利用电化学方法将化学能转化为电能的研究正深刻影响人类的生活。

(4) 环境保护。可用电渗析的方法除去有毒有害物,如氰离子、铬离子等污染物。

(5) 生物电化学。许多生命现象如肌肉运动、神经的信息传递等都涉及电化学理论和方法。

(6) 机械工业。机械工业中使用电镀、电抛光、电泳涂漆等方法来完成工件的表面精整,也属于电化学应用的领域。

(7) 电化学分析法。应用电化学原理发展起来的各种电化学分析法应用非常广泛,已成为实验室和工业监控不可缺少的重要手段。

3.2　电化学基本概念及法拉第定律

3.2.1　基本概念

1. 电解与极化

1) 分解电压

由于电池回路的电压降和阴、阳极的极化所产生的超电位,实际上的分解电压要比理论分解电压大。在电解池中进行电解操作时,使电解质在两个电极上连续不断地进行分解时所需的最小外加电压即分解电压。分解电压大于相应原电池的电动势,这是由极化造成的。

2) 极化作用

由于有电流通过电极,电极电势偏离平衡电极电势,产生超电势 η。根据极化产生的原因,将极化分为浓差极化和电化学极化。阳极极化将使电极电势变得更正,阴极极化将使电极电势变得更负。

阳极:$\eta_{阳}=\varphi_{阳}-\varphi_{阳,平}$

阴极:$\eta_{阴}=\varphi_{阴,平}-\varphi_{阴}$

从能量上讲,电极极化对原电池和电解池都是不利的。

3) 电解时的电极反应顺序

阴极反应:若电解液中含有多种金属离子,电极电势越高的离子,越易获得电子而优先还原成金属。

阳极反应:电极电势越低的离子,越易在阳极上放出电子而氧化,此时要考虑电极也可能参与阳极反应。

4) 氢超电势

活化极化是极化现象中最重要的一种。除第Ⅷ族元素 Fe、Co、Ni 外,一般的金属活化超电势很小。而有气体析出的体系(如氢电极、氧电极、氯电极等),活化超电势较大。目前研究较为深入的为涉及氢气析出的电极过程。由实验得知氢超电势不仅与电流密度有关(图 3-1),还取决于电极材料的性质、表面性状、溶液性质、组成以及温度等因素。

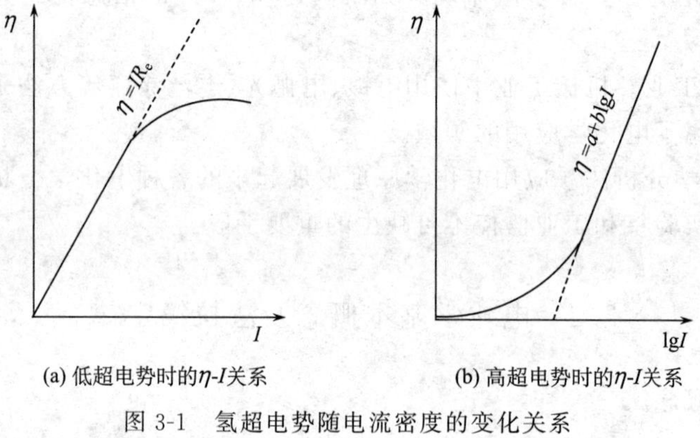

图 3-1　氢超电势随电流密度的变化关系

在与平衡电极电势偏离程度很小的范围内(低超电势时),氢超电势 η 和电流密度 I 之间呈线性关系

$$\eta = IR_e \tag{3-1}$$

式中,R_e 为具有电阻量纲的常数。

当电势离开平衡电极电势较远(高超电势)时,氢超电势和电流密度的对数呈线性关系

$$\eta = a + b\ln I \quad 或 \quad \eta = a + b\lg I \tag{3-2}$$

式(3-2)称为塔菲尔(Tafel)公式,其中 a、b 为常数。

塔菲尔公式早在1905年就已被提出,然而从20世纪30年代开始,有关氢超电势的理论才被逐渐提出。综合起来,氢的阴极析出过程大致由以下步骤组成:

(1) H_3O^+ 自本体溶液扩散至双电层边缘。

(2) H_3O^+ 迁移到双电层与电极表面。

(3) H_3O^+ 脱水。

(4) H^+ 自电极上接受电子还原为吸附在电极表面的H原子。(2)、(3)、(4)三个步骤构成了放电反应,可用下式表示:

$$M + H_3O^+ + e^- \longrightarrow M\text{—}H + H_2O$$

其中,M为电极金属。

(5) 由H原子形成 H_2 分子。大致有以下两种可能方式:

催化反应:$M\text{—}H + M\text{—}H \longrightarrow 2M + H_2$

电化学反应:$M\text{—}H + H_3O^+ + e^- \longrightarrow M + H_2 + H_2O$

(6) H_2 从电极表面解吸。

(7) 形成气泡并逸出。

以上步骤都有可能成为慢步骤(决定速率步骤),为使反应速率加快就必须加上额外电压,降低决速步骤活化能。伏尔默(Volmer)认为放电反应最慢,提出了迟缓放电理论;而塔菲尔认为催化反应最慢,提出了催化理论;海洛夫斯基(Heyrovsky)则认为电化学反应最慢,提出了电化学理论。各种理论并非互相矛盾,而是互相补充,它们各适用于某些特定条件,在这些条件下由各自的论点都可以导出塔菲尔公式并解释某些实验事实。

超电势是电极反应得以一定速率进行的推动力,研究超电势与电流的关系可以得到电极反应进程(又称电极过程)的情况和规律。电极过程是由一些物理步骤和化学步骤组成的,每一步骤都需要推动力,因而都有超电势。电极过程总的超电势是各个步骤超电势之和。氢电极过程经历以下四个步骤:

(1) 扩散过程:H^+(溶液本体)$\longrightarrow H^+$(电极界面即金属表面)。

(2) 放电过程:H^+(金属表面)$+e^- \longrightarrow$ H(吸附在金属表面)。

(3) 复合过程:2H(吸附)$\longrightarrow H_2$(吸附在金属表面)。

(4) 逸出过程:H_2(吸附)$\longrightarrow H_2$(气体逸出)。

总的超电势 $\eta_c = \eta_1 + \eta_2 + \eta_3 + \eta_4$,其中 η_1 和 η_4 仅几十毫伏,氢超电势主要是由第(2)步或第(3)步决定。究竟哪一步超电势最大,还要看是哪种金属。对于Hg、Zn、Cd等,$\eta_2 \gg \eta_3$,表明放电步骤阻力最大,整个电极过程的速率由它决定,这种机理称为迟缓放电理论。对于Pt、Au等贵金属,H^+ 很容易放电,η_2 比 η_3 还小,复合步骤决定了整个电极过程速率,称为复合理论。

影响氢超电势的因素很多,除了电极金属材料、溶液组成、温度等以外,电极界面结构(双电层)对超电势影响很大。因此电极必须严格处理,溶液必须纯化。如果存在杂质,尤其是有机物,即使量很小也会吸附在电极界面上改变界面结构,影响测量结果。

由此可知,在测量过程中一套数据必须连续测定,不得中断电流,否则电极表面发生变化会使所测数据不易重现。1 min 内被测电势数据如果只变化 1～2 mV 就可认为已经稳定。

关于额外电压(超电压)对反应速率影响的规律请参阅电化学理论文献。

2. 可逆电极、电池及热力学

1) 可逆电池

热力学意义上的可逆电池必须具备两个条件,即可逆电池在充电和放电时不仅物质的转变是可逆的,而且能量的转变也是可逆的。如果把放电时放出的电能全部储存起来并用它对电池充电,则能恰好使电池内化学反应体系及外界环境全部恢复原状。

一般意义的可逆电池就是指由于放电而被消耗的物质可以通过充电使之再生的电池,此电池的充电反应恰好是放电反应的逆过程,如常用的铅蓄电池。

2) 可逆电极

可逆电池要求它的各个相界面上发生的变化都是可逆的,因此电极/溶液界面上的电极反应同样应该是可逆的,这就是可逆电极。可逆电极主要有以下三种类型。

(1) 第一类电极包括金属电极、气体电极和汞齐电极。

金属电极是将金属浸在含有该金属离子的溶液中构成,如 $ZnSO_4 \mid Zn$, $CuSO_4 \mid Cu$ 等。

气体电极是利用气体在溶液中的离子化倾向制成的电极,如 $H^+ \mid H_2(Pt)$, $(Pt)Cl_2 \mid Cl^-$ 和 $(Pt)O_2 \mid OH^-$ 等。气体电极中的惰性金属 Pt 并不参加电极反应,主要起导电作用。

汞齐电极以钠汞齐电极为例,其电极表示式和电极反应为

$$Na^+(a) \mid Na(Hg)(a)$$

$$Na^+(a) + Hg(l) + e^- \rightleftharpoons Na(Hg)(a)$$

Na(Hg)的活度随着 Na(s)在 Hg(l)的溶解量的变化而变化。

(2) 第二类电极包括微溶盐电极和微溶氧化物电极。

微溶盐电极是将金属覆盖一薄层该金属的一种微溶盐,然后浸入含有该微溶盐负离子的溶液中构成。这种电极反应不是对金属离子可逆,而是对微溶盐的负离子可逆。常用的有银-氯化银电极和甘汞电极,它们的电极表示式、电极反应和电极电势分别如下。

银-氯化银电极：

$$Ag, AgCl \mid Cl^-$$

$$AgCl + e^- \longrightarrow Ag + Cl^-$$

$$\varphi = \varphi^{\ominus} + \frac{RT}{F}\ln\frac{a_{AgCl}}{a_{Ag}a_{Cl^-}} = \varphi^{\ominus} - \frac{RT}{F}\ln a_{Cl^-}$$

甘汞电极：

$$Hg, Hg_2Cl_2 \mid Cl^-$$

$$Hg_2Cl_2 + 2e^- \longrightarrow 2Hg + 2Cl^-$$

$$\varphi = \varphi^{\ominus} + \frac{RT}{2F}\ln\frac{a_{Hg_2Cl_2}}{a_{Hg}^2 a_{Cl^-}^2} = \varphi^{\ominus} - \frac{RT}{F}\ln a_{Cl^-}$$

由于标准氢电极在制备和使用过程中要求很严格，使用不很方便，因此实际测量电极电势时常使用一种易于制备、使用方便、电极电势稳定的电极作为参比电极。

微溶氧化物电极是将金属覆盖一薄层金属氧化物，然后浸在含有 H^+ 或 OH^+ 的溶液中而构成。例如

碱性溶液中：$OH^- \mid Ag_2O, Ag \quad Ag_2O + H_2O + 2e^- \longrightarrow 2Ag + 2OH^-$

酸性溶液中：$H^+ \mid Ag_2O, Ag \quad Ag_2O + 2H^+ + 2e^- \longrightarrow 2Ag + H_2O$

某些负离子如 SO_4^{2-}、$C_2O_4^{2-}$ 等没有对应的第一类电极，但可形成对应的第二类电极。

(3) 第三类电极又称为氧化还原电极，由惰性金属（如 Pt、Au 等）插入含有某种离子的不同氧化态的溶液中构成，这里金属只起导电作用。例如，电极 Fe^{3+}，$Fe^{2+} \mid (Pt)$ 和 $Cr_2O_7^{2-}, Cr^{3+}, H^+ \mid (Pt)$，电极反应分别为

$$Fe^{3+} + e^- \longrightarrow Fe^{2+}$$

$$Cr_2O_7^{2-} + 14H^+ + 6e^- \longrightarrow 2Cr^{3+} + 7H_2O$$

醌-氢醌电极也属于这一类。

3）可逆电池热力学

(1) 吉布斯自由能与电池电动势

$$\Delta_r G = -nFE \tag{3-3}$$

标准状态时

$$\Delta_r G^{\ominus} = -nFE^{\ominus} \tag{3-4}$$

(2) 平衡常数与电池电动势

$$K^{\ominus} = \exp\left(\frac{nFE^{\ominus}}{RT}\right) \tag{3-5}$$

(3) 熵与电池温度系数

$$\Delta_r S = nF\left(\frac{\partial E}{\partial T}\right)_p \tag{3-6}$$

标准状态时

$$\Delta_r S^{\ominus} = nF\left(\frac{\partial E^{\ominus}}{\partial T}\right)_p \tag{3-7}$$

(4) 焓与电池电动势

$$\Delta_r H = -nFE + nFT\left(\frac{\partial E}{\partial T}\right)_p \tag{3-8}$$

标准状态时

$$\Delta_r H^{\ominus} = -nFE^{\ominus} + nFT\left(\frac{\partial E^{\ominus}}{\partial T}\right)_p \tag{3-9}$$

(5) 电池的热效应与电池的温度系数

$$Q = nFT\left(\frac{\partial E}{\partial T}\right) \tag{3-10}$$

由电池的温度系数可判断电池工作时的吸、放热情况：

$\left(\frac{\partial E}{\partial T}\right)_p > 0$ 时，电池等温可逆工作时吸热；

$\left(\frac{\partial E}{\partial T}\right)_p < 0$ 时，电池等温可逆工作时放热；

$\left(\frac{\partial E}{\partial T}\right)_p = 0$ 时，电池等温可逆工作时与环境无热交换。

3. 原电池和电极电势

1) 原电池

原电池原理如图 3-2 所示。在烧杯甲和乙中分别放入 $ZnSO_4$ 和 $CuSO_4$ 溶液，将 Zn 片、Cu 片和检流计外连接，用盐桥连接两溶液，一段时间后会发现检流计偏转，说明有电流通过，是因为发生如下电子转移反应：

$$Zn - 2e^- \longrightarrow Zn^{2+}$$

$$Cu^{2+} + 2e^- \longrightarrow Cu$$

电子是从 Zn 片流向 Cu 片，因而 Zn 片为负极，Cu 片为正极。通过盐桥，SO_4^{2-} 和 Cl^- 向 Zn 盐溶液移动，Zn^{2+} 和 K^+ 向 Cu 盐溶液移动，使得两边的溶液一直保持电中性，两个反应不断进行，电流得以不断流通。这种使化学能转变为电能的装置称为原电池。在铜锌原电池中进行的反应是如下的置换反应：

$$Zn + Cu^{2+} \longrightarrow Zn^{2+} + Cu$$

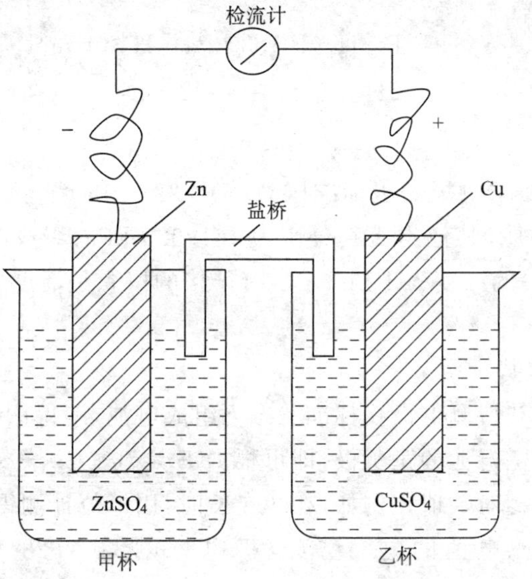

图 3-2 铜锌原电池

2) 电极电势的产生——双电层理论

德国化学家能斯特(H. W. Nernst)提出了双电层理论来解释电极电势产生的原因。当金属放入溶液中时,一方面金属晶体中处于热运动的金属离子在极性水分子的作用下,离开金属表面进入溶液。金属性质越活泼,这种趋势就越大;另一方面,溶液中的金属离子由于受到金属表面电子的吸引在金属表面沉积,溶液中金属离子的浓度越大,这种趋势也越大。在一定浓度的溶液中达到平衡后,在金属和溶液两相界面上形成了一个带相反电荷的双电层,双电层的厚度虽然很小(约为 10^{-8} cm 数量级),却在金属和溶液之间产生了电势差。通常人们就把产生在金属和盐溶液之间的双电层间的电势差称为金属的电极电势,并以此描述电极得失电子能力的相对强弱。电极电势以符号 $\varphi_{M^{n+}/M}$ 表示,单位为伏(V)。例如,锌的电极电势以 $\varphi_{Zn^{2+}/Zn}$ 表示,铜的电极电势以 $\varphi_{Cu^{2+}/Cu}$ 表示。

电极电势的大小主要取决于电极的本性,并受温度、介质和离子浓度等因素的影响。

4. 标准电极电势

为了获得各种电极的电势值,通常以某种电极的电极电势作标准与其他各待测电极组成电池,通过测定电池的电动势,确定各种不同电极相对电极电势 φ。1953 年 IUPAC 建议,采用标准氢电极作为标准电极,并人为地规定标准氢电极的电极电势为零。

1) 标准氢电极

电极符号: $Pt|H_2(101.3\ kPa)|H^+(1\ mol\cdot L^{-1})$

电极反应: $2H^+ + 2e^- \longrightarrow H_2(g)$

$$\varphi^{\ominus}_{H^+/H_2} = 0\ V$$

所谓标准态,要求电极处于标准压力(101.325 kPa)下,组成电极的固体或液体物质都是纯净物质;其他物质其分压为101.325 kPa;组成电对的有关离子(包括参与反应的介质)的浓度为$1\ mol\cdot L^{-1}$(严格的概念是活度)。通常测定的温度为298 K。

2) 标准电极电势

用标准氢电极和待测电极在标准状态下组成电池,测得该电池的电动势值,并通过直流电压表确定电池的正负极,即可根据$E_{池}=\varphi(+)-\varphi(-)$计算各种电极的标准电极电势的相对数值。例如,在298 K时,用电位计测得标准氢电极和标准Zn电极所组成的原电池的电动势(电极电势)为0.7628 V,根据上述计算,Zn^{2+}/Zn电对的标准电极电势为-0.7628 V。用同样的方法可测得Cu^{2+}/Cu电对的标准电极电势为$+0.34$ V。

电极的电极电势为正,表示组成电极的氧化型物质得电子的倾向大于标准氢电极中的H^+,如铜电极中的Cu^{2+};电极的电极电势为负,则组成电极的氧化型物质得电子倾向小于标准氢电极中的H^+,如锌电极中的Zn^{2+}。

实际应用中,常选用一些电极电势较稳定的电极(如饱和甘汞电极和银-氯化银电极)作为参比电极和其他待测电极构成电池,求得其他电极的电势。饱和甘汞电极的电极电势为0.02413 V。银-氯化银电极的电极电势为0.2223 V。

3) 标准电极电势表

将不同氧化还原电对的标准电极电势数值按照由小到大的顺序排列,得到电极反应的标准电极电势表。其特点有:

(1) 一般采用电极反应的还原电势,每一电极的电极反应均写成还原反应形式,即

$$氧化型 + ne^- \longrightarrow 还原型$$

(2) 标准电极电势是平衡电势,每个电极的电极电势的正负号不随电极反应进行的方向而改变。

(3) $\varphi^{\ominus}$的大小可用以判断在标准状态下电对中氧化型物质的氧化能力和还原型物质的还原能力的相对强弱,而与参与电极反应物质的数量无关。例如

$$I_2 + 2e^- \longrightarrow 2I^- \qquad \varphi^{\ominus} = 0.5355\ V$$

$$\frac{1}{2}I_2 + e^- \longrightarrow I^- \qquad \varphi^{\ominus} = 0.5355\ V$$

(4) $\varphi^{\ominus}$仅适合于标准态时水溶液的电极反应，对于非水溶液、高温、固相反应则不适合。

5. 法拉第定律

法拉第定律是电化学研究中重要的定量依据。法拉第归纳了多次实验的结果，于 1833 年总结出了一条电化学的基本规律，称为法拉第定律：电解质溶液通电之后，在电极上(及两相界面上)发生化学变化的物质的物质的量与通入的电量成正比；若将几个电解池串联，通入一定电量后，在各个电解池的电极上发生反应的物质的量相等，则析出物质的质量与其相对分子(原子)质量成正比。

1 mol 质子的电荷(1 mol 电子所带电量的绝对值)称为法拉第常量，用 F 表示

$$
\begin{aligned}
F &= N_A e \quad (3\text{-}11)\\
&= 6.022 \times 10^{23}\ \mathrm{mol^{-1}} \times 1.6022 \times 10^{-19}\ \mathrm{C}\\
&= 96484.6\ \mathrm{C \cdot mol^{-1}}\\
&\approx 96500\ \mathrm{C \cdot mol^{-1}}
\end{aligned}
$$

式中，N_A 为阿伏伽德罗常量；e 为质子的电荷。如欲从含有 M^{z+} 的溶液中沉淀 1 mol 金属 M

$$M^{z+} + ze^- \longrightarrow M$$

需要通过 $1 \times z$ mol 电子，z 是出现在电极反应式中的电子计量系数。因此，当通过的电量为 Q 时，所沉淀出该金属的物质的量 n 为

$$n = \frac{Q}{zF} \quad 或 \quad Q = nzF \quad (3\text{-}12)$$

所沉积的该金属的质量为

$$m = \frac{Q}{zF} M \quad (3\text{-}13)$$

式中，M 为该析出物的相对分子(原子)质量，其值随所取的基本单元而定。上式是法拉第定律的数学表达式，它概括了法拉第定律的基本内容。

3.2.2 金属腐蚀

1. 金属材料腐蚀的分类及特点

金属材料受周围介质的作用而损坏，称为金属腐蚀。金属的电化学锈蚀是最常见的腐蚀形态。腐蚀时，在金属的界面上发生了化学或电化学多相反应，使金属转入氧化(离子)状态。这会显著降低金属材料的强度、塑性、韧性等力学性能，破

坏金属构件的几何形状,增加零件间的磨损,恶化电学和光学等物理性能,缩短设备的使用寿命,甚至造成火灾、爆炸等灾难性事故。因此对金属腐蚀理论及其防护方法的研究有着特别重要的意义。

金属在腐蚀过程中所发生的化学变化,从根本上来说就是金属单质被氧化形成化合物。这种腐蚀过程一般通过两种途径进行:化学腐蚀和电化学腐蚀。化学腐蚀:金属表面与周围介质直接发生化学反应而引起的腐蚀。电化学腐蚀:金属材料(合金或不纯的金属)与电解质溶液接触,通过电极反应产生的腐蚀。

1)点蚀

点蚀又称坑蚀和小孔腐蚀。点蚀有大有小,一般情况下,点蚀的深度要比其直径大得多。点蚀经常发生在表面有钝化膜或保护膜的金属上。由于金属材料中存在缺陷、杂质和溶质等的不均一性,当介质中含有某些活性阴离子(如 Cl^-)时,这些活性阴离子首先被吸附在金属表面某些点上,从而使金属表面钝化膜发生破坏。一旦这层钝化膜被破坏又缺乏自钝化能力时,金属表面就发生腐蚀。这是因为在金属表面缺陷处易露出机体金属,使其呈活化状态,而钝化膜处仍为钝态,这样就形成了活性-钝性腐蚀电池,由于阳极面积比阴极面积小得多,阳极电流密度很大,所以腐蚀往深处发展,金属表面很快就被腐蚀成小孔,这种现象被称为点蚀。点蚀虽然失重不大,但由于阳极面积很小,所以腐蚀速率很快,严重时可造成设备穿孔,使大量的油、水、气泄漏,有时甚至造成火灾、爆炸等严重事故,危险性很大。点蚀会使晶间腐蚀、应力腐蚀和腐蚀疲劳等加剧,在很多情况下点蚀是这些类型腐蚀的起源。

2)缝隙腐蚀

在电解液中,金属与金属或金属与非金属表面之间构成狭窄的缝隙,缝隙内有关物质的移动受到了阻滞,形成浓差电池,从而产生局部腐蚀,这种腐蚀被称为缝隙腐蚀。缝隙腐蚀常发生在设备中法兰的连接处,垫圈、衬板、缠绕与金属重叠处,它可以在不同的金属和不同的腐蚀介质中出现,从而给生产设备的正常运行造成严重障碍,甚至发生破坏事故。对钛及钛合金来说,缝隙腐蚀是最应关注的腐蚀现象。介质中,氧气浓度增加,缝隙腐蚀量增加;pH 减小,阳极溶解速度增加,缝隙腐蚀量也增加;活性阴离子的浓度增加,缝隙腐蚀敏感性升高。但是,某些含氧阴离子的增加会减小缝隙腐蚀量。

3)应力腐蚀

材料在特定的腐蚀介质中和在静拉伸应力(包括外加载荷、热应力、冷加工、热加工、焊接等所引起的残余应力,以及裂缝锈蚀产物的楔入应力等)下,所出现的低于强度极限的脆性开裂现象,称为应力腐蚀开裂。应力腐蚀开裂是先在金属的腐蚀敏感部位形成微小凹坑,产生细长的裂缝,且裂缝扩展很快,能在短时间内发生严重的破坏。应力腐蚀开裂在石油、化工腐蚀失效类型中所占比例最高,可达50%。

应力腐蚀过程一般可分为三个阶段。第一阶段为孕育期，在这一阶段内，因腐蚀过程局部化和拉应力作用，裂纹生核；第二阶段为腐蚀裂纹发展时期，当裂纹生核后，在腐蚀介质和金属中拉应力的共同作用下，裂纹扩展；第三阶段中，由于拉应力的局部集中，裂纹急剧生长导致零件的破坏。

防止应力腐蚀应从减少腐蚀和消除拉应力两方面来采取措施，主要是：①尽量避免使用对应力腐蚀敏感的材料；②在设计设备结构时要力求合理，尽量减少应力集中和积存腐蚀介质；③在加工制造设备时要注意消除残余应力。

4）腐蚀疲劳

腐蚀疲劳是在腐蚀介质与循环应力的联合作用下产生的。这种由于腐蚀介质而引起的抗腐蚀疲劳性能的降低，称为腐蚀疲劳。疲劳破坏的应力值低于屈服点，在一定的临界循环应力值（疲劳极限或称疲劳寿命）以上时，才会发生疲劳破坏。而腐蚀疲劳却可能在很低的应力条件下就发生破断，因而它是很危险的。

5）晶间腐蚀

晶间腐蚀是金属材料在特定的腐蚀介质中，沿着材料的晶粒间界受到腐蚀，使晶粒之间丧失结合力的一种局部腐蚀破坏现象。受这种腐蚀的设备或零件有时从外表看仍是完好光亮的，但由于晶粒之间的结合力被破坏，材料几乎丧失了强度，严重者会失去金属声音，轻轻敲击便成为粉末。

6）均匀腐蚀

均匀腐蚀是指在与环境接触的整个金属表面上几乎以相同速度进行的腐蚀。在应用耐蚀材料时，应以抗均匀腐蚀作为主要的耐蚀性能依据，在特殊情况下才考虑某些抗局部腐蚀的性能。

7）氢脆

金属材料特别是钛材一旦吸氢，就会析出脆性氢化物，使材料机械强度劣化。在腐蚀介质中，金属因腐蚀反应析出的氢及制造过程中吸收的氢，是金属中氢的主要来源。金属的表面状态对吸氢有明显的影响，研究表明，钛材的研磨表面吸氢量最多，其次为原始表面，而真空退火和酸洗表面最难吸氢。钛材在大气中经氧化处理能有效防止吸氢。

2. 观察金属腐蚀的方法

1）微电池显示法

按下列成分配成铁锈指示剂：

0.1 $mol \cdot L^{-1}$ NaCl	100 mL	1% $K_3[Fe(CN)_6]$	3 mL
1%酚酞	0.5 mL	白明胶	适量

将铁锈指示剂加热成黏稠状，放置一会，待其凝固之前涂在去锈的铁片上。

10 min 后即可看到铁片上的阴阳区。在阳极区,铁成二价铁离子,进入溶液中,由于二价铁离子和铁氰化钾反应的结果而出现蓝色斑点。在阴极区,由于氧的去极化作用,指示剂变成弱碱性而呈现出粉红色斑点,这个过程为

阳极：　$Fe \longrightarrow Fe^{2+} + 2e^-$

$3Fe^{2+} + 2[Fe(CN)_6]^{3-} \longrightarrow Fe_3[Fe(CN)_6]_2$

阴极：　$O_2 + 2H_2O + 4e^- \longrightarrow 4OH^-$

OH^- 遇酚酞变成粉红色。

2) 阴阳极防腐蚀镀层

取一镀锡的铁片(可用废罐头盒子)用锉刀划破表面镀层,在划痕处滴上几滴稀硫酸和一滴铁氰化钾,不久可以看见在划破处发生蓝色沉淀,证明铁层发生溶解。

另取一镀锌铁片进行同样操作,可以看到只有镀锌溶解而划痕处没有蓝色沉淀。

3) 阻化剂

取一铁片放入 20% 的盐酸溶液中,加热至 60～70 ℃,可以看到铁片迅速地溶解并放出氢气。如果这时加入六次甲基四胺 $(CH_2)_6N_4$(乌洛托品)则可以看到氢气泡消失,说明铁的腐蚀已经停止。

3. 动态法测定碳钢在碳酸铵溶液中的钝化曲线及极化曲线

金属的阳极过程是指金属作为阳极时在一定的外电势下发生的阳极溶解过程,如下式所示:

$$M \longrightarrow M^{n+} + ne^-$$

此过程只有在电极电势大于其热力学电势时才能发生。阳极的溶解速度随电位变正而逐渐增大,这是正常的阳极溶出,但当阳极电势达到某一数值时,其溶解速度达到最大值,此后阳极溶解速率随电势变正反而大幅度降低,这种现象称为金属的钝化现象。

可钝化金属可采用控制不同的恒电势来测量电流密度,大多数金属均可绘制出如图 3-3 所示的完整的阳极极化曲线,图中曲线分为以下四个区域。

(1) ab 活性钝化区。从点 a 到点 b 的电势区为金属活化区,在此区域内是金属的正常阳极溶解,a 点为金属的自然腐蚀电势。此区域内金属进行正常的阳极溶解,阳极电流随电势的变化符合塔菲尔公式。

(2) bc 过渡钝化区。点 b 到点 c 为金属钝化过渡区,这是金属从活化态到钝化态的转变过程,b 点也称为致钝电势,它所对应的电流 I_b 为致钝电流。电势过 b 点后,金属开始钝化,其溶解速率不断降低并过渡到钝化状态。

b 点为临界钝化点,电势达到 b 点时,电流为最大值,此时的电流称为钝化电

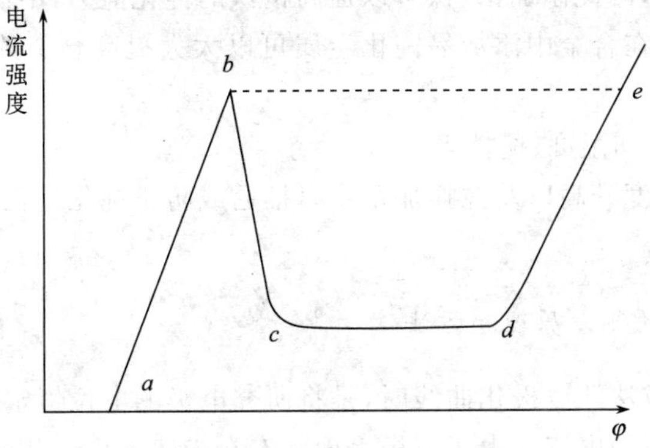

图 3-3　阳极极化曲线

流，所对应的电势称为临界电势或钝化电势。

(3) cd 稳定钝化区。点 c 到点 d 的电势范围为钝化区，此时金属处于钝化阶段。在该区域中金属的溶解速率基本上不随电势而改变。此时的电流 I_m 为钝态金属的稳定溶解电流。在钝化区电流维持在钝化电流下，金属的腐蚀速度将急剧下降。

(4) de 过钝化区。点 d 后的电势范围为过钝化区，阳极电流密度随电势的正移而增大，金属的溶解速率加大。此时可能产生高价金属离子，也可能水电解析出 O_2，还可能两者同时出现。

钝化金属可以活化，凡能促使金属保护层被破坏的因素都能使钝化的金属重新活化。例如，加热、通入还原性气体、加入某些活性离子等。

4. 影响金属钝化性质的因素

金属的钝化现象是十分常见的，人们已对它进行大量的研究，影响金属钝化过程及钝化性质的因素可归纳为以下三点。

1) 溶液的组成

溶液中存在的氢离子、卤素离子以及某些具有氧化性的阴离子对金属的钝化现象起着颇为显著的影响。在中性溶液中金属一般是比较容易钝化的，而在酸性溶液或某些碱性溶液中要困难得多，这与阳极反应产物的溶解度有关。卤素离子特别是氯离子的存在则明显地阻止金属的钝化过程，已经钝化了的金属也易被它破坏（活化），而使金属的阳极溶解速度重新增加。溶液中存在某些具有氧化性的阴离子（如 CrO_4^{2-}）则可以促进金属的钝化。

2) 金属的化学组成和结构

各种纯金属的钝化能力很不相同，以铁、镍、铬三种金属为例，铬最容易钝化，镍次之,铁较差些,因此添加铬、镍可以提高钢铁的钝化能力,不锈钢是一个极好的例子。一般来说,在合金中添加易钝化金属可以大大提高合金的钝化能力及钝化态的稳定性。

3)外界因素(如温度、搅拌等)

一般来说,温度升高以及搅拌加剧可以推迟或防止钝化过程的发生,这显然与离子的扩散有关。

5. 极化曲线的测量原理和方法

采用控制电位法测量极化曲线时,是将研究电极的电位恒定在所需值,然后测量对应于该电位下的电流。由于电极表面状态在未建立稳定状态之前,电流会随时间而改变,故一般测出的曲线为"暂态"极化曲线。在实际测量中,常采用的控制电位测量的方法有下列两种。

1)静态法

将电极电位较长时间地维持在某一恒定值,同时测量电流随时间的变化,直到电流值基本达到某一稳定值。如此逐点地测量各个电极电位(如每隔 20 mV、50 mV或 100 mV)下的稳定电流值,以获得完整的极化曲线。

2)动态法

控制电极电位以较慢的速度连续地改变(扫描),测量对应电位下的瞬时电流值,并以瞬时电流与对应的电极电位作图,获得整个的极化曲线。所采用的扫描速度(电位变化的速度)需要根据研究体系的性质选定。一般来说,电极表面建立稳态的速度越慢,扫描速度也应越慢,这样才能使所测得的极化曲线与采用静态法的接近。

上述两种方法都已获得了广泛的应用。比较其测量结果,可以看出静态法测量结果虽较接近稳态值,但测量时间长,如对于钢铁等金属及其合金,为了测量钝态区的稳态电流往往需要在每一个电位下等待几个小时,所以在实际工作中,较常采用动态法来测量。本实验亦采用动态法。

动态法测定极化曲线通常使用恒电位仪,它能自动地使被研究电极电位保持在所需的电位值。

6. 缓蚀剂及缓蚀效率的测定

铁与空气及潮湿气体接触时能生锈,如在空气里经热处理(退火,回火,淬火)后的金属产品,在表面上会盖上一层氧化物——渣,为了清除金属表面上的氧化物,可使之在酸溶液中浸渍一些时候(酸洗)。但是在氧化物在酸溶液里溶解的同时,金属本身也要受到损耗(金属溶解于酸中)。除损耗外,受到浓酸腐蚀时金属的性能还会变坏,如铁和酸反应放出氢气,氢气扩散入铁内后,则使铁变脆(此种现象称为氢脆作用)。

若酸洗时在所用的酸中加入缓蚀剂,则可大大降低金属的溶解,同时不影响氧化物的溶解速度,而且可以消除氢脆作用(不同缓蚀剂对氢脆消除的效果不同)。缓蚀剂的作用主要由于缓蚀剂吸附在金属表面上,影响金属在阳极的溶解和氢在阴极的析出,这样就阻止了金属被毁坏。

缓蚀剂的缓蚀作用除与本身有关性质外,还与金属的性质和结构有关,而且它对不同的酸作用不同,因此在选择缓蚀剂时应先加以试验。缓蚀剂的效率 η 通常用下列公式表示

$$\eta=\frac{v_0-v}{v_0}\times 100\%$$

式中,v_0 为金属在纯酸中的溶解速率;v 为金属在加有缓蚀剂的酸中的溶解速率。金属溶解速率(腐蚀速率)用 $g\cdot(cm^2\cdot h)^{-1}$ 来表示。

3.3 电化学基本参数及其测定

3.3.1 离子的电迁移

在外电源电场作用下,电解质溶液中的正负离子分别向两个电极移动,迁移到电极附近的离子分别在两个电极上进行氧化或还原反应。因此,正负离子分别向两个电极迁移以及电极反应这两个过程缺一不可。描述离子的电迁移有两个基本参数。

1) 离子淌度

当电场稳定时,离子的迁移速率(v)与电势梯度(dE/dl)呈正比,即

$$v=U\cdot(dE/dl)$$

式中,U 称为离子淌度,又称离子迁移率,其物理意义是电势梯度为单位数值的离子迁移速率,单位为 $m^2\cdot V^{-1}\cdot s^{-1}$。

2) 离子迁移数

因为正负离子移动的速率不同,所带电荷不等,所以每种离子迁移的电量不同,正负离子共同承担导电任务。电解质溶液中各种离子迁移电量的百分数称为离子迁移数,用 t_B 表示

$$t_B\xlongequal{\text{def}}\frac{q_B}{q} \tag{3-14}$$

式中,q_B 为某种离子传输的电量;q 为通过溶液的总电量。

如果电解质溶液中只含有一种正离子和一种负离子,则正负离子的迁移数分别为

$$t_+=\frac{q_+}{q_++q_-}\qquad t_-=\frac{q_-}{q_++q_-} \tag{3-15}$$

迁移数与淌度间的关系为

$$t_+=\frac{U_+}{U_++U_-} \qquad t_-=\frac{U_-}{U_++U_-} \tag{3-16}$$

$$t_++t_-=1$$

因为离子淌度与电势梯度的强弱无关,所以离子迁移数也与电势梯度无关。

3.3.2 迁移数的测定方法

迁移数的测定方法最常用的有希托夫法、界面移动法和电动势法等。下面主要介绍希托夫法和界面移动法。

1) 希托夫法

希托夫法测定离子迁移数的原理如图 3-4 所示。将已知浓度的溶液装入迁移管中,若有电量 Q 通过体系,此时溶液中阳离子向阴极方向迁移,阴离子向阳极方向迁移。同时在电极上发生反应,致使电极附近的浓度不断改变,而中部溶液的浓度基本不变。通电一段时间后,把阴极部或阳极部的溶液放出,小心称量分析,根据阴极部或阳极部的溶液中电解质含量的变化及串联在电路中的电量计上测出的通过的总电量,就可以算出离子迁移数。

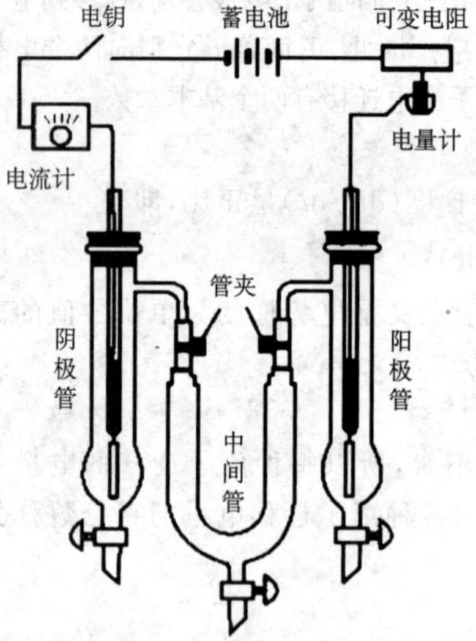

图 3-4 希托夫法测定离子迁移数的装置

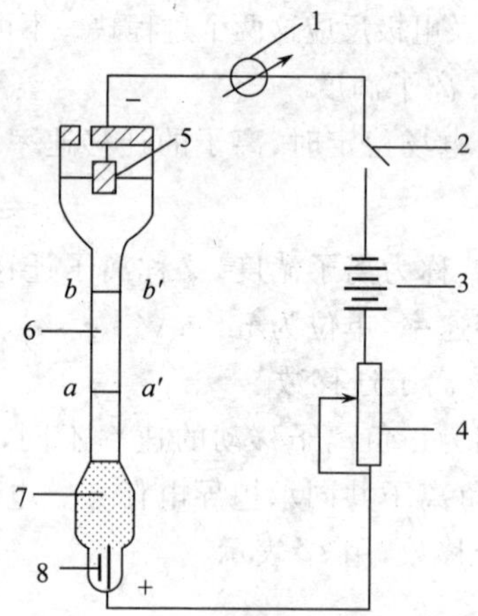

图 3-5 界面移动法测离子迁移数装置

1. 电流计; 2. 开关; 3. 电源; 4. 可变电阻; 5. Pt 电极; 6. 迁移管; 7. 橡皮管; 8. Cd 电极

希托夫法测定离子迁移数的原理简单,但在实验过程中很难避免由于对流、扩散、振动等引起的溶液相混,所以不易获得准确结果。另外,在计算时没有考虑水分子随离子的迁移,这样得到的迁移数称为表观迁移数(或称为希托夫法迁移数)。

2) 界面移动法

界面移动法简称界面法,此法能获得较为准确的结果。它能直接测定溶液中离子的移动速率(或淌度)。图 3-5 为界面移动法测定离子迁移数的装置图。

下面介绍以镉离子作为指示离子,测定某浓度的盐酸溶液中氢离子迁移数的方法。

在一界面清晰的垂直迁移管中充满 HCl 溶液,通以电流,当有电量为 Q 的电流通过每个静止的界面时,Qt_+ mol H^+ 通过界面向上走,Qt_- mol Cl^- 通过界面往下行。假定在管的下部某处存在一界面,在该界面以下没有 H^+ 存在,而被其他正离子(如 Cd^{2+})取代,则此界面将随着 H^+ 往上迁移而移动,界面的位置可通过界面上下溶液性质的差异而测定。例如,若在溶液中加入酸碱指示剂,则上下层溶液由于 pH 的不同而显示不同的颜色,形成清晰的界面。在正常条件下,界面保持清晰,界面以上的一段溶液保持均匀,H^+ 往上迁移的平均速率,等于界面向上移动的速率。在某通电时间(t)内,界面扫过的体积为 V,H^+ 输运电荷的数量为在该体积中 H^+ 带电的总数,根据迁移数定义可得

$$t_{H^+}=\frac{nF}{Q}=\frac{cVF}{Q}=\frac{cAlF}{It} \tag{3-17}$$

式中,c 为 H^+ 的浓度;A 为迁移管横截面积;l 为界面移动的距离;I 为通过的电流;t 为迁移时间;F 为法拉第常量。

3.4　电化学分析法的意义与分类

3.4.1　电化学分析法的意义

根据物质的电学和电化学性质,应用电化学的基本原理和技术,测定物质组分含量的方法,称为电化学分析法。这类方法通常是将待测试液与适当的电极构成一个化学电池,然后根据物质的组成及含量与化学电池的某些电参量之间的计量关系进行分析测试。电化学分析法通常是通过测定在溶液中有电流或无电流流动的情况下体系的电流、电位、电导、电量等物理量,来研究和确定参与化学反应的物质的量。

电化学分析方法根据测定电参数的不同,可以分为电位分析法、电导分析法、电量分析法、伏安分析法等。根据应用方式不同可分为直接法和间接法。

电化学分析法具有以下特点:

(1) 灵敏度较高。最低分析检出限可达 10^{-12} mol·L^{-1}。

(2) 准确度高。例如,库仑分析法和电解分析法的准确度很高,前者特别适用

于微量成分的测定,后者适用于高含量成分的测定。

(3) 测量范围宽。电位分析法、微库仑分析法等可用于微量组分的测定;电解分析法、电容量分析法及库仑分析法可用于中等含量组分及纯物质的分析。

(4) 仪器设备简单,价格低廉,仪器的调试和操作都较简单,容易实现自动化。

(5) 选择性差。电化学分析的选择性一般都较差,但离子选择性电极法、极谱法及控制阴极电位电解法选择性较高。

电化学仪器装置较为简单,操作方便,尤其适合于化工生产中的自动控制和在线分析。

电化学分析在有机化合物、药物及生物活体分析中也有较多应用。

3.4.2 电化学分析法的分类

1. 电位分析法

电位分析法是电化学分析法的重要分支,是在零电流条件下,通过测定两电极间的电位差或电位差的变化进行分析测定的。电位分析法包括直接电位法和电位滴定法两类:直接电位法通过测量原电池电动势来确定被测离子的活度,电位滴定法则是通过测量滴定过程中原电池电动势的变化来确定滴定终点的滴定分析方法。电位分析法具有如下的特点:

(1) 适用于微量组分的测定,对一价离子的测定误差为4%,二价离子的测定误差为8%。

(2) 选择性好,适用于测定 H^+、F^-、Cl^-、K^+ 等。

2. 极谱法、伏安法

伏安法和极谱法是一种特殊的电解分析方法。以小面积、易极化的电极为工作电极,以大面积、不易极化(去极化)的电极为参比电极组成电解池,电解被分析物质的稀溶液,由所测得的电流-电压特性曲线来进行定性分析和定量分析。伏安法是通过测定特殊条件下的电流-电压曲线来分析电解质的组成和含量的一类分析方法的总称。以滴汞作工作电极时的伏安法称为极谱法,它是伏安法的特例。

特点及用途:

(1) 选择性好,可用于多种金属离子和有机化合物的测定。

(2) 适用于微量和痕量组分的测定。

3. 电解与库仑分析法

电解分析法是将被测溶液置于电解装置中进行电解,使被测离子在电极上以金属或其他形式析出,由电解增加的质量求算出其含量的方法。这种方法实质上是重量分析法，因而又称为电重量分析法。

库仑分析法是在电解分析法的基础上发展起来的一种分析方法。它不是通过称量电解析出物的质量，而是通过测量被测物质在100%电流效率下电解所消耗的电量来进行定量分析的方法。分析时不需要基准物质和标准溶液，是一种绝对的分析方法，并且准确度高。电重量法只能用来测量高含量物质，而库仑分析法则特别适用于微量、痕量成分的测定。

特点及用途：

(1) 不需要标准物质，准确度高。

(2) 适用于测定许多金属、非金属离子及有机化合物。

4. 电导分析法

测量溶液的电导或电导率为依据的一种分析方法。电解质溶液在电场的作用下发生定向移动，具有导电能力，并且随着离子数量的增加导电能力增强，导电能力可用电导率来表示。电导率反映出溶液中电解质的电离程度，即溶解盐类越多，电导率越大。

特点及用途：

(1) 适用于测定水的纯度(电解质总量)。

(2) 选择性较差。

3.4.3 电化学分析法研究热点

(1) 固体酶、辅酶、媒介体的生物电极的构造。

(2) 电发光的某些新方向。

(3) 电化学传感器。

(4) 原子力显微镜成像的大DNA分子器件。

(5) 用于毒性监测和药物检测的光学与电化学传感器。

研究药物和DNA的相互作用是药物发现和药品研发过程中最重要的课题之一。近年来，人们对抗癌药物和DNA之间相互作用的电化学研究方法越来越感兴趣。考察DNA或者药物相互作用前后的电化学信号对阐明相互作用机制提供了很好的证据。这种相互作用也可以用来对药物进行定量，或者研制测定靶向DNA的新药。电化学研究方法为合理的药物设计与研究抗癌药物和DNA之间相互作用的机制提供了新的思路。

(何佑秋　何荣幸)

实验16　电　　渗

一、目的要求

(1) 掌握电渗法测定 SiO_2 对水的 ζ 电势的原理与技术。

(2) 了解电渗法实验技术概要，理解电渗是胶体中液相在外电场作用下相对移动而产生的电性现象。

二、实验原理

电渗是胶体电动现象的一种。胶体溶液是一个多相体系，分散相胶粒和分散质带有数量相等而符号相反的电荷，因此在相界面上建立了双电层结构。在外电场作用下，分散介质将通过多孔固体隔膜(分散相胶粒)的许多毛细管定向移动，或者说介质对静态的分散相胶粒发生相对移动，这就是电渗现象。胶体相对静止时，整个溶液呈电中性。但在外电场作用下，胶体中的胶粒和分散介质反向相对移动，则会产生电位差，此电位差称为电动电势或者 ζ 电势。因此，通过电渗可以测出 ζ 电势，这对于进一步了解胶粒特性和胶体的稳定性有重要意义。

原则上讲，电渗实验要设法使所要研究的分散相质点固定在静电场中(通以直流电)，让能导电的分散介质向某一方向流经有刻度的毛细管，从而测量出其流量(cm^3)，再测量出(或查出)相同温度下分散介质的特性常数和通过的电流后，就可计算出 ζ 电势。设电渗发生在一个半径为 r 的毛细管里，固体与液体接触界面处的吸附层厚度为 δ(δ 比 r 小得多，因此双电层内液体的流动可不予考虑)，如图 3-6 所示。若表面电荷密度为 σ，加于长为 l 的毛细管两端的电势差为 u，电位梯度为 u/l，则界面的单位面积上所受的电力为

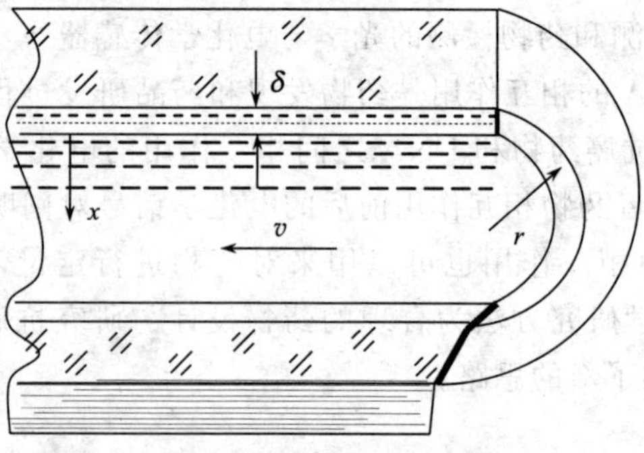

图 3-6　毛细管电渗模型

$$f_1=\sigma\frac{u}{l} \tag{3-18}$$

当液体在毛细管中做层流运动时，单位面积所受阻力为

$$f_2=\eta\frac{dv}{dx}=\eta\frac{v}{\delta} \tag{3-19}$$

式中，v 为电渗速率；η 为液体的黏度。

当液体匀速流动时，$f_1=f_2$，于是

$$\sigma\frac{u}{l}=\eta\frac{v}{\delta} \tag{3-20}$$

$$v=\frac{u\sigma\delta}{l\eta} \tag{3-21}$$

假设界面处的电荷分布情况可看作类似于一个平板电容器上的电荷分布情况，其介电常数设为 ε，则其电容可表达为

$$C=\frac{Q}{\zeta}=\frac{s\varepsilon}{4\pi\delta} \tag{3-22}$$

式中，Q 为电荷量；s 为面积。

根据上面的表达，有

$$\sigma=\frac{Q}{s}-\frac{\zeta\varepsilon}{4\pi\delta} \tag{3-23}$$

将式(3-21)代入式(3-23)中得

$$v=\frac{\zeta\varepsilon u}{4\pi\eta l} \tag{3-24}$$

若毛细管截面积为 A，液体在单位时间内流过毛细管的流量为 V，则

$$V=Av=\frac{A\zeta\varepsilon u}{4\pi\eta l} \tag{3-25}$$

已知

$$u=IR=I\rho\frac{l}{A}=I\frac{1}{k}\frac{l}{A}=\frac{Il}{Ak} \tag{3-26}$$

式中，I 为通过两电极间的电流；R 为两电极间的电阻；k 为液体介质的电导率；l 为两电极间距离。

将式(3-26)代入式(3-25)得

$$\zeta=\frac{4\pi\eta kV}{\varepsilon I} \tag{3-27}$$

若已知液体介质的黏度 η、介电常数 ε、电导率 k，只要测定在电场作用下通过液体介质的电流强度 I 以及单位时间内液体由于电场流过毛细管的流量 V，就可

以从式(3-27)求出 ζ 电势。

注意:上述的推导过程忽略了毛细管壁的表面电导。在一些情况下,当毛细管壁的表面电导不能忽略时,应将毛细管壁的单位圆周长度的表面电导考虑在内。应将式(3-27)中的 k 换算成($k+k_l \cdot l/A$),其中 l 为毛细管壁的圆周长度,k_l 为毛细管壁单位圆周长度的表面电导。实际上,对于粉末固体隔膜,只要液体介质电导足够大,粉末固体粒度足够小时,表面电导可以忽略不计。

三、仪器与试剂

仪器:电渗仪,电导仪,恒温水浴,高压直流电源(200～1000 V),停表,直流毫安表。

试剂:石英粉(SiO_2 粉末,80～100 目)。

四、实验步骤

1. 电渗仪的安装

电渗仪的结构如图 3-7 所示。

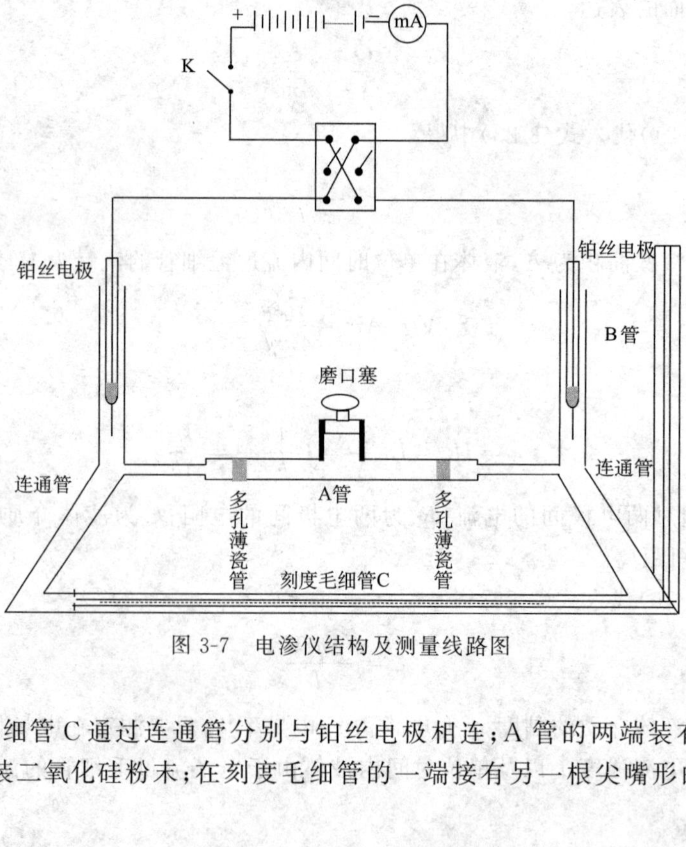

图 3-7 电渗仪结构及测量线路图

刻度毛细管 C 通过连通管分别与铂丝电极相连;A 管的两端装有多孔薄瓷板,A 管内装二氧化硅粉末;在刻度毛细管的一端接有另一根尖嘴形的毛细管 B

管,B的上端装一段乳胶管,乳胶管用一弹簧夹夹紧。通过B管可以将一个测量流速用的气泡压入刻度毛细管C中。

2. 装入样品

揭去磨口瓶塞,将80～100目的二氧化硅粉末与蒸馏水搅拌而成的糊状物注入A管中,盖上瓶塞。分别拔去铂丝电极,从电极管口注入蒸馏水,直至能浸没电极为止,插好铂丝电极。用洗耳球从B管压入一小气泡至刻度毛细管的一端。将整个电渗仪浸入恒温水浴中,恒温10 min以待测定。

3. 测定电渗时液体的流量V、电流强度I和电导率k

在电渗仪的两铂丝电极间接上200～1000 V的直流电源,中间串联一个毫安表、一个耐高压的电源开关和换向开关。调节电源电压,使电渗时毛细管中气泡从一端刻度至另一端刻度行程时间约为20 s。然后准确测定此时间,求出单位时间内毛细管中气泡所移动过的体积,此体积即为液体介质(水)在单位时间内通过A管的体积。利用换向开关,可使两电极的极性转换,而使电渗方向倒向。由于电源电压较高,操作时应先切断电源开关,然后改换换向开关,再接通耐高压的电源开关。反复测量正、反向电渗时流量V各5次,取平均值,求出液体流量V。同时,在测量时调节电压,保持电流I恒定,由毫安表读下电流强度I。

改变电源电压,使毛细管中气泡的行程时间分别改为15 s、25 s,按上述方法分别测定相应的流量V和电流I。

最后拆去电渗仪电源,用电导仪测定电渗仪中蒸馏水的电导率k。注意:由于使用高电压电源,操作时务必注意安全。

五、数据处理

(1) 计算各次电渗测定的V/I,并取平均值。

(2) 将所测的电渗仪中蒸馏水的电导率k和V/I平均值代入式(3-27),可求得SiO_2对水的ζ电势。

(3) 测定时注意水的方向和两个铂电极的极性,以确定ζ电势是正值还是负值。

六、注意事项

(1) 根据扩散双电层模型,胶粒上的表面紧密层电荷相对固定不动,而液相中的反离子则受到静电吸引和热运动扩散两种力的作用,故而形成一个扩散层。ζ电势是紧密层与扩散层之间的电势差。ζ电势也就是胶粒所带电荷的电动电势,是胶粒稳定的主要因素。不过有关ζ电势的确切物理意义尚不清楚。

(2) 利用式(3-27)计算 ζ 电势时,应注意式中各物理量的单位,用 SI 单位计算所得 ζ 电势单位为 V。如果人为规定各物理量的单位,则需对公式作相应的改写。读者在参阅各类参考书时要特别注意。

七、思考题

(1) 为什么说刻度毛细管中气泡在单位时间内移动的体积就是单位时间内流过试样室 A 管的液体流量?

(2) 固体粉末样品粒度太大,电渗测定结果重现性差,可能的原因是什么?

(3) 影响 ζ 电势测定的因素有哪些?

(何荣幸)

实验 17　电势-pH 曲线的测定

一、目的要求

(1) 掌握电极电势、电池电动势和 pH 的测定原理和方法。

(2) 测定 Fe^{3+}/Fe^{2+}-EDTA 配位体系在不同 pH 条件下的电极电势,绘制电势-pH 曲线。

(3) 了解电势-pH 曲线的意义及应用。

二、实验原理

很多氧化还原反应的电极电势不仅与溶液中离子的浓度有关,而且与溶液的 pH 有关,即电极电势与离子浓度和溶液的酸度成函数关系。对此类反应体系,保持氧化还原物质的浓度不变,改变溶液的酸碱度,则电极电势将随着溶液的 pH 变化而变化。以电极电势对溶液的 pH 作图,可绘制出体系的电势-pH 曲线。

本实验研究 Fe^{3+}/Fe^{2+}-EDTA 体系的电势-pH 曲线,该体系在不同的 pH 范围内配位产物不同。以 Y^{4-} 表示 EDTA 的酸根离子,它与 Fe^{3+}/Fe^{2+} 的配位状态可从三个不同的 pH 区间来讨论,其电势与 pH 关系如图 3-8 所示。

1. 在特定的 pH 范围内

Fe^{3+} 和 Fe^{2+} 能与 EDTA 形成稳定的配合物 FeY^{2-} 和 FeY^{-},其电极反应为

$$FeY^{-} + e^{-} \rightleftharpoons FeY^{2-} \quad (3\text{-}28)$$

根据能斯特方程,溶液的电极电势 φ 为

$$\varphi = \varphi^{\ominus} - \frac{RT}{F}\ln\frac{a_{FeY^{2-}}}{a_{FeY^{-}}} \quad (3\text{-}29)$$

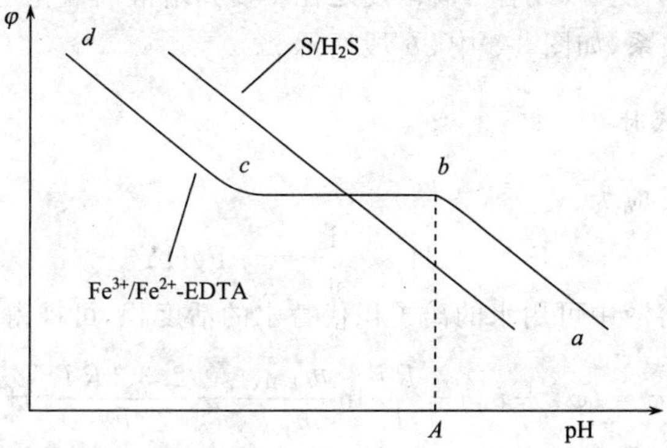

图 3-8 电极电势-pH 图

式中，$\varphi^\ominus$为标准电极电势；a 为活度。根据活度与质量摩尔浓度 m 间的关系

$$a=\gamma m \tag{3-30}$$

其中 γ 为活度系数，可得

$$\begin{aligned}\varphi&=\varphi^\ominus-\frac{RT}{F}\ln\frac{\gamma_{FeY^{2-}}}{\gamma_{FeY^-}}-\frac{RT}{F}\ln\frac{m_{FeY^{2-}}}{m_{FeY^-}}\\&=(\varphi^\ominus-b_1)-\frac{RT}{F}\ln\frac{m_{FeY^{2-}}}{m_{FeY^-}}\end{aligned} \tag{3-31}$$

式中，$b_1=\frac{RT}{F}\ln\frac{\gamma_{FeY^{2-}}}{\gamma_{FeY^-}}$，当溶液的离子强度和温度一定时，$b_1$ 为常数。在此 pH 范围内，体系的电极电势只与配合物 FeY^{2-} 和 FeY^- 的质量浓度比有关。在 EDTA 过量时，生成配合物的浓度与配制溶液时 Fe^{3+} 和 Fe^{2+} 的浓度近似相等，因此，体系的电极电势 φ 不随 pH 的变化而变化，在电势-pH 曲线上出现平台区，如图 3-8 中 bc 段所示。

2. 在 pH 较高时

体系的电极反应为

$$Fe(OH)Y^{2-}+e^-\!=\!=\!=FeY^{2-}+OH^- \tag{3-32}$$

同理，根据活度与质量摩尔浓度 m 间的关系，同时考虑到在稀溶液中水的活度积 K_w 可看作水的离子积，又按照 pH 定义，得

$$\varphi=(\varphi^\ominus-b_2)-\frac{RT}{F}\ln\frac{m_{FeY^{2-}}}{m_{Fe(OH)Y^{2-}}}-\frac{2.303RT}{F}\text{pH} \tag{3-33}$$

同样，当溶液的离子强度和温度一定时，$b_2=\frac{RT}{F}\ln\frac{\gamma_{FeY^{2-}}K_w}{\gamma_{Fe(OH)Y^{2-}}}$也为常数。当

Fe^{3+}和Fe^{2+}浓度不变时(或者二者浓度之比不变),溶液的氧化还原电极电势φ与溶液 pH 呈线性关系,如图 3-8 中 ab 段所示。

3. 在 pH 较低时

体系的电极反应为

$$FeY^- + H^+ + e^- \rightleftharpoons\!=\!= FeHY^- \tag{3-34}$$

考虑到在稀溶液中可用水的离子积代替水的活度积,可推得

$$\varphi = (\varphi^{\ominus} - b_3) - \frac{RT}{F}\ln\frac{m_{FeHY^-}}{m_{FeY^-}} - \frac{2.303RT}{F}pH \tag{3-35}$$

式中,b_3 也为常数。当 Fe^{3+} 和 Fe^{2+} 浓度之比不变时,φ 与 pH 呈线性关系,如图 3-8 中 cd 段。

因此,只要将 Fe^{3+}/Fe^{2+}-EDTA 配位体系与惰性金属电极连在一起,并与另一参比电极组成电池,则可测定该电池的电动势,进而求得该体系的电极电势。如果用酸度计同时测出相应条件下体系的 pH,则可绘制出电势-pH 曲线。

利用电势-pH 曲线可以对溶液体系中的一些平衡问题进行研究,本实验所讨论的 Fe^{3+}/Fe^{2+}-EDTA 体系,可用于消除天然气中的有害气体 H_2S。将天然气通入 Fe^{3+}-EDTA 溶液,可将其中的 H_2S 气体氧化为元素硫而过滤除去,溶液中的 Fe^{3+}-EDTA 配合物被还原为 Fe^{2+}-EDTA 配合物。再向 Fe^{2+}-EDTA 溶液中通入空气,将 Fe^{2+}-EDTA 再氧化为 Fe^{3+}-EDTA,从而使溶液再生而循环使用。

电势-pH 曲线可以用于选择合适的脱硫 pH 条件。例如,低含硫天然气中的 H_2S 含量为 $0.1 \sim 0.6\ g \cdot m^{-3}$,在 25 ℃时相应的 H_2S 分压为 $7.29 \sim 43.56$ Pa。根据电极反应

$$S + 2H^+ + 2e^- = H_2S(g) \tag{3-36}$$

在 25 ℃ 时,其电极电势为

$$\varphi/V = -0.072 - 0.0296\lg\left(\frac{p_{H_2S}}{Pa}\right) - 0.0592pH \tag{3-37}$$

将该体系的电势-pH 曲线与 Fe^{3+}/Fe^{2+}-EDTA 体系的电势-pH 曲线绘制在同一坐标中,如图 3-8 所示。从图中可以看出,在曲线平台区,对于具有一定浓度的脱硫液,其电极电势与式(3-37)所示反应的电极电势之差随着 pH 的增大而增大,到平台区的 pH 上限时,两电极电势的差值最大,超过此 pH,两电极电势之差不再增大而为定值。由此可知,对指定浓度的脱硫液,脱硫的热力学趋势在它的电极电势平台区 pH 上限为最大,超过此 pH,脱硫趋势不再随 pH 的增大而增大。图 3-8 中大于或等于 A 点的 pH,是该体系脱硫的合适条件。当然,脱硫液的 pH 不能太大,否则可能会产生 $Fe(OH)_3$ 沉淀。

三、仪器与试剂

仪器：数字酸度计，数字电压表，铂电极，饱和甘汞电极，复合电极（玻璃电极和Ag/AgCl参比电极），500 mL五口瓶（带恒温套），电子天平，超级恒温槽，磁力搅拌器，温度计，氮气钢瓶，100 mL量筒，滴管。

试剂：$(NH_4)_2Fe(SO_4)_2 \cdot 6H_2O$（C. P.），$NH_4Fe(SO_4)_2 \cdot 12H_2O$（C. P.），EDTA（二钠盐），NaOH固体（C. P.），4 $mol \cdot L^{-1}$ HCl，2 $mol \cdot L^{-1}$ NaOH。

四、实验步骤

1. 配制溶液

将反应瓶置于磁力搅拌器上，加入搅拌子，接通恒温水，调节超级恒温槽使温度恒为25 ℃。向反应瓶中加入100 mL蒸馏水，称取EDTA二钠盐7.44 g和NaOH 1 g，加入反应瓶中。开启搅拌器，待EDTA溶解后，通入氮气。

称取$(NH_4)Fe(SO_4)_2 \cdot 12H_2O$ 1.45 g，加入恒温瓶中，搅拌使之完全溶解。再称取$(NH_4)_2Fe(SO_4)_2 \cdot 6H_2O$ 1.18 g，加入恒温瓶中，同样搅拌至完全溶解。此溶液中含EDTA 0.2 $mol \cdot L^{-1}$，Fe^{3+} 0.03 $mol \cdot L^{-1}$，Fe^{2+} 0.03 $mol \cdot L^{-1}$。

2. 测量装置连接

（1）按图3-9接好测量装置。

（2）利用标准缓冲溶液校正酸度计。

（3）在反应瓶盖上分别插入铂电极、甘汞电极和复合电极。连接酸度计和数字电压表。

（4）在搅拌情况下用滴管从加液孔缓缓加入2 $mol \cdot L^{-1}$ NaOH，调节溶液pH至8左右，调节数字电压表，测定当前电池电动势。

3. 测定电势-pH关系

（1）从加液孔加入4 $mol \cdot L^{-1}$ HCl溶液，使溶液pH改变约0.3，等酸度计读数稳定后，调节数字电压表，分别从酸度计和数字电压表读取pH和电池电动势。

（2）继续滴加HCl溶液，在每改变0.3 pH时读取一组数据，直到溶液的pH低于2.5为止。

（3）测定完毕后，取出电极，清洗干净并妥善保存，关闭恒温槽，拆解实验装置，洗净反应瓶。

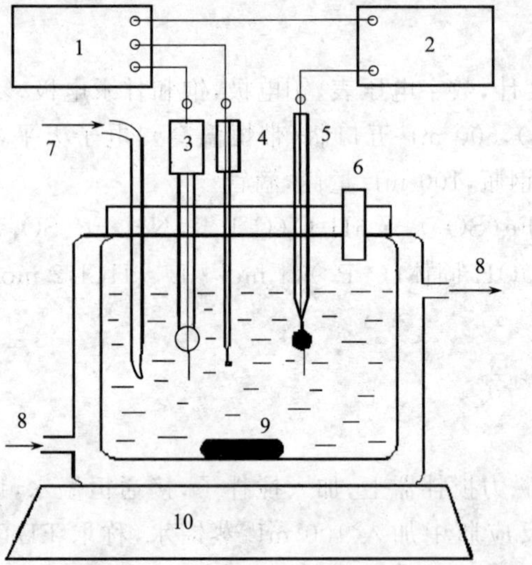

图 3-9　电势-pH 测量装置图

1. 数字酸度计；2. 数字电压表；3. 复合电极和甘汞电极；4. 温度传感器；
5. 铂电极；6. 滴管口；7. N_2 充入接口；8. 恒温水；9. 搅拌子；10. 磁力搅拌器

五、数据处理

本实验记录一组溶液电势-pH 数据如表 3-1。

表 3-1　电势-pH 曲线测定的实验数据

实验温度：__________　　　　实验压力：__________

pH									
电势/mV									

根据实验数据绘制 Fe^{3+}/Fe^{2+}-EDTA 体系的电势-pH 曲线，并根据曲线确定 FeY^{-} 和 FeY^{2-} 稳定存在的 pH 范围。

六、注意事项

(1) 反应瓶盖上连接的装置较多，操作时要注意安全。

(2) 在用 NaOH 溶液调 pH 时要缓慢加入，并适当提高搅拌速度，以免产生 $Fe(OH)_3$ 沉淀。

七、思考题

(1) 写出 Fe^{3+}/Fe^{2+}-EDTA 体系在电势平台区、低 pH 和高 pH 时,体系的基本电极反应及其所对应的电极电势公式的具体形式,并指出各项的物理意义。

(2) 如果改变溶液中 Fe^{3+} 和 Fe^{2+} 的用量,则电势-pH 曲线将会发生什么样的变化?

(3) 脱硫液的 $m_{Fe^{3+}}/m_{Fe^{2+}}$ 比值不同,测得的电势-pH 曲线有何差异?

(4) 影响本实验测定的主要因素是什么?

(何荣幸)

实验 18 化学电池电动势及温度系数的测定

一、目的要求

(1) 掌握化学电池电动势的测量原理及电位差计的使用方法。

(2) 通过化学电池电动势的测定求算电池反应的热力学函数 $\Delta_r G_m$、$\Delta_r S_m$ 和 $\Delta_r H_m$。

二、实验原理

1. 通过化学电池电动势的测定求算电池反应热力学函数的原理

化学反应的热效应可以用量热计直接量度,也可用电化学方法来测量。由于电池的电动势可以准确测量,因此所得数据常较热化学方法可靠。

根据吉布斯函数的定义,在等温等压条件下,当体系发生可逆变化时,体系的吉布斯能变等于过程的可逆非体积功。对一个电动势为 E 的电池,如果其按指定电池反应式进行,当反应进度 $\xi=1$ mol 时,反应的吉布斯能变为

$$(\Delta_r G_m)_{T,p} = -zEF \tag{3-38}$$

式中,电动势 E 的单位为伏特(V);$\Delta_r G_m$ 的单位为 $kJ \cdot mol^{-1}$;F 为法拉第常量(其值常取 96500 $C \cdot mol^{-1}$);z 为电极反应式中电子的化学计量数。

根据式(3-38),在一定温度和压力下测出可逆电池的电动势 E,即可得到该电池反应的摩尔反应吉布斯能变 $\Delta_r G_m$。

根据热力学基本方程 $dG=-SdT+Vdp$,当在恒压条件下改变温度时,可得

$$\Delta_r S_m = -\left(\frac{\partial \Delta_r G_m}{\partial T}\right)_p = zF\left(\frac{\partial E}{\partial T}\right)_p \tag{3-39}$$

式中，$\left(\frac{\partial E}{\partial T}\right)_p$ 为电池的温度系数，表示电池电动势随温度的变化情况。因此，在压力不变的情况下，通过改变温度可以测得一系列温度下的电池电动势，作出 E-T 图即可得到斜率，即电池的温度系数$\left(\frac{\partial E}{\partial T}\right)_p$，进而得到 $\Delta_r S_m$。

根据吉布斯-亥姆霍兹(Gibbs-Helmholtz)公式，在等温、等压、可逆条件下吉布斯能变 $\Delta_r G_m$、反应热 $\Delta_r H_m$、熵变 $\Delta_r S_m$ 和温度 T 之间有如下关系

$$\Delta_r H_m = \Delta_r G_m + T\Delta_r S_m \tag{3-40}$$

根据式(3-38)、式(3-39)和式(3-40)，可算出可逆电池反应的反应热 $\Delta_r H_m$。

2. 对消法测定电池电动势的原理

电池的电动势在数值上等于电池内部没有净电流通过时两极间的电压。如果直接用电压表(伏特计)测量电池的电动势，则其测量结果为端电压而不是电动势。另外当把电压表与电池接通后，必须有适量的电流通过才能使电压表显示读数，这样电池中就有化学反应发生，溶液的浓度不断变化，因而电动势也不断变化，这意味着电池已不是可逆电池。所以测量可逆电池的电动势必须在几乎没有电流通过的情况下进行。通常，测量可逆电池电动势采用对消法，如图 3-10 所示。

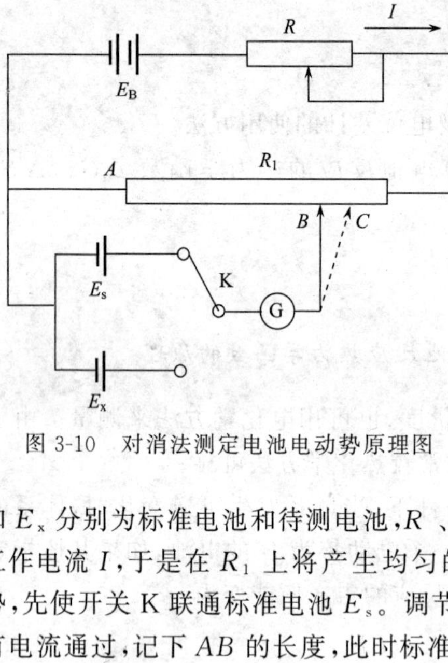

图 3-10　对消法测定电池电动势原理图

在图 3-10 中，E_B 为工作电池，E_s 和 E_x 分别为标准电池和待测电池，R 、R_1 是均匀滑动变阻器。工作时，回路中有工作电流 I，于是在 R_1 上将产生均匀的电势降。为了测量待测电池 E_x 的电动势，先使开关 K 联通标准电池 E_s。调节活动触点的位置至 B 点时检流计 G 中没有电流通过，记下 AB 的长度，此时标准电池的电动势正好与 AB 段的电势差大小相等而方向相反：

$$E_s = R_{AB} I \tag{3-41}$$

同样，使开关 K 联通待测电池 E_x，重新调节活动触点的位置至 C 点时检流计 G 中没有电流通过，记下 AC 的长度，则待测电池的电动势数值上等于 AC 段的电势差：

$$E_x = R_{AC} I \tag{3-42}$$

式(3-42)除以式(3-41)

$$E_x = (R_{AC}/R_{AB})E_s \tag{3-43}$$

因为 R_1 是均匀电阻，电阻应与电阻线的长度成正比，AB 和 AC 的长度已知，则根据式(3-43)即可求得待测电池 E_x 的大小。

实验室常用的电位差计就是根据这一原理设计的。

三、仪器与试剂

仪器：电位差计(含附件)，标准电池，检流计，标准电池，甘汞电极，超级恒温槽，铜丝，锌棒，盐桥，砂纸，温度计。

试剂：0.1 $mol \cdot L^{-1}$ $CuSO_4$ 溶液，0.1 $mol \cdot L^{-1}$ $ZnSO_4$ 溶液，饱和 KCl 溶液，饱和 Hg_2Cl_2 溶液。

四、实验步骤

(1) 打开超级恒温槽电源开关及冷却水，调节温度到 25 ℃。

(2) 由公式 $E_s = 1.01865 - 4.05\times10^{-5}(T-293) - 9.5\times10^{-7}(T-293)^2 + 1\times10^{-8}(T-293)^3$ 计算标准电池在实验温度下的电动势，并在电位差计上设定好。

(3) 调节工作回路电流。

(i) 在打开检流计的电源且其灵敏度旋钮指向“短路”的情况下，调节检流计使其光标指向“零”。

(ii) 将标准电池接入电路(电位差计的开关指向 N)，并将“粗”、“中”、“细”、“微”四个旋钮归零。

(iii) 将检流计的换向旋钮由“短路”调节至“×0.01”，调节检流计，使其光标指向“零”。

(iv) 按下“粗”旋钮，观察检流计光标的偏转方向(注意：按一下即松开，不可长时间按下)。如果光标偏向右，则应加大“粗”旋钮所指电阻值，观察检流计光标的偏转方向，反复此过程，直至光标偏转反向(向左偏转)，此时将“粗”旋钮后退一格；然后按“中”旋钮(若光标偏转不明显，则按下“细”旋钮)，当“中”旋钮调好后，可将检流计“细”旋钮一直压下，迅速调节“细”、“微”旋钮，使检流计光标指向零刻度，此时工作回路电流即调整完毕。

注意：电位差计上的“短路”键用于当光标来回摆动过快时让光标迅速停止摆动，因此使用时必须一下一下的按，不可长时间按住不放。

(v) 电极处理。

Cu 电极用砂纸打磨光亮，冲洗干净，备用。

Zn 电极用砂纸打磨光亮，冲洗干净后在饱和 Hg_2Cl_2 溶液中浸泡片刻，再用蒸馏水冲洗干净，备用。

(vi) Zn-甘汞电极电势的测定。

首先,将适量 KCl 饱和溶液和 0.1 mol·L^{-1} $ZnSO_4$ 溶液分别装于试管中,放入恒温水浴中并插入盐桥及相应电极(Zn 插入 $ZnSO_4$ 溶液,饱和甘汞电极插入 KCl 饱和溶液)。电池装置如图 3-11 所示。

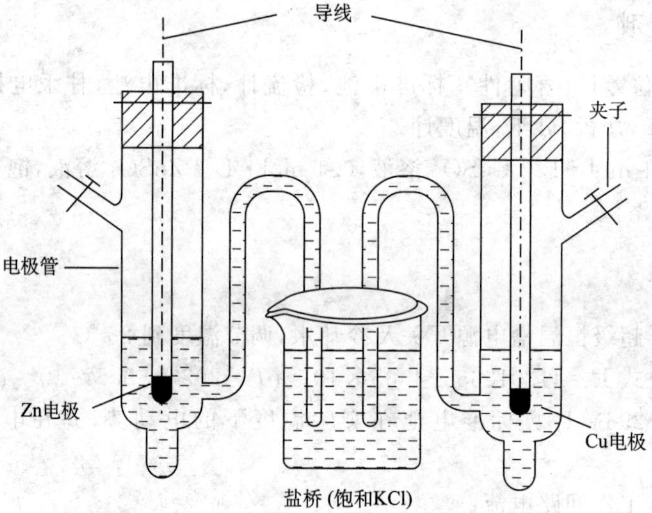

图 3-11　电池装置示意图

其次,将 Zn-甘汞电池连入电位差计(注意极性不能连错),将电位差计换向开关指向"X1"或者"X2",并将测量电阻归零,检流计灵敏度旋钮指向"×0.01",按下电位差计"粗"键,观察检流计光标偏转方向,然后交替进行增加"$\times 10^{-1}$ V"旋钮数值和按下"粗"键的操作,确定"$\times 10^{-1}$ V"旋钮的准确数值(注意:当光标偏转反向时,将"粗"旋钮后退一格),然后依次调节其他旋钮的数值,记录此时的电动势数值。重复操作三次(每次间隔 1～2 min),取平均值。注意:当检流计检不出电流时,可按"细"键,或增大检流计的灵敏度,当只剩下"$\times 10^{-5}$ V"及"$\times 10^{-6}$ V"旋钮时,可将"细"键长按并迅速调节。

最后,升高温度 3～5 ℃,重复上述操作,测定此时温度下电池的电动势,共可测 5～6 个不同温度下的电池电动势。注意:最高测量温度不应超过 50 ℃。

Zn-Cu 电极用相同的方法测电动势。

(vii) 测完后,将检流计灵敏度旋钮指向"短路"后关闭电源。关闭恒温槽电源。

五、数据处理

测定数据记入表 3-2 中,求对应电池反应在不同温度下的热力学参数,并作出电动势与温度的函数关系图(T-E 图)。

表 3-2　化学电池电动势及温度系数的测定数据

室温:____________　　　　　　　　　　　　　　　　气压:____________

T/K	电动势 E/V	电动势平均值/V	$\left(\frac{\partial E}{\partial T}\right)_p$ /(V · K)	$\Delta_r G_m$ /(kJ · mol^{-1})	$\Delta_r H_m$ /(kJ · mol^{-1})	$\Delta_r S_m$ /(J · K^{-1} · mol^{-1})
	①					
	②					
	③					
	①					
	②					
	③					
	①					
	②					
	③					
	①					
	②					
	③					
	①					
	②					
	③					
	①					
	②					
	③					

六、注意事项

(1) 连接电路时,切勿正、负极接反!

(2) 测量时必须先按电位差计的“粗”按钮,待检流计显示为零后再按“细”按钮,以免检流计偏转过大而损坏。按键时间要短(不超过 1 s),以防止通过标准电池和待测电池的电量过多,破坏电池的可逆状态。

(3) 在不使用检流计时,应将其灵敏度旋钮指向“短路”。

七、思考题

(1) 本实验中,如果用 0.1 mol · L^{-1}的氯化钾溶液代替饱和氯化钾溶液,对电池电动势测量有何影响？为什么？

(2) 电位差计、标准电池、检流计各有什么作用？如何保护并正确使用它们？

(3) 如何用测得的电动势数据计算电池反应的平衡常数？

(4) 盐桥有什么作用？选用作盐桥的物质应有哪些要求？

(何荣幸)

实验 19 界面移动法测定离子迁移数

一、目的要求

(1) 掌握用界面移动法测定 H^+ 迁移数的原理，掌握其方法和技术。

(2) 加深对离子迁移数相关概念的理解。

二、实验原理

参阅本书 3.3.2。

界面移动法测离子迁移数的方法分为两种，一种是用两个指示离子，造成两个界面；另一种是用一种指示离子，只有一个界面。本实验是采用第二种方法测定 HCl 溶液中的 H^+、Cl^- 的离子迁移数。

迁移管是一支有刻度的截面均匀的垂直玻璃管，下端放 Cd 棒作阳极，上端放 Pt 丝作阴极(图 3-5)，迁移管上部为 HCl 溶液，下部为 $CdCl_2$ 溶液，二者具有共同的阴离子。

因为 Cd^{2+} 淌度(U)较小，即

$$U_{Cd^{2+}} < U_{H^+}$$

通电时，H^+ 向上迁移，Cl^- 向下迁移，在 Cd 阳极上 Cd 氧化，进入溶液生成 $CdCl_2$，逐渐顶替 HCl 溶液，在管中形成明显的分界面(如图 3-4 中 aa')。由于溶液要保持电中性，且任一截面都不会中断传递电流，H^+ 迁移走后的区域，Cd^{2+} 紧紧地跟上，离子的迁移速度相等($V_{Cd^{2+}} = V_{H^+}$)即

$$U_{Cd^{2+}}\left(\frac{dE}{dl}\right)_{Cd^{2+}} = U_{H^+}\left(\frac{dE}{dl}\right)_{H^+}$$

由于 $U_{Cd^{2+}} < U_{H^+}$，所以

$$\left(\frac{dE}{dl}\right)_{Cd^{2+}} > \left(\frac{dE}{dl}\right)_{H^+}$$

上式表明 Cd^{2+} 在溶液中的电位梯度较大，因此若 H^+ 因扩散作用落入 $CdCl_2$ 溶液层，它就不仅比 Cd^{2+} 迁移得快，而且比界面上的 H^+ 也要快，能赶回到 HCl

层。同样若任何 Cd^{2+} 进入低电位梯度的 HCl 溶液，它就要减速，一直到它们重又落后于 H^+ 为止，这样界面在通电过程中才能保持清晰。

在通电时间(t)内，若界面移动的体积为 V，H^+ 传输的电荷数量为即为该体积中 H^+ 带电的总数，即

$$q^+ = Q_{H^+} = VcF$$

$$t_{H^+} = \frac{q^+}{Q} = \frac{Q_{H^+}}{Q} = \frac{VcF}{It}$$

$$t_{Cl^-} = 1 - t_{H^+}$$

式中，c 为 H^+ 的浓度；F 为法拉第常量；电量以库仑(C)为单位。

三、仪器与试剂

仪器：直流稳压电源，直流毫安表，电迁移法迁移数测定仪，超级恒温槽，镉电极和铂电极各 1 个。

试剂：0.1 $mol \cdot L^{-1}$ HCl 溶液，0.05 $mol \cdot L^{-1}$ $CdCl_2$ 溶液，甲基橙指示剂。

四、实验步骤

(1) 按图 3-4 连接仪器，用蒸馏水洗迁移管两次并检查迁移管是否漏水；吸取少量的含甲基橙的 HCl 溶液(待测液)，将迁移管洗涤两次，然后将待测液慢慢加入迁移管中，装入溶液量以插入上端铂电极时，能浸过电极为限。

(2) 按照图 3-5 接好线路，检查无误后，再开始实验。调节恒温槽温度为 25 ℃，待温度恒定后，调节电流至 5.0 mA 左右。打开记录仪开关，随着电解进行，Cd 电极不断失去电子变成 Cd^{2+} 溶解。由于 Cd^{2+} 的迁移速度小于 H^+，因而，过一段时间后(约 20 min)，在迁移管下部就会形成一个清晰的界面，界面以下是中性的 $CdCl_2$ 溶液呈橙色，界面以上是酸性的 HCl 溶液呈红色，界面会渐渐地向上移动，当界面移动到某一可清晰观测的刻度时，开始计时。此后，每当界面移动 0.1 mL，记下相应的时间和电流读数，直到界面移动 0.8 mL 为止。

(3) 实验完毕，将迁移管溶液倒入指定回收瓶中，洗迁移管的初次废液也应注入回收瓶中。迁移管洗净后，装满蒸馏水，放回原处。

五、数据处理

实验数据记录入表 3-3 中，并作 V-It 图，求出直线斜率 $k = dV/d(It)$，又由 $k = \frac{I}{cF} t_{H^+}$ 求出 t_{H^+}，然后由 $t_{Cl^-} = 1 - t_{H^+}$ 求出 t_{Cl^-}。

表 3-3　界面移动法测定离子迁移数实验数据

V/mL	0.1	0.2	0.3	0.4	0.5	0.6	0.7	0.8
t/s								
I/mA								

六、注意事项

(1) 迁移管不仅应该垂直固定而且要洗净,以免其他离子干扰。

(2) 迁移管壁或镉电极上不能粘有气泡。

(3) 通电后由于 $CdCl_2$ 层的形成,电阻加大,电流会渐渐变小,因此若实验中使用的不是恒电流设备,应不断调节电阻使通过的电流保持恒定。

七、思考题

(1) 迁移数与哪些因素有关?

(2) 为什么在迁移过程中会得到一个稳定界面?为什么说界面移动速率就是氢离子移动速率?

(3) 迁移数有哪些测定方法?各有什么特点?

(钟　霞)

实验 20　希托夫法测定离子迁移数

一、目的要求

(1) 掌握用希托夫法测定离子迁移数的原理和方法。

(2) 用希托夫法测定 $CuSO_4$ 溶液中 Cu^{2+} 和 SO_4^{2-} 的迁移数。

二、实验原理

用希托夫法测定 $CuSO_4$ 溶液中 Cu^{2+} 和 SO_4^{2-} 的迁移数时,在溶液中间区浓度不变的条件下,分析通电前原溶液及通电后阳极区(或阴极区)溶液的浓度,读取阳极区(或阴极区)溶液的体积,可计算出通电后迁移出阳极区(或阴极区)的 Cu^{2+} 和 SO_4^{2-} 的量。通过溶液的总电量 Q 由串联在电路中的电量计测定,可算出 t^+ 和 t^-。在迁移管中,两电极均为 Cu 电极。其中放 $CuSO_4$ 溶液。通电时,溶液中的 Cu^{2+} 在阴极上被还原析出 Cu,而在阳极上金属铜溶解生成 Cu^{2+}。

对于阳极,通电时一方面阳极区有 Cu^{2+} 迁移出,另一方面电极上 Cu 溶解生成

Cu^{2+}，因而

$$n_{迁}(阳极)=n_{前}+n_{电}-n_{后}$$

对于阴极，通电时一方面阴极区有 Cu^{2+} 迁移入，另一方面电极上 Cu^{2+} 析出生成 Cu，因而有

$$n_{迁}(阴极)=n_{后}+n_{电}-n_{前}$$

$$t_{Cu^{2+}}=\frac{n_{迁}}{n_{电}}\qquad t_{SO_4^{2-}}=1-t_{Cu^{2+}}$$

式中，$n_{迁}$ 为迁移出阳极区或迁入阴极区的 Cu^{2+} 的量；$n_{前}$ 为通电前阳极区或阴极区所含 Cu^{2+} 的量；$n_{后}$ 为通电后阳极区或阴极区所含 Cu^{2+} 的量；$n_{电}$ 为通电时阳极上 Cu 溶解（转变为 Cu^{2+}）的量，也等于铜电量计阴极上 Cu^{2+} 析出 Cu 的量。希托夫法测定离子的迁移数时应该满足以下假定：①中间区浓度保持不变；②阳极区和阴极区的溶剂量基本保持不变；③电量的输送者只是电解质的离子，溶剂（水）不导电（电解前后保持不变）。

图 3-4 为希托夫法测定离子迁移数的实验装置图。

三、仪器与试剂

仪器：迁移管，铜电极 2 支，离子迁移数测定仪，铜电量计，分析天平，碱式滴定管，碘量瓶（250 mL）3 个，移液管（20 mL）3 支。

试剂：0.05 mol·L^{-1} $CuSO_4$ 溶液，10% KI 溶液，0.5% 淀粉指示剂，0.05 mol·L^{-1}硫代硫酸钠溶液，1.0 mol·L^{-1}乙酸溶液，稀硝酸溶液。

四、实验步骤

(1) 用水洗干净迁移管，然后用 0.05 mol·L^{-1}的 $CuSO_4$ 溶液荡洗迁移管两次后，将迁移管中充满 0.05 mol·L^{-1}的 $CuSO_4$ 溶液，并安装到迁移管固定架上。

(2) 将铜电量计中阴极铜片取下，在稀硝酸溶液中浸泡一下以除去表面氧化层，用蒸馏水洗净，用乙醇淋洗并吹干，在分析天平上称量（W_1），装入电量计中。

(3) 连接好迁移管、离子迁移数测定仪和铜电量计（注意铜电量计中的阴、阳极切勿接错）。

(4) 接通电源，调节电流强度为 20 mA，连续通电 60 min。

(5) 滴定通电前 $CuSO_4$ 溶液。

用移液管移取 10 mL 0.05mol·L^{-1}的 $CuSO_4$ 溶液于碘量瓶中，加入 5 mL 1 mol·L^{-1}的 HAc 溶液，加入 3 mL 10 %的 KI 溶液，塞好瓶盖，振荡，置暗处 5～10 min，以 0.05 mol·L^{-1}的 $Na_2S_2O_3$ 标准溶液滴定至溶液呈淡黄色，然后加入 1 mL淀粉指示剂，继续滴定至蓝色恰好消失（象牙粉色），记录消耗的 $Na_2S_2O_3$ 标

准溶液体积。

(6) 停止通电后，迅速取出阴、阳极区溶液以及中间区溶液测量其准确体积。(有效地分离三个区域的溶液，防止扩散引起中间区溶液的浓度改变)，再次处理阴极铜片，并在分析天平上称量得 W_2。

(7) 滴定通电后各区 $CuSO_4$ 溶液。

分别移取 10 mL 各区 $CuSO_4$ 溶液，用 $Na_2S_2O_3$ 标准溶液滴定[滴定方法同(5)]，分别记录消耗的 $Na_2S_2O_3$ 标准溶液体积。

五、数据处理

实验数据记录入表 3-4，计算 Cu^{2+} 和 SO_4^{2-} 的迁移数。

表 3-4　希托夫法测定离子迁移数实验数据

室温(℃)：________　　　　大气压：________

		阴极区		阳极区	
库仑计铜片质量/g		通电前	通电后	通电前	通电后
$CuSO_4$ 溶液的体积/mL					
Cu^{2+}浓度滴定	试样体积/mL	滴定前 $Na_2S_2O_3$ 标准溶液读数/mL	滴定后 $Na_2S_2O_3$ 标准溶液读数/mL	消耗 $Na_2S_2O_3$ 标准溶液体积/mL	Cu^{2+}浓度/($mol \cdot L^{-1}$)
通电前	10				
通电后阴极区	10				
通电后阳极区	10				

六、注意事项

(1) 实验中用到的铜电极应该是纯度为 99.999%的电解铜。

(2) 实验过程中凡是会引起溶液扩散、搅动等因素都应该尽可能避免。

(3) 电解结束后尽快分流出中间溶液，谨防各区域溶液混合。

(4) 本实验由铜库仑计的增重计算电量，因此称量及前处理都很重要，需仔细进行。

(5)为了避免误差，宜分别用干净的移液管直接移取通电后的阴、阳极区 $CuSO_4$ 溶液进行滴定，测量体积时将用于滴定的体积数计算在内。

七、思考题

(1) 通过库仑计阴极的电流密度不能太大，为什么？

(2) 中间区浓度改变说明什么？如何防止？

(3) 为什么不用蒸馏水而用原始溶液冲洗电极？

（钟　霞）

实验 21　强电解质极限摩尔电导率的测定

一、目的要求

(1) 了解溶液的电导、电导率和摩尔电导率的概念。

(2) 掌握由强电解质稀溶液的电导率测定极限摩尔电导率的方法。

(3) 进一步熟悉电导率仪的使用方法。

(4) 学会电导电极的电极常数标定方法。

二、实验原理

本实验所需的基本概念电导、电导率、摩尔电导率、无限稀释极限摩尔电导率均请参见《化学基础实验(Ⅱ)》3.3.2，电导率仪的使用参见《化学基础实验(Ⅱ)》5.3.5 或该仪器使用说明书。

本实验用 DDS-307 型电导率仪测定不同浓度的 KCl 溶液的电导率，求出相应的摩尔电导率，再作 Λ_m-$\sqrt{C}$ 关系图，外推至 $c=0$，由纵坐标的截距求出 KCl 的 Λ_m^∞。

三、仪器与试剂

仪器：DDS-307 型电导率仪（附：电导电极），超级恒温槽，100 mL 容量瓶 7 个，1 mL、5 mL、10 mL、20 mL 移液管各 1 支。

试剂：1.000 $mol \cdot L^{-1}$ KCl 溶液，电导水（$\kappa < 1\times10^{-4} S \cdot m^{-1}$）。

四、实验步骤

(1) 用 1.000 $mol \cdot L^{-1}$ KCl 溶液和电导水，在 100 mL 容量瓶中，分别配制 0.0005 $mol \cdot L^{-1}$、0.001 $mol \cdot L^{-1}$、0.002 $mol \cdot L^{-1}$、0.004 $mol \cdot L^{-1}$、0.006 $mol \cdot L^{-1}$、0.008 $mol \cdot L^{-1}$ 和 0.100 $mol \cdot L^{-1}$ 的 KCl 溶液。

(2) 调节超级恒温槽的温度为(25.0 ± 0.1)℃，将装有上述配制的 0.0005 $mol \cdot L^{-1}$、0.001 $mol \cdot L^{-1}$、0.002 $mol \cdot L^{-1}$、0.004 $mol \cdot L^{-1}$、0.006 $mol \cdot L^{-1}$、0.008 $mol \cdot L^{-1}$ 和 0.100 $mol \cdot L^{-1}$ 的 KCl 溶液共 7 个容量瓶置于恒温槽中恒温 20 min。

(3) 从手册中查得 0.100 $mol \cdot L^{-1}$ KCl 溶液在实验温度下的电导率值，通过其电导率值对电导电极的电极常数进行标定。

(4) 用室温电导水冲洗电导池直至测得的电导水的电导率恒定为止，然后测量 25 ℃恒温槽中电导水的电导率三次，取平均值得 $\kappa_{水}$。

(5) 分别自低浓度至高浓度，测定 0.0005 $mol \cdot L^{-1}$、0.001 $mol \cdot L^{-1}$、0.002 $mol \cdot L^{-1}$、0.004 $mol \cdot L^{-1}$、0.006 $mol \cdot L^{-1}$ 和 0.008 $mol \cdot L^{-1}$ KCl 溶液的电导率。每次更换不同浓度的溶液时都应该用待测溶液充分清洗电导池，每个浓度的溶液测量三次。

(6) 实验结束，洗净电极并浸入电导水中。

五、数据处理

实验数据记录入表 3-5 中，利用公式 $\Lambda_m = \dfrac{\kappa}{c}$ 计算每种溶液的摩尔电导率 Λ_m，结果亦填入表中，然后以 Λ_m 对 $\sqrt{c}$ 作图，外推至 $c=0$，求出 KCl 溶液的 Λ_m^{∞}，并与文献值比较(表 3-6)。

表 3-5　强电解质极限摩尔电导率测定的数据

室温:＿＿＿＿＿℃　　　　　　大气压力:＿＿＿＿＿Pa

电导水 $\kappa_{水}$ =＿＿＿＿＿$\mu S \cdot cm^{-1}$　　　　电导池常数 K_{cell} =＿＿＿＿＿cm^{-1}

序号	$c/(mol \cdot L^{-1})$	$c/(mol \cdot m^{-3})$	$\sqrt{c}$	$\kappa_{溶液}$(测定) $/(\mu S \cdot cm^{-1})$			$\kappa_{溶液}$(平均) $/(\mu S \cdot cm^{-1})$	$\kappa_{溶液}$(平均) $/(S \cdot m^{-1})$	κ_{KCl} $/(S \cdot m^{-1})$	Λ_m $/(S \cdot m^2 \cdot mol^{-1})$
1	0.0005									
2	0.001									
3	0.002									
4	0.004									
5	0.006									
6	0.008									
7	0.100									

表 3-6　KCl 溶液电导率测定参考值

浓度/$(mol \cdot L^{-1})$	0.0005	0.0010	0.0020	0.0040	0.0060	0.0080
电导率/$(\mu S \cdot cm^{-1})$	73.9	147.0	291	575	857	1135

六、注意事项

(1) 配制溶液要准确。

(2) 每个浓度的溶液测量三次,三次数据要接近。

(3) 处理数据时,注意浓度和电导率单位的换算(电导率仪上单位为 $\mu S \cdot cm^{-1}$,计算过程需要换算为 $S \cdot m^{-1}$;浓度单位为 $mol \cdot L^{-1}$,需要换算为 $mol \cdot m^{-3}$)。

(4) 由于实验过程中所配制的溶液均为稀溶液,在稀溶液中起导电作用的除了电解质溶液的离子外,还有水中电离出来的氢离子和氢氧根离子。因此,实验测得的稀溶液电导率实际上为电解质溶液离子和水中离子的电导率之和,即 $\kappa_{溶液} = \kappa_{KCl} + \kappa_{水}$。

七、思考题

(1) 对于弱电解质溶液,能否直接用本法测定其 Λ_m^∞? 为什么? 若想通过本法求得乙酸的 Λ_m^∞,应如何求?

(2) 溶液电导的测定在化学领域中都有哪些应用?

(范　莉)

实验 22　氢超电势的测定

Ⅰ　恒电位仪法

一、目的要求

(1) 理解超电势和塔菲尔公式的意义,了解电极过程动力学的一些基本概念。

(2) 测定氢在金属铂和汞上的超电势。

(3) 学习电极过程动力学的一些实验方法。

二、实验原理

当电极反应以一定速率进行时,电极电势 φ 要偏离平衡电极电势 φ',偏差 $\varphi - \varphi'$ 称为该电极的超电势,以 η 表示。超电势的出现表明电极反应进程(简称电极过程)中存在一定的阻力(或称势垒),若电极反应加速则阻力也将增加。为了克服这些阻力,电极必须蓄以能量来推动电极反应在此速率下进行,这种能量或推动力在电极性质上表现为超电势。根据定义,阳极过程的超电势使阳极电势偏正,$\eta_a = \varphi - \varphi'$;阴极过程的超电势使阴极电势偏负,$\eta_c = \varphi' - \varphi$。

氢电极是指由金属材料、电解质、氢气三者组成的体系。电极反应在金属表面进行,同时金属作为导体输入或输出电流。氢超电势是指氢电极发生氢离子得电子的阴极反应时的超电势

$$2H^+ + 2e^- \longrightarrow H_2$$

$$\eta_c = \varphi' - \varphi$$

其中 φ'为氢电极平衡电极电势。由能斯特公式表示

$$\varphi' = \varphi^\ominus + \frac{2.303RT}{F}\lg a_{H^+}$$

上两式中,$\varphi^\ominus=0$; a_{H^+} 为氢离子活度,稀溶液中可用浓度代替;φ'为平衡电极势;φ 为有电流通过时的电极势。

氢超电势大小与电极承受的电流密度、金属材料等因素有关。实验表明,η 随电流密度(电极反应速率)的增加而增加;当电势离开平衡电极电势较远(高超电势)时,η 和电流密度的对数呈线性关系,称为塔菲尔经验 $\eta = a + b\ln I$[公式(3-2)]。式中 I 为电流密度,a 与 b 为经验常数。对于不同的金属 b 基本相同,但 a 有明显差异。对于金属汞、锌、铅等,$a>1.2$ V,而贵金属铂、金和镍、钯等,则 $a<0.5$ V。利用这些规律可以在生产过程中取得不同的效果。例如,在氯碱工业和电解水制氢工业上要采用 η 较小的电极材料以降低能耗,在其他电解工业和化学电源中则采用 η 较大的电解材料以防止副反应和自放电发生。

氢超电势的测量装置如图 3-12 所示,测量装置由三个电极室组成。辅助电极(铂片或铂网)与被测(研究)电极组成电解池,使氢电极发生还原反应(通常辅助电极面积要求比被测电极面积大得多,以保证实验中的极化电流反映研究电极特性)。同时选择参比电极与被测电极组成测量电池(通常测量电池中流过的电流很小,以保证参比电极工作在近平衡状态)。当电流较大或溶液电阻较大时,电流通过溶液所产生的电位降不可忽略,为此需安置一毛细管。将管口尽量靠近被测电极,并使测量回路中几乎没有电流通过,见图 3-13。这种毛细管称为鲁金毛细管。

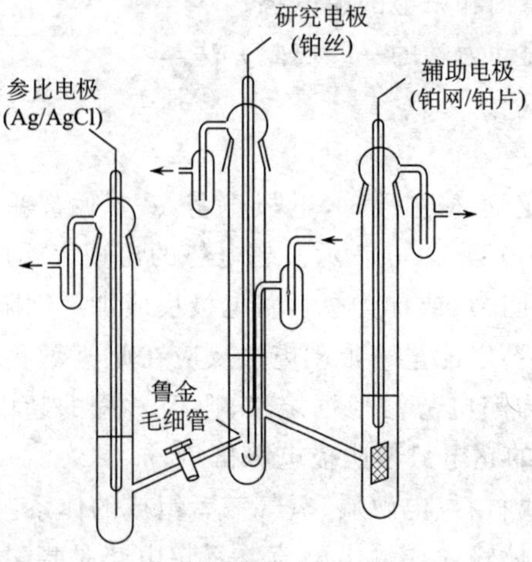

图 3-12　氢超电势测量装置示意图

用作氢电极的金属材料种类很多，汞和铂是两种典型金属，前者氢超电势很大，后者较小。汞易提纯，表面均匀、光滑、易更新；铂很稳定，可作成各种形状如铂片、铂丝、铂黑等。这些性质使超电势测定数据比较精确可靠。

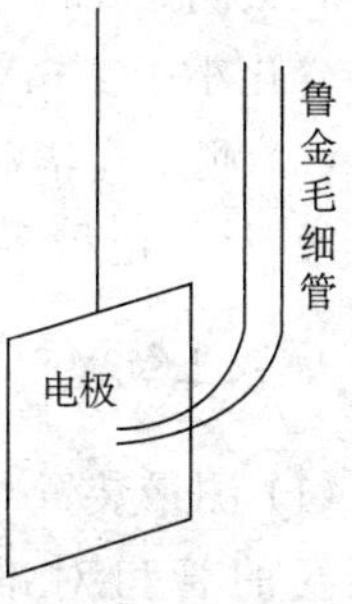

图 3-13　鲁金毛细管装置示意图

三、仪器与试剂

仪器：PS-1 恒电位仪，氢气发生器（或高纯氢气源），三电极电解池，Ag/AgCl 电极，辅助电极（Pt 片或 Pt 网），工作电极（Pt 丝或 Pt 片），恒温水浴。

试剂：HCl（A. R.），KCl，H_2SO_4，NaOH。

四、实验步骤

1. 铂上氢超电势的测定

(1) 按图 3-12 安装测量装置。安装前仔细洗涤玻璃容器，用洗液浸泡后，依次用自来水、去离子水、电导水冲洗。左、中、右边容器分别用电解液 1 mol · L^{-1} 盐酸润洗。

(2) 被测电极和辅助电极的处理。研究电极为铂丝，烧结在玻璃管中，一头露出管外约 10 mm，另一头留在玻璃管中与其他导体（如铜丝）相连。辅助电极为 Pt 片或 Pt 网构成。一端与铂丝连接并烧结在玻璃管中，烧结在玻璃管中的铂丝与其他导体（如铜丝）相连。将研究（铂丝）电极浸入王水中约 5 min，取出后用自来水冲洗，再用温热 NaOH 溶液（或 NaOH/乙醇溶液）浸泡 5 min。用自来水、去离子水、电导水、电解液洗涤备用（若有条件则可在表面电镀铂黑①为好）。

(3) 将 3 个电极装入电池。电解池中灌入 1 mol · L^{-1} 盐酸溶液。注意鲁金毛细管中不得有气泡，毛细管口应紧靠铂丝。各磨口用 1 mol · L^{-1} 盐酸湿润。

(4) 将恒电位仪各接头与对应电极接好后，开启氢气发生器（或高纯氢气源）。调节通入电解池的氢气量，使研究电极被氢气泡所包围，并使整个研究电极室充满氢气氛。

(5) 调节恒电位仪，在恒电流条件下，使电流密度控制在 0～－8 mA · cm^{-2}，

① 为了增大铂电极表面积，得到可逆性好的氢电极，通常在铂电极上镀铂黑。将 3 g 氯铂酸（$H_2PtCl \cdot 6H_2O$）溶于 100 mL 蒸馏水中，加入 0.02～0.03 g 乙酸铅（或乙酸铝），在 10～20 mA · cm^{-2} 电流密度下电解 10～20 min，可获得较为疏松的铂黑。若镀出的电极发灰，应重配电镀液。若镀出的铂黑一洗即掉，应将电极在王水（HNO_3 ∶ HCl＝1 ∶ 3）中重新清洗，除油后重镀铂黑。镀好铂黑的电极需用蒸馏水充分洗涤。在 1 mol · L^{-1} H_2SO_4 溶液中作阴极，电解 20 min，除去吸附在铂黑上的氯。再以蒸馏水洗净，保存在蒸馏水中，不得干燥。

从小到大测定 10～15 个电流密度下的电势。每个电流密度重复测定至 3 min 内电势变化小于 2 mV，可认为达到稳定值。

(6) 测定完毕后取出研究电极，洗净后用游标卡尺测量研究电极的铂丝长度和直径，计算电极表面积。

2. 汞上氢超电势的测定

(1) 测量装置略作改动，图 3-12 中间的电解池底部放置汞，铂丝插入汞中。通氢气的管口对准汞表面，鲁金毛细管管口紧靠汞表面。汞面上加电解液 0.2 $mol \cdot L^{-1}$ H_2SO_4。参比电极室和鲁金毛细管中加入饱和 KCl 溶液。

(2) 接好线路，调节恒电位仪。在恒电流条件下，测电流为 −0.1 mA、−0.2 mA、−0.3 mA、−0.6 mA、−0.8 mA、−1.0 mA、−1.5 mA、−2.0 mA、−2.5 mA、−3.0 mA、−4.0 mA、−5.0 mA、−7.0 mA、−9.0 mA 时的电势。

(3) 测定完毕后，测量电解池容器的内径。容器的横截面积即汞的表面积。

五、数据处理

(1) 根据电解液中氢离子浓度，用能斯特公式计算氢电极平衡电势 φ'，查得实验温度下参比电极的电势 $\varphi_{AgCl/Ag}$，实验中各电流下测得的电极电势 φ，则氢超电势 η_c 为

$$\eta_c = \varphi_{AgCl/Ag} + E' - E。$$

(2) 根据电极的表面积和实验电流值算得电流密度 I。

(3) 作 η_c-$\lg I$ 图，从图中直线求塔菲尔公式中的经验常数 a 与 b。

六、注意事项

(1) 被测电极在测定过程中，应始终保持浸在 H_2 的气氛中，H_2 气泡要稳定地、一个一个地吹打在铂电极上，并密切注意测定过程中铂电极的变化。如铂电极表面吸附了一层其他物质，应立即停止实验，重新处理电极，一切从头开始。产生这种情况很可能是电极漏汞造成的，应及时请指导教师处理。

(2) 产生 H_2 的装置应使 H_2 达到一定压力，方能保证 H_2 均匀放出。凡做本实验的学生，一进实验室应首先打开发生器的电源，让电解水的反应开始，然后，再按实验步骤做好准备工作。

七、思考题

(1) 本实验中氢超电势的测定采用了恒电位仪，可否采用其他简单的仪器做此实验？请画出电路图。

(2) 如何在实验中保证获得稳定、重复性好的实验结果？

(3) 本实验中为何采用 Ag / AgCl 为参比电极？可否采用甘汞电极为参比？

(4) 实验中为何要求辅助电极面积远大于研究电极面积？

(5) 实验中采用温热 NaOH(或 NaOH /乙醇溶液)洗涤研究电极的作用是什么？

Ⅱ 电化学工作站法

一、目的要求

同Ⅰ恒电位仪法。

二、实验原理

同Ⅰ恒电位仪法。

三、仪器与试剂

仪器：LK2005 型电化学工作站，高纯氢气发生器装置，光亮铂电极 2 个，参比电极(甘汞电极)1 个，恒温水浴。

试剂：电导水(重蒸馏水)，HCl(A. R.)，浓硝酸(C. P.)。

四、实验步骤

(1) 按图 3-12 安装测量系统。将恒温水浴的温度调节到合适的温度，将测量装置置于恒温水浴中，整个实验过程是在恒温条件下进行。

(2) 电解池的清洗。电解池先用洗液浸泡，再用自来水洗净，然后用蒸馏水、电导水、1 $mol \cdot L^{-1}$ 电解液润洗两遍后，注入适量的电解液，即没过电极 1 cm 为宜。

(3) 电极处理。参比电极(饱和甘汞电极)使用前取下电极上下两个胶帽，检查电极管中饱和 KCl 溶液是否与支管下沿平行，若溶液量较少可将电极管持平，支管朝上，用滴管移取饱和 KCl 溶液从支管口注入电极管中直到符合要求；观察电极下端瓷芯上有无少量 KCl 晶体，若无 KCl 晶体，可用滴管从饱和 KCl 溶液的底部移取少许 KCl 晶体于电极管中；溶液中不能有气泡，若有用手指弹出；放入有饱和 KCl 溶液的烧杯中备用。

用两个光亮铂电极代替研究电极与辅助电极，每次使用前只需将上次用过的铂电极在浓硝酸中浸泡 2～3 min，然后依次用自来水、蒸馏水、电导水、电解液淋洗，备用。

(4) 安装电极。将 3 个电极分别插入装有 1 $mol \cdot L^{-1}$ HCl 电解液的电解池中，并以电解液封闭 H_2 的进出口。安装研究电极时要注意尽量使鲁金毛细管口紧靠铂丝电极,毛细管中不能有气泡。

(5) 开机。接好线路后,开启氢气发生器或打开超纯氢气钢瓶开关,旋开各气阻夹(减压阀),调节通入电解池的氢气流量(每秒钟约 2 个气泡),使整个电解池中始终充满氢气。

(6) 联机预热。将 LK2005 型电化学工作站与计算机连接好后,打开 LK2005 型电化学工作站和计算机电源,预热 10 min。绿色夹子为工作电极,红色夹子为辅助电极,黄色夹子为参比电极,连接三电极。

(7) 条件设置。在 Windows XP 操作平台下运行"LK2005.exe",进入主界面。按下主机前面板的"复位"键,这时主控菜单上应显示"系统自检"界面,待自检界面通过后,在"设置"菜单上选择"通讯测试",此时主界面下方显示"连接功能"系统进入正常工作状态。在"方法选择"对话框中再单击"恒电流技术";同时在"实验方法"框中选择"线性电流计时电位法",然后双击该方法。单击"设置"菜单选择"参数设定",屏幕上显示一系列设定参数的对话框。

灵敏度选择与研究电极的面积有关。

电流极性选择还原。

初始电位/V:-6.5～+6.5。

终止电位/V:-6.5～+6.5。

扫描速度/($V \cdot s^{-1}$):0.0001～5000。

等待时间/s:0～60000。

说明:初始电位与终止电位至少应该相差 0.01 V。

(8) 测量。参数设置完毕,单击"控制菜单",然后单击栏中的"开始实验",此时仪器开始运行,屏幕上显示电势对时间的关系图,实验完毕自动停止。显示完整的实验结果。给实验结果取个文件名存盘。

在上述实验条件下重复测量 3 次,其电势平均偏差应小于 2 mV,取其平均值作为上述实验条件下的电势,然后计算超电势。

(9) 变换条件再测量。分别改变上述实验条件,使阴极电流密度控制在 0～8 $mA \cdot cm^{-2}$,从小到大逐点测定 10～15 个电流密度下的超电势。每个电流密度重复测量 3 次。

(10) 结束。实验结束后,取出研究电极,用游标卡尺测量铂丝的长度和直径,计算电极表观面积。然后小心将电解池中的电解液倒出,并注入蒸馏水。3 支电极用蒸馏水洗净放在指定位置,最后使仪器设备一律恢复原位。

五、数据处理

(1) 把上述实验所得数据在计算机上进行处理,并打印出图及实验结果。

(2) 计算不同电流密度 I 的超电势 η_c。

(3) 以 η_c 对 $\ln I$ 作图,连接线性部分。

(4) 求出直线斜率 b,并将直线延长,在 $\ln I=0$ 时读取 a 的值(或将数据代入塔菲尔公式求出常数 a)。写出超电势与电流密度的经验式。

(黄 成)

实验 23 氢氧化铁胶体电动电势的测定

一、目的要求

(1) 掌握电泳法测定 $Fe(OH)_3$ 胶体电动电势的原理和方法。

(2) 通过实验观察并熟悉胶体的电泳现象。

二、实验原理

在胶体溶液中,分散在介质中的微粒由于自身的电离或者表面吸附其他粒子而形成带一定电荷的胶粒,同时在胶粒附近的介质中必然分布有与胶粒表面电性相反而电荷数量相等的反离子,形成一个扩散双电层结构。胶体相对静止时,整个溶液呈电中性。但在外电场作用下,胶体中的胶粒和分散介质向相反的方向移动,则会产生电位差,此电位差称为电动电势或者 ζ 电势。ζ 电势是表征胶粒特性的重要物理量之一,在研究胶体性质及实际应用中有重要作用。

本实验用界面移动法测 $Fe(OH)_3$ 胶体的电动电势。在胶体管中,以 KCl 作为介质,借助测高仪测量 $Fe(OH)_3$ 胶体在通电后的迁移距离,用秒表记录时间,即可计算出胶体的运动速度。当带电的胶粒在外电场作用下迁移时,若胶粒电荷为 q,两电极间的电位梯度为 E,则胶粒受到的静电力为

$$f_1=Eq \tag{3-44}$$

根据斯托克斯(Stokes)定律,胶粒在介质中运动受到的阻力为

$$f_2=K\pi\eta ru \tag{3-45}$$

式中,K 为常数(球形胶粒 $K=6$,棒状胶粒 $K=4$);r 为胶粒的半径;u 为胶粒运动速率。若 u 恒定,则有 $f_1=f_2$,即

$$Eq=K\pi\eta ru \tag{3-46}$$

胶粒的带电性质通常用 ζ 电势而不用 q 表示。根据静电学原理

$$\zeta=\frac{q}{\varepsilon r} \tag{3-47}$$

式中,ε 为液体介质的介电常数。将式(3-47)代入式(3-46),得

$$u=\frac{\zeta \varepsilon E}{K\pi\eta} \tag{3-48}$$

式中,η 为液体介质的黏度。式(3-48)即为电泳公式。利用界面移动法测量时,可测出时间 t 和胶体的移动距离 S 以及两极间的电位差 Φ 和电极间的距离 L,于是

$$E=\frac{\Phi}{L} \qquad u=\frac{S}{t} \tag{3-49}$$

将式(3-49)代入式(3-48),即可求出 ζ 电势。

三、仪器与试剂

仪器:电泳仪,电泳管,测高仪,高位瓶,直流稳压电源,秒表,铂电极 2 个。

试剂:$Fe(OH)_3$ 胶体溶液,0.01 $mol \cdot L^{-1}$ KCl 溶液。

四、实验步骤

(1) 电泳仪如图 3-14 所示。洗净电泳仪和高位瓶并烘干,活塞上涂一薄层凡士林,塞好活塞。在电泳管中加入 0.01 $mol \cdot L^{-1}$ 的 KCl 溶液,并使其高度至电泳管的一半,将电泳管固定在铁架台上,插入电极(两电极口必须水平)。

(2) 在高位瓶中加入 50 mL 的 $Fe(OH)_3$ 胶体溶液(观察导管,并使导管中无气泡残留),将其固定在铁架台上。

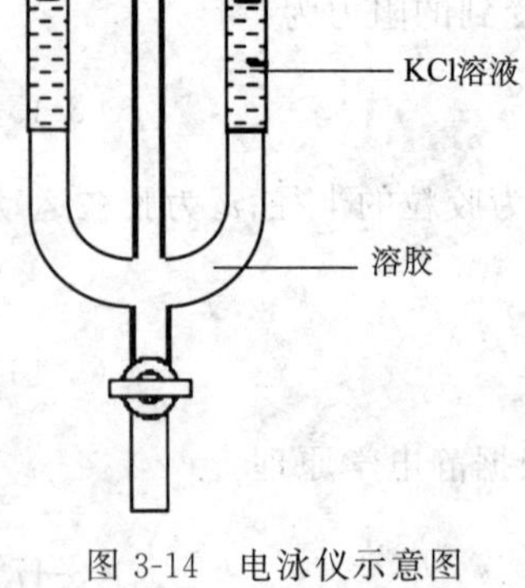

图 3-14 电泳仪示意图

(3) 将高位瓶的毛细管由电泳仪管中间插入底部。缓慢打开活塞,导入 $Fe(OH)_3$ 胶体溶液,一直没过电极。将导管从电泳仪管中缓慢取出。

(4) 打开电泳仪,设置电压为 100 V。调好测高仪的水平仪,记录电泳管阴极溶液液面的初始位置。

(5) 将电泳仪置于工作位置,并同时计时,每 4 min 记录一次液面的高度。

(6) 测量 5~10 个点后停止实验,关闭电泳仪开关,并仔细测量电极两段的距离(测量三次,取平均值),记录数据。

(7) 测量结束后立即倒掉电泳管中的试液,并将其冲洗干净。

五、数据处理

将实验数据记录填入表3-7，并作S-t图，求其斜率($\frac{\zeta\varepsilon\Phi}{K\pi\eta L}$)。查阅文献获得$\varepsilon$和$\eta$，再根据实验得到的电位差$\Phi$和电极间的距离$L$，求算$\zeta$电势。

表3-7 氢氧化铁胶体电动电位测定的数据

实验电压：______V 实验温度：______℃ 两电极间距离(cm)：______、______、______

时间/min									
位移/cm									

六、注意事项

(1) 本实验对仪器的干净程度要求很高，因此实验前应充分洗净实验仪器，否则易使胶体凝聚，导致毛细管堵塞。

(2) 从高位瓶向电泳仪中注入胶体时必须缓慢加入，保证胶体界面清晰；胶体通完后应将导管缓慢取出，不要留在里面。

(3) 读数的时间间隔不能太短(5 min为宜)，避免因时间不够导致胶体界面移动微小读数误差变大；计时要准确。

(4) 注意胶体所带的电荷，不要将电极插反。

(5) 观察界面时应由同一人完成，以减小误差。

(6) 测量两电极间的距离时，应沿电泳管的中心线量取，电极间距离的测量应尽量准确。

七、思考题

(1) $Fe(OH)_3$胶体带什么电荷？

(2) 电泳速率的快慢与哪些因素有关？

(3) 如果实验前电泳仪没有洗净，管壁上残留有微量电解质，这对电泳测量的结果将有什么影响？

(4) 选择辅助液(本实验为KCl溶液)时，为什么其电导要与胶体相同？

(何荣幸)

实验 24　交流电桥法测定电解质溶液的电导

一、目的要求

(1) 用交流电桥测定 KCl 和 HAc 溶液的电导，掌握电桥法测定电解质溶液电导的原理和方法。

(2) 了解示波器的常规使用方法。

二、实验原理

有关电导及其测量的原理参见《化学基础实验(Ⅱ)》3.3.2，且根据式(3-14)和式(3-15)可知，测定不同起始浓度下弱电解质的 Λ_m，即可算出其电离平衡常数 K。

本实验为避免通电时化学反应和极化现象的发生，测量溶液电导时，使用交流电，由音频振荡器供给，用示波器检流。所用电导池系由两片镀铂黑电极组成。交流电桥测溶液电阻的简单线路如图 3-15 所示。R_1 为待测的溶液电阻，R_2 为六钮箱，R_3 和 R_4 为滑线电阻器中的滑线电阻，其阻值为 100 Ω，均分为 100 等份。移动滑线上的接触点 A，当 A、B 两点电位相等时，示波器中无电流通过，即波形的振幅为最小，呈一条直线。这时

$$\frac{R_1}{R_2}=\frac{R_3}{R_4} \tag{3-50}$$

令平衡时滑线上接触点指示值刻度为 A，则

$$\frac{R_3}{R_4}=\frac{A}{100-A} \tag{3-51}$$

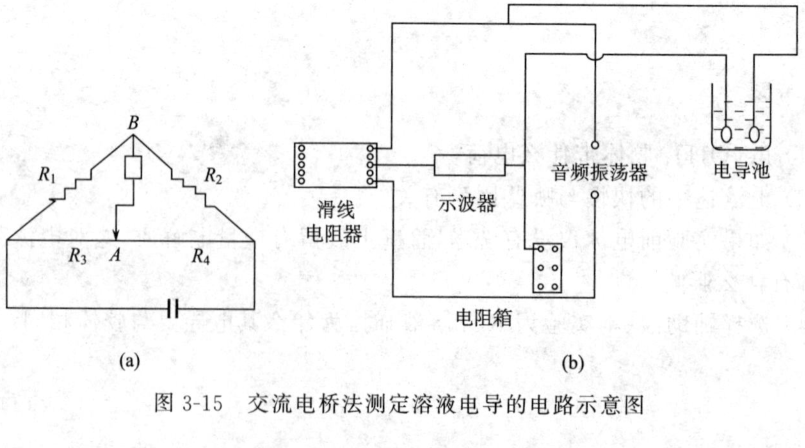

图 3-15　交流电桥法测定溶液电导的电路示意图

三、仪器与试剂

仪器：音频振荡器，示波器，电导池，滑线电阻器，六钮电阻箱，恒温槽，容量瓶若干，移液管。

试剂：电导水，KCl 溶液，HAc 溶液。

四、实验步骤

(1) 调节恒温槽，保持 25 ℃，由于温度对溶液电导的影响较大，平均每度约增 2%，故恒温精度应控制在±0.01 ℃。

(2) 按图 3-15(a)、(b)连接线路(接线点必须拧紧)。

(3) 配制标准 KCl 溶液，供进行逐步稀释用。在本实验中，电导池常数用标准 KCl 溶液求取。常用的浓度为 0.02000 $mol \cdot L^{-1}$，配制时，要求在分析天平上准确称量。其他浓度的溶液配制方法如下：洗净 6 个 50 mL 容量瓶，用移液管分别吸取 0.02000 $mol \cdot L^{-1}$的 KCl 溶液 40 mL、25 mL、20 mL、15 mL、10 mL、5 mL 于 6 个 50 mL 容量瓶中，稀释至刻度。

(4) 分别测定 7 个 KCl 浓度的电阻。首先测定 0.02000 $mol \cdot L^{-1}$ KCl 溶液的电导。测定时先将滑线电阻器上的滑线指针转至读数为 50 处，然后调节可变电阻 R_2，使示波器的振幅最小。记下滑线电阻上的读数 A。改变 R_2，再测两次。注意各次测量 A 的读数应为 40～60，否则会引起较大误差。各次测量的结果偏差不得超过 1%。

测定后，再分别测定浓度为 0.01600 $mol \cdot L^{-1}$、0.01000 $mol \cdot L^{-1}$、0.00800 $mol \cdot L^{-1}$、0.00600 $mol \cdot L^{-1}$、0.00400 $mol \cdot L^{-1}$、0.00200 $mol \cdot L^{-1}$ KCl 溶液及重蒸馏水电导。

(5) 用同样方法测定 0.02 $mol \cdot L^{-1}$ HAc 溶液的电导，并依次稀释四次，共计测 5 种浓度的乙酸溶液的电导。

五、数据处理

(1) 由 0.02000 $mol \cdot L^{-1}$ KCl 的电导率及测出的电阻求出电导池常数。

(2) 计算水及 7 个 KCl 溶液的电导率，由此求出 KCl 溶液的摩尔电导率 Λ_m。

(3) 分别将 KCl 和 HAc 溶液的 Λ_m对浓度的平方根($\sqrt{c}$)作图。将 KCl 的曲线外推至 $\sqrt{c}=0$，求出 KCl 的 Λ_m^∞ 并与文献值比较。

(4) 求出 KCl 溶液的摩尔电导率与浓度的关系式

$$\Lambda_m = \Lambda_m^\infty - A\sqrt{c}$$

从文献查出 HAc 的 Λ_m^∞，并根据所测数据，计算 HAc 溶液在所测浓度下的解

离度 α 和解离常数 K，求出 K 的平均值并与文献值比较。

六、思考题

(1) 已知电导水的电导率为 $10^{-6}\mathrm{S\cdot cm^{-1}}$，请估算在测量 0.00125 $\mathrm{mol\cdot L^{-1}}$ 及 0.02000 $\mathrm{mol\cdot L^{-1}}$ 的 KCl 溶液的摩尔电导率时，由于电导水不纯所引起的误差。

(2) 电导池常数是怎样测定的？

(3) 为什么电桥选用 1000 $\mathrm{r\cdot s^{-1}}$ 的频率，而不采用直流或高频电源？

（刘瑞泉）

实验 25　B-Z 化学振荡电位反应

一、目的要求

了解 B-Z 振荡化学反应的机理和方法、应用。

二、实验原理

参见《化学基础实验(Ⅱ)》实验 29。

经典热力学将复杂对象作为整体研究，在解释复杂体系自发趋于平衡和无序方面已经取得了巨大成功，化学平衡一直被认为是一种通常的情况而被科学界所接受，然而趋于平衡和无序并不是自然界的普遍规律。例如，生物体系在各级水平(分子、细胞、组织、个体、群体等)上所呈现的时空有序现象，许多生化反应中反应物浓度的周期性变化(如糖酵解反应中的浓度振荡)，岩石中的规则花纹，流体力学中的 Bernard 环，生命群体数量的周期性变化等都是传统热力学不能解释的。

为了解释自然界中的时空有序现象，非线性非平衡态热力学应运而生。化学振荡反应即是一种典型的非线性化学现象，在这类反应中，体系的某些性质(如颜色、组分浓度、电位等)随时间发生周期性变化。由前苏联化学家别洛索夫(Belousov)和扎包廷斯基(Zhabotinsky)发现的 B-Z 振荡反应就是典型的化学振荡反应。所谓 B-Z 振荡反应就是金属离子催化溴酸钾氧化含 α-H 的有机酸的反应，在这类反应中，在一定条件下某些组分(Br^-、M^{n+})的浓度会随时间进行周期性振荡，造成反应溶液的颜色在黄色和无色之间周期性地交替变化。研究化学振荡反应对于深入探究生命过程的本质，揭示化学反应机理，建立高灵敏的环境样品分析方法具有十分重要的意义。

通过本实验可以对B-Z化学振荡反应有更深入的了解，学会从振荡图形测定诱导期、振荡周期及诱导期与振荡期的表观活化能。

根据FKN机理，当将Mn^{2+}加入到$KBrO_3$、酪氨酸、丙酮的混合溶液中时，在Mn^{2+}催化下，将发生如下反应

$$BrO_3^- + 4Mn^{2+} + 5H^+ \longrightarrow HOBr + 4Mn^{3+} + 2H_2O$$

$$HOC_6H_6CH_2CH(NH_2)COOH + Br_2 \longrightarrow HOC_6H_6CHBrCH(NH_2)COOH + Br^- + H^+$$

$$BrO_3^- + 6H^+ + 5Br^- \longrightarrow 3Br_2 + 3H_2O$$

上述反应被称为诱导期(A)，BrO_3^-被还原为Br_2，溶液变为黄色，随着Br_2被还原为Br^-，颜色又开始变淡。当Br^-浓度超过一个临界值时，体系进入振荡期(B)，下面的反应开始，Br^-被消耗，Br_2又开始生成，溶液又变为黄色：

$$BrO_3^- + Br^- + 2H^+ \longrightarrow HBrO_2 + HOBr$$

$$HBrO_2 + Br^- + H^+ \longrightarrow 2HOBr$$

$$HOBr + Br^- + H^+ \longrightarrow Br_2 + H_2O$$

$$BrO_3^- + HBrO_2 + H^+ \longrightarrow 2BrO_2\cdot + H_2O$$

$$BrO_2\cdot + Mn^{3+} + H_2O \longrightarrow BrO_3^- + Mn^{2+} + 2H^+$$

随着过程B的进行，Br^-不断被消耗，当其浓度下降到某一临界值时，如下反应开始发生(C)：

$$HOC_6H_6CH_2CH(NH_2)COOH + Br_2 \longrightarrow HOC_6H_6CHBrCH(NH_2)COOH + Br^- + H^+$$

$$BrO_3^- + 4Mn^{2+} + 5H^+ \longrightarrow HOBr + 4Mn^{3+} + 2H_2O$$

反应又进入过程B控制步骤，如此振荡，反应将持续进行下去，直至某一反应物被消耗殆尽，循环结束。

如果以铂电极或溴离子选择性电极检测反应过程中体系电位的变化，将会得到如图3-16所示的振荡曲线。

图3-16中，从反应液混合到出现规则振荡所需要的时间称为诱导期t_{in}，一个振荡期的时间称为振荡周期t_p，二者均可从振荡曲线中测得。改变体系温度，可以发现，$\ln(1/t_{in})$、$\ln(1/t_p)$均与温度呈线性关系，即

$$\ln(1/t_{in}) = -E_{in}/RT + C_1 \tag{3-52}$$

$$\ln(1/t_p) = -E_p/RT + C_2 \tag{3-53}$$

式中，C_1、C_2为常数；E_{in}、E_p分别为诱导期和振荡期的表观活化能，单位$kJ\cdot mol^{-1}$。

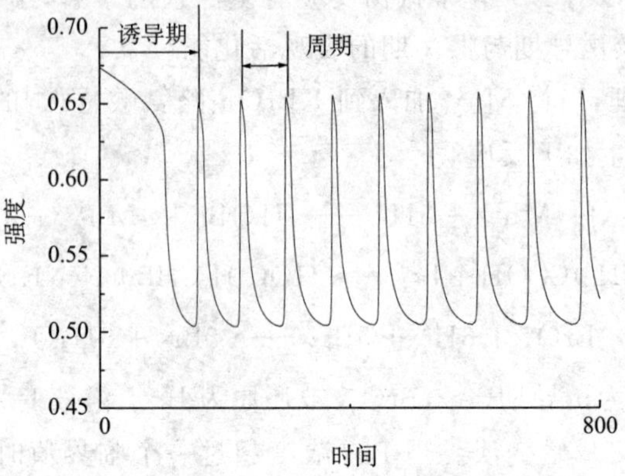

图 3-16　典型的 B-Z 振荡波形

三、仪器与试剂

仪器:电化学工作站,213 型铂电极 2 个,217 型饱和甘汞电极,恒温循环水浴,带恒温夹套的 50 mL 玻璃反应器,电磁搅拌器。

试剂:$KBrO_3$(0.2 mol · L^{-1}),酪氨酸(0.2 mol · L^{-1}),$MnSO_4$(0.2 mol · L^{-1},含 1.0 mol · L^{-1} H_2SO_4),丙酮水溶液(0.2 mol · L^{-1}),H_2SO_4(5 mol · L^{-1})。

四、实验步骤

实验装置如图 3-17 所示。

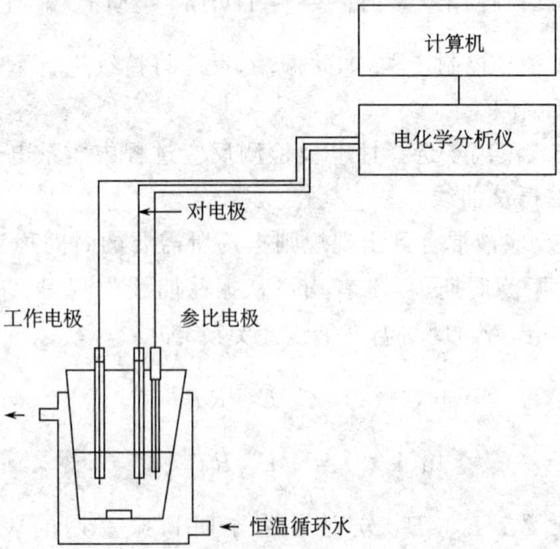

图 3-17　B-Z 振荡实验装置

（1）依次打开电化学工作站和计算机主机电源，对仪器进行预热。

（2）接通恒温水浴与反应器的恒温夹套，开启恒温水浴，将水温恒定在(293.0±0.1)K。

（3）向反应器中分别加入6 mL酪氨酸、6 mL丙酮、0.9 mL $MnSO_4$、1.26 mL H_2SO_4溶液，接通三电极系统（铂电极分别作工作电极和对电极，饱和甘汞电极作参比电极），开启电磁搅拌器，搅拌速度500 rpm。

（4）启动电位扫描，待电位恒定后，瞬时加入6 mL $KBrO_3$溶液，并记录时间。15 min后停止实验。仪器使用方法参见仪器说明书。

（5）将温度分别提高至303 K、313 K，重复上述步骤。

五、数据处理

（1）列表记录从不同温度下的振荡曲线中量取的诱导期t_{in}和振荡周期t_p。

（2）分别以$-\ln(1/t_{in})$、$-\ln(1/t_p)$对温度倒数作图，从直线斜率计算诱导期和振荡期的表观活化能E_{in}、E_p。

六、思考题

（1）如果$KBrO_3$溶液加入的速度缓慢，对测定结果是否会产生影响？

（2）化学振荡反应还有哪些类型？

（杨　武）

实验26　金属的腐蚀与防腐

一、目的要求

（1）了解金属腐蚀的基本原理。

（2）了解金属钝化行为的原理和测量方法。

（3）掌握用线性电位扫描法测定碳钢在碳酸铵溶液中的阳极极化曲线和钝化行为，学习绘制阴极极化曲线及钝化曲线，明确各种金属在钝化电位下起保护作用的原理。

（4）了解缓蚀剂的选择及使用方法。

二、实验原理

参见本书3.2.2。

三、仪器及试剂

仪器：恒电位仪，饱和甘汞电极，碳钢电极（1 cm^2）2 片，铂电极，三电极电解池（图 3-12），研究电极（碳钢片），金相砂纸若干，烧杯，恒温槽，250 mL烧杯 3 个（附有带玻璃小钩的杯盖），20 mm×50 mm×2mm 钢片（钢片上有小孔能悬挂于小钩上），蓄电池（6 V），电流表（0～3 A），螺旋测微器。

试剂：2 mol·L^{-1} $(NH_4)_2CO_3$ 溶液，0.5 mol·L^{-1} H_2SO_4 溶液，2 mol·L^{-1} HCl 溶液，10%柠檬酸铵溶液，饱和 KCl 溶液，六次甲基四胺，乙醇胺，丙酮，蒸馏水。

四、实验步骤

1. 碳钢预处理

用金相砂纸将碳钢研究电极打磨至镜面光亮，在丙酮中除油后，留出 1 cm^2 面积，用石蜡涂封其余部分。以另一碳钢电极为阳极，处理后的碳钢电极为阴极，在 0.5 mol·L^{-1} H_2SO_4 溶液中控制电流密度为 5 mA·cm^{-2}，电解 10 min，去除电极上的氧化膜，然后用蒸馏水洗净备用。

2. 电解线路连接

将 2 mol·L^{-1} $(NH_4)_2CO_3$ 溶液倒入电解池中，按照图 3-12 中所示安装好电极并与相应恒电位仪上的接线柱相接（请仔细阅读恒电位仪说明书），将电流表串联在电流回路中。通电前在溶液中通入 N_2 5～10 min，以除去电解液中的氧。为保证除氧效果可打开电磁搅拌器。

3. 恒电位法测定阳极和阴极极化曲线

1）阴极极化曲线

将参比电极、研究电极、辅助电极分别连接到对应的地方，并插入溶液中；
将旋钮“参比、给定”旋至“参比”，将开关旋至“自然”，记录电位（约－0.80 V）；
将旋钮“参比、给定”旋至“给定”，调节电位到上述记录的电位；
将开关旋至“极化”，记录电位和电流，并调节电位（幅度为－0.02～－1.2 V）。

2）阳极极化曲线

将旋钮“参比、给定”旋至“参比”，将开关旋至“自然”，记录电位（约－0.80 V）；
将旋钮“参比、给定”旋至“给定”，调节电位到上述记录的电位；
将开关旋至“极化”，记录电位和电流，并调节电位（幅度为 0.02～1.2 V）。

4. 金属的缓蚀

(1) 调节恒温槽至 60 ℃左右。

(2) 在三个已编号的烧杯中各注入 100 mL 的 2 mol·L^{-1} HCl 溶液，另在 1 号杯中加 1 g 六次甲基四胺，在 2 号杯中加 1 g 乙醇胺缓蚀剂，3 号杯作比较用。用玻璃棒将杯内的溶液小心搅匀，然后将三个烧杯放入恒温槽内。

(3) 将金属样品分别用 0 号及 00 号砂纸打磨，使表面尽可能光洁，用螺旋测微器测量钢样每边长，并求出其表面积。

(4) 将钢样用水洗涤，然后浸入丙酮中除油 3～5 min，取出后干燥并称其质量。

(5) 当烧杯内溶液的温度达到 60 ℃后，将钢样挂在小钩上，再浸入溶液中，各个试样离面距离应相等。

(6) 经过 3 h 的浸渍后，将钢样取出，用水洗涤后立即投入丙酮中，再取出干燥。

(7) 将钢样用铁丝(不能用铂丝)悬挂于 10％柠檬酸胺中作阴极处理，处理时电流密度为 1 A·dm^{-2}，经 40 min 后，取下钢样，用水洗，浸入丙酮，再干燥称其质量。继续通电处理，此后每 20 min 一次，直到恒量为止。

五、数据处理

(1) 阴、阳极极化测定数据填入表 3-8 中，缓蚀实验结果填入表 3-9 中。

表 3-8　阴、阳极极化测定数据

阴极极化	处理面积：1 cm×1 cm　开路电位：________ 初始电位：________																
	电位																
	电流																
阳极极化	处理面积：1 cm×1 cm　开路电位：________ 初始电位：________																
	电位																
	电流																

表 3-9　金属缓蚀实验数据

实验温度：________　　　　气压：________

实验条件	样品质量/g		耗损质量/g	样品表面积/cm^2	溶解速度	缓释效率
	实验前	实验后				
酸＋六次甲基四胺						
酸＋乙醇胺						
酸						

(2) 分别绘制阴极极化曲线和阳极极化曲线电位-电流图。

(3) 根据阳极极化曲线图，求得钝化电位、钝化电流密度、稳定钝化区间和稳定钝化区电流密度。

(4) 根据钢样腐蚀后失重，求出腐蚀速度及腐蚀效率。

六、注意事项

(1) 若不用高温恒温槽，则可在常温下浸渍三天。

(2) 在工业上选择缓蚀剂时还应进行氢脆实验。

七、思考题

(1) 在测量前，为什么电极在进行打磨后还需进行阴极极化处理？

(2) 测定极化曲线，为何需要三个电极？在恒电位仪中，电位与电流哪个是自变量？哪个是因变量？

(3) 试说明实验所得金属钝化曲线各转折点的意义。

(何荣幸)

实验27　镍在硫酸溶液中的钝化行为

Ⅰ　恒电位仪法

一、目的要求

(1) 了解金属钝化行为及其测量方法。

(2) 测定镍在硫酸溶液中的阳极极化曲线及其钝化电势。

(3) 测定 Cl^- 浓度对 Ni 钝化的影响。

二、实验原理

参见本书 3.2.2。

研究金属的钝化一般有静态法和动态法两种方法。静态法是将研究电极的电势恒定在某一数值，同时测量电流随时间的变化，直到电流达到稳定，如此逐点测量一系列恒定电势时所对应的稳定电流值，即可获得完整的极化曲线图。动态法是将研究电极的电势随时间线性连续改变，同时记录对应电势下的瞬时电流值，获得完整的极化曲线图。一般来说，电极表面建立稳态的速率越慢，扫描速率也应越慢，这样才能使所测的钝化曲线与静态法测得的接近。

上述两种方法都已获得广泛的应用。静态法测量结果比动态测量结果接近稳态值，但静态法测定一个电位的时间较长。本实验采用动态法。

三、仪器与试剂

仪器：JH-2C 型恒电位仪，三电极电解池，研究电极(直径 0.5 cm 的镍电极)，饱和甘汞电极，辅助电极(Pt 电极)，金相砂纸。

试剂：0.1 mol·L^{-1} H_2SO_4，0.1 mol·L^{-1} H_2SO_4 + 0.01 mol·L^{-1} KCl，0.1 mol·L^{-1} H_2SO_4 + 0.04 mol·L^{-1} KCl，0.1 mol·L^{-1} H_2SO_4 + 0.1 mol·L^{-1} KCl，乙醇，丙酮，超纯水。

四、实验步骤

(1) 用金相砂纸打磨研究电极，依次用超纯水、乙醇、丙酮、超纯水冲洗干净，擦干后放入已洗净并装有 0.1 mol·L^{-1} H_2SO_4 溶液的电解池中。将超纯水淌洗并擦干的辅助电极和参比电极装入电解池中。

(2) 按图 3-18(a)分别将研究电极、饱和甘汞电极、辅助电极与恒电位仪相连。打开恒电位仪电源开关，将工作准备开关(K_4)置于“准备”，电势测量选择开关(K_2)置于“给定”，预热 20 min。

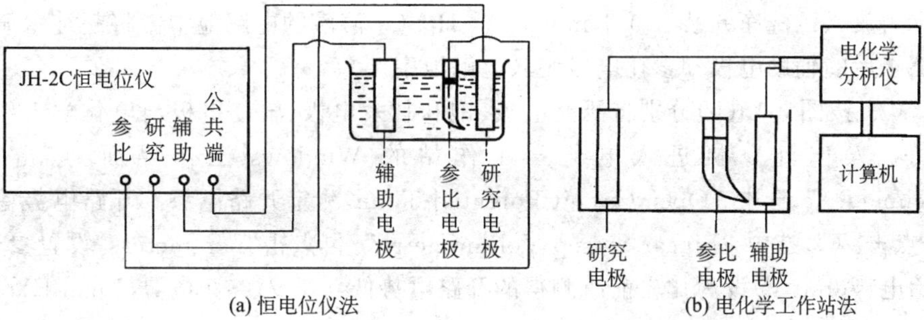

图 3-18　镍在硫酸溶液中钝化行为的实验装置

(3) 将(K_2)置于“参比”，数字电压表稳定后，即得研究电极的开路电势值。置恒电势、恒电流开关(K_3)于“恒电势”，K_2 置于“给定”，极化电流测量量程转换开关 K_1 置于最大量程。调节给定电势粗、细调节旋钮，使数字电压表显示出的给定电势与“参比”电势值相同，按下 K_4，仪器即处于工作状态。连续改变阳极极化电势，记录相应的极化电流值。给定电势达到 1.2 V 时可停止极化。

(4) 换 0.1 mol·L^{-1} H_2SO_4 +0.01 mol·L^{-1} KCl，0.1 mol·L^{-1} H_2SO_4 + 0.04 mol·L^{-1} KCl，0.1 mol·L^{-1} H_2SO_4 +0.1 mol·L^{-1} KCl 溶液，重复以上操作进行测量。每次测量前研究电极必须重新打磨洗净。

Ⅱ 电化学工作站法

一、目的要求

同Ⅰ恒电位仪法。

二、实验原理

同Ⅰ恒电位仪法。

三、仪器与试剂

仪器:CHI 电化学工作站,三电极电解池,研究电极(直径 0.5 cm 的镍电极),饱和甘汞电极,辅助电极(Pt 电极),金相砂纸。

试剂:同方案Ⅰ。

四、实验步骤

(1) 开启 CHI 电化学工作站和计算机,预热 10 min。

(2) 用金相砂纸打磨研究电极,依次用超纯水、乙醇、丙酮、超纯水冲洗干净,擦干后放入已洗净并装有 0.1 $mol \cdot L^{-1}$ H_2SO_4 溶液的电解池中。将超纯水淌洗并擦干后的辅助电极和参比电极装入电解池中。

(3) 按图 3-18(b)分别将研究电极、饱和甘汞电极、辅助电极与电化学工作站接好。操作计算机进入电化学工作站的 Windows 工作界面,点击"T (technique)",选中"Open Circuit Potential-Time"测定开路电势。开路电势稳定后,点击"T",选中"Linear Sweep Voltammetry",再点击"parameters"设置参数。初始电势(Init E)设为比先前所测得的开路电势低 0.1 V,终止电势(Final E)设为 1.4 V,扫描速率(scan rate)设为 0.01 $V \cdot s^{-1}$,灵敏度(sensitivity)设为自动,其他可用仪器默认值,确定后开始测定。点击"Graphics",再点击对话框中"Graph Options",确定合适的图形显示格式,给实验结果取个文件名存盘。

(4) 换 0.1 $mol \cdot L^{-1}$ H_2SO_4 + 0.01 $mol \cdot L^{-1}$ KCl, 0.1 $mol \cdot L^{-1}$ H_2SO_4 + 0.04 $mol \cdot L^{-1}$ KCl, 0.1 $mol \cdot L^{-1}$ H_2SO_4 + 0.1 $mol \cdot L^{-1}$ KCl 溶液,重复以上操作进行测量。每次测量前研究电极必须重新打磨洗净。

五、数据处理

(1) 分别在极化曲线图上找出 $E_{钝}$、$i_{钝}$ 及钝化区间,并将数据填入表 3-10。

表 3-10　镍在硫酸溶液中钝化行为的实验数据

溶液组成	开路电位/V	初始电位/V	临界钝化电位 $E_{钝}$/V	临界钝化电流密度 $i_{钝}$ /$(A \cdot m^{-2})$	稳定钝化区间	稳定钝化区电流密度 /$(A \cdot m^{-2})$

(2) 比较不同 Cl^- 浓度的 4 条钝化曲线，讨论所得实验结果及曲线意义。

六、思考题

(1) 如果扫描速率改变，测得的 $E_{钝}$ 和 $i_{钝}$ 有无变化？为什么？

(2) 当溶液 pH 发生变化时，Ni 电极的钝化行为有无变化？

(3) 测量极化曲线时，为什么选用三电极电解池？能否选用二电极电解池测量？为什么？

（李念兵）

第4章 胶体与表面化学

学习指导

随着材料科学的迅猛发展，材料的表面与界面性质的研究越来越得到人们的广泛重视。本章主要介绍各种胶体与表面性质的基本概念及其测量方法，通过本章的学习，学生要了解各种测量方法的特点和使用条件，学会根据实验目的和要求选择合理的实验方法，同时关注本领域内学科的最新发展。

4.1 胶体与表面化学的基本原理与基本概念

胶体是一类特殊的分散体系，经典的胶体体系由无数大小在 $10^{-7}\sim10^{-4}$ cm 的质点组成，这种质点远大于一般经典化学所研究的分子。从热力学角度考虑，溶胶是热力学不稳定的体系，体系中的界面(质点与介质之间的相界面)总是要减少，胶体质点趋向于聚集在一起，有发生聚沉而使分散体系破坏的倾向，因此胶体体系具有不稳定、不易扩散和低渗透压等不同于经典分子分散体系的性质。

在胶体分散体系中，由于胶粒很小，相与相之间的界面面积极大，所以具有很高的界面自由能，体系极易向降低界面自由能的方向变化。而物质在界面上的富集必然导致界面自由能的减小，因此这类体系通常具有强的吸附性能。

正是由于大的界面面积(或表面积)，界面性质的改变势必影响到整个分散体系的性质，因此研究表面(界面)性质科学的表面化学也成为胶体化学重要而且不可分割的组成部分，二者常常被联系在一起而命名为胶体与表面化学。

胶体与表面化学的原理和技术在工农业生产与科学技术研究中有着广泛的应用，如能源开发(包括石油开采，煤流态化即水煤浆和油煤混合物，太阳能利用)、催化、矿物浮选、胶片生产、纺织印染、色谱与液膜分离、海水淡化、农药的分散与乳化、泡沫灭火、人工降雨等。

4.1.1 分散体系与胶体

自然界中没有绝对纯的物质，所谓纯都是相对的。从实际体系出发，整个自然界都是由各种分散体系组成的。所谓分散体系是指一种或几种物质以一定分散度分散在另一种物质中形成的体系。以颗粒分散状态存在的不连续相称为分散相，而连续相则称为分散介质。如果按照分散相和分散介质的聚集状态将分散体系分类，可分为九大类（表 4-1）。

表 4-1　按照分散相和分散介质聚集状态对分散体系的分类

分散介质	分散相	体系名称或实例
固体	固体	合金、有色玻璃
固体	液体	凝胶、固体乳状液
固体	气体	固体泡沫，如泡沫塑料
液体	固体	溶胶、悬浮液、凝胶，如油漆、泥浆
液体	液体	乳状液、微乳液，如原油、牛奶
液体	气体	泡沫、气乳液，如灭火泡沫
气体	固体	气溶胶，如烟、尘
气体	液体	气溶胶，如雾
气体	气体	

如果按照分散相粒径的大小来分类，分散体系可分为粗分散体系[颗粒某一线度大于 1000 nm(10^{-6} m)]、胶体[颗粒某一线度为 1～1000 nm(10^{-9}～10^{-6} m)]和真溶液（分散相都呈分子或离子状态，一般粒径都小于 1 nm）。关于分散体系的更多叙述参见《化学基础实验（Ⅱ）》3.1 节。

4.1.2　表面能与表面张力

分子位于体相内部与在界面上所处的环境是不同的，受力状态也不同。图 4-1为位于液体内部与气液界面的分子 A、B 所受到的吸引力示意图。位于液相内部的分子 B 受其周围分子的吸引力互相对称，合力为零，而位于气液界面的分子 A 受到的吸引力则是不对称的。由于液相的密度远大于气相密度，因而液相内部分子对其吸引力比气相内部分子对其吸引力要大得多，表面分子 A 受到一个垂直于液体表面、指向液体内部的合力。由于这个合力的存在，液体表面的分子有被拉入液体内部的趋势，液体表面有自发缩小的倾向。从热力学观点看，这是一个使体系总的自由能减小的过程，也是液体表面表现出表面张力的原因。

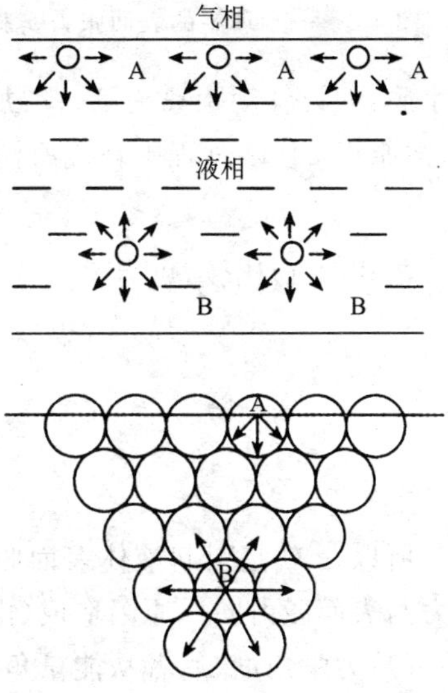

图 4-1　分子在液体表面和液体内部所受引力示意图

由于表面分子受到净吸引力的作用，所以当把体相分子拉到表面时必须克服净吸引力而消耗功。外界所消耗的功将储存于表面，成为表面分子所具有的一种额外势能。根据热力学原理,在恒温恒压条件下,当可逆地增加体系的表面积 dA 时,对体系所做的功 W 为

$$-\delta W=\sigma \mathrm{d}A \tag{4-1}$$

式中,σ 为比例系数,是使液体增加单位面积时所做的可逆功。

因为在恒温恒压下

$$-\mathrm{d}G=\delta W \tag{4-2}$$

式中,G 为表面自由能。代入式(4-1)可得

$$\sigma=\left(\frac{\partial G}{\partial A}\right)_{T,p} \tag{4-3}$$

所以,σ 也就是增加单位表面积时自由能的改变量,因而称为比表面自由能,简称表面能。由此得出 σ 的热力学定义:在恒温恒压条件下,体系增加一个单位表面积时所需的能量。σ 单位为 $\mathrm{J \cdot m^{-2}}$。由于 σ 是单位面积表面中的分子比处于体相时额外多出的自由能,因而是一个过剩量,有时也称为(比)表面过剩自由能。

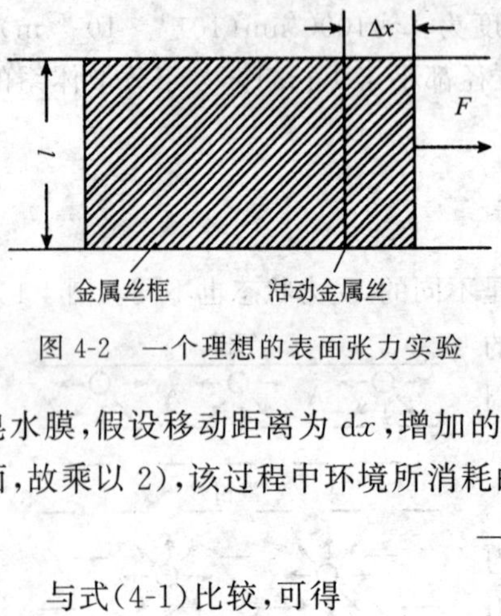

图 4-2 一个理想的表面张力实验

从力的角度讲,比表面自由能可以看作是液体表面自动收缩的力,称为表面张力,它是作用于单位长度上的力,其物理意义为:表面层的分子垂直作用于单位长度的线段或边界上且与表面平行或相切的收缩力。为了更清楚地说明 σ 的性质,可以用图 4-2 来表示。

一个带有活动金属丝的金属丝框,蘸上肥皂水后缓慢拉动活动金属丝形成一层肥皂水膜,假设移动距离为 $\mathrm{d}x$,增加的肥皂膜的面积为 $2l\,\mathrm{d}x$(因为肥皂膜有两个表面,故乘以 2),该过程中环境所消耗的功为

$$-\delta W=F\mathrm{d}x \tag{4-4}$$

与式(4-1)比较,可得

$$-\delta W=F\mathrm{d}x=\sigma \mathrm{d}A=\sigma \cdot 2l \cdot \mathrm{d}x \tag{4-5}$$

或

$$\sigma=\frac{F}{2l} \tag{4-6}$$

所以,σ 就是引起液体表面收缩的单位长度上的力,单位为 $\mathrm{mN \cdot m^{-1}}$。表面张力与表面能由同一原因造成(由分子间力引起的净吸引力),是从两个不同角度(前者从力学角度,后者从能量角度)得出的两个具有不同物理意义的参数,其数值是一样的,只是单位不同。表面张力的方向永远与表面相切,且与净吸引力相互垂直。

物质的本性、体系温度、压力以及相界面的性质等因素都会影响到表面张力的大小。

根据能量最低原理，当溶质降低溶剂的表面张力时，表面溶质的浓度大于其在溶液内部的浓度，而当溶质使溶剂的表面张力升高时，溶质在表面层中的浓度则低于内部。这种表面浓度与内部浓度不同的现象称为溶液的表面吸附。在一定的温度和压力下，溶质的吸附量与溶液的表面张力及溶液组成有关。若测定了不同浓度 c 下的溶液表面张力，按照吉布斯吸附等温式可计算溶质在单位界面的过剩量，即表面吸附量

$$\Gamma = -\frac{c}{RT}\left(\frac{\mathrm{d}\sigma}{\mathrm{d}c}\right)_T \tag{4-7}$$

式中，Γ 为表面吸附量，单位为 $\mathrm{mol \cdot m^{-2}}$；$R$ 为摩尔气体常量；T 为热力学温度，单位为 K；c 为稀溶液浓度，单位为 $\mathrm{mol \cdot L^{-1}}$。若 $\Gamma > 0$，则溶质加入使溶液表面张力降低，即 $\mathrm{d}\sigma/\mathrm{d}c < 0$，这时表面溶质的浓度大于其在溶液内部的浓度，此类吸附称为正吸附，这类溶质称为表面活性物质。反之，则称为负吸附，溶质则称为非表面活性物质。

表面活性物质通常是由亲水的极性基团和憎水的非极性基团构成的具有不对称结构的有机化合物，如乙醇就属于此类物质。

$$\Gamma = -\frac{c}{RT} \cdot \frac{\mathrm{d}\sigma}{\mathrm{d}c} \tag{4-8}$$

对可形成单分子层吸附的表面活性物质，溶液的表面吸附量 Γ 与溶液本体浓度 c 之间的关系符合朗缪尔吸附等温式

$$\Gamma = \Gamma_\infty \cdot \frac{bc}{1+bc} \tag{4-9}$$

朗缪尔吸附等温式的线性形式为

$$\frac{c}{\Gamma} = \frac{1}{\Gamma_\infty} \cdot c + \frac{1}{b\Gamma_\infty} = A \cdot c + B \tag{4-10}$$

由实验测出不同浓度 c 对应的表面张力 σ，利用计算机作 σ-c 图，拟合曲线方程 $\sigma = f(c)$，将求导得到的 $\mathrm{d}\sigma/\mathrm{d}c$ 代入吉布斯方程可计算溶液表面吸附量 Γ，再利用计算机作 $\frac{c}{\Gamma}$-c 图，拟合直线方程，由直线斜率 A 可得饱和吸附量 $\Gamma_\infty = 1/A$，Γ_∞ 为单位溶液表面积上吸附的溶质的物质的量，则溶质在溶液表面上的吸附截面积为

$$\sigma_\mathrm{A} = \frac{1}{N\Gamma_\infty} \tag{4-11}$$

式中，N 为阿伏伽德罗常量。

4.1.3　液体在固体表面的润湿作用和接触角

在日常生活及生产过程中,人们常常会碰到许多润湿现象。例如,施加农药时要求药液在植物叶片上吸附并充分铺展,以发挥最大的药效;涂刷涂料时要求展成薄层又不脱落。此外,如润滑、矿物浮选、防水材料等都存在不同程度的润湿与不润湿问题。

液体在固体表面的润湿现象可分为沾湿、浸湿和铺展三种情况,这三种情况可以用液体在固体表面的接触角来表征。

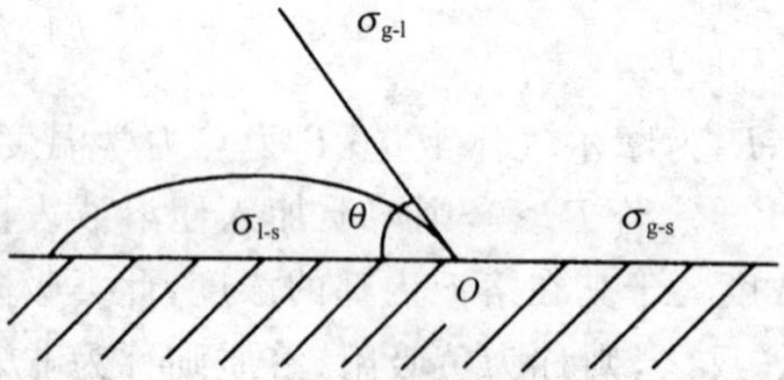

图 4-3　液滴在固体表面上的润湿现象与接触角

让液体在固体表面形成液滴,将形成如图 4-3 所示的水滴,达到平衡时,在气、液、固三相接触的交界线处液体会形成一定大小的接触角,如图 4-3 中的 θ,是三相交界线上任意点 O 的气液表面张力 $\sigma_{g\text{-}l}$ 和液固表面张力 $\sigma_{l\text{-}s}$ 间的夹角。

根据杨氏方程,分别用以判断体系沾湿、浸湿和铺展三种情况的三个重要参数黏附功 $-W_a$、黏附力 A 及铺展系数 S 与接触角的关系如下,并由此可以导出用接触角判据表面润湿性的条件见表 4-2。

$$-W_a = \sigma_{g\text{-}l}(1-\cos\theta) \tag{4-12}$$

$$A = \sigma_{l\text{-}s}\cos\theta \tag{4-13}$$

$$S = \sigma_{g\text{-}l}(\cos\theta - 1) \tag{4-14}$$

表 4-2　用接触角判据表面润湿性的条件

润湿情况	热力学判据条件	接触角判据
沾湿	$-W_a \geqslant 0$	$\theta \leqslant 180°$
浸湿	$A \geqslant 0$	$\theta \leqslant 90°$
铺展	$S \geqslant 0$	$\theta \leqslant 0°$

因此,通常将 θ 作为润湿与否的判据参数。当 $\theta \geqslant 90°$,为不润湿;当 $\theta < 90°$时,为润湿;当 $\theta = 0°$或不存在接触角时,液体在固体表面上完全铺展。通常将$\theta < 90°$的固体称为亲液固体,而 $\theta > 90°$的固体则称为憎液固体,$\theta \geqslant 130°$的固体则称为超疏液固体。

4.1.4　固体对气体的吸附

固体表面的原子与固体内部的原子所处的环境不同,处在固体内部的原子受到其他原子对它的作用是对称的，一般是饱和的，但是处在表面上的原子受到的作用则是不对称的，所受到的力是不饱和的，存在剩余力场，当气体分子碰撞固体表面时，有的气体分子就会吸附在固体表面上，使气体分子在固体表面的密度增加，相应地它在气相中的量减少，像这种在固体表面层与气体体相间产生压力差的现象就称为气体在固体表面的吸附。气体吸附量的测定有静态法和动态法。静态法就是将气体与吸附剂放在一起，达到吸附平衡后，用适当方法测定吸附量，分为重量法和容量法，具体方法参见文献。

原子或分子在气压小于它们的饱和蒸气压时附着在固体表面上的现象称为吸附。通常把发生吸附的物质称为吸附剂，被吸附的物质称为吸附质。比表面积大的固体物质，如活性炭、硅胶等均在溶液中有很强的吸附能力。

按照吸附质与吸附剂相互作用的性质，吸附作用可分为物理吸附和化学吸附。在物理吸附中，吸附分子与表面分子的相互作用力是分子间作用力，即范德华作用力。物理吸附能很快达到平衡，并且是可逆的，降低压力可使吸附质脱附。

物理吸附的吸附热接近气相物质凝聚的焓变，类似气体在固体表面的凝聚。物理吸附往往在低温时容易发生，为单分子层或多分子层吸附。

在化学吸附中，吸附分子与表面分子以化学键相结合，可能有电子转移、原子重排、化学键的生成与破坏，所以化学吸附类似于化学反应。吸附热与化学反应焓变相近，具有较高的选择性，且为单分子层吸附。化学吸附的速率决定于化学吸附反应的活化能，因而往往高温时吸附速率更为迅速。化学吸附很难脱附，脱附时可能伴有化学变化。

研究吸附作用时，为了达到不同的目的，在吸附量、吸附温度、吸附压力三个量中常固定一个变量，测定其他两个量间的关系，用曲线表示出来，这种曲线称为吸附曲线。图 4-4 为 5 种典型的吸附等温线形状。

1916 年朗缪尔在单分子层吸附假设的基础上，提出了吸附理论，1938 年 Brunauer、Emmett、Teller 将朗缪尔理论推广于多分子层吸附，提出了 BET 吸附等温线方程。

4.1.5 表面活性剂的临界胶束浓度

由于表面活性剂为两亲性分子，当溶液中表面活性剂的浓度增加时，这种两亲性分子就会被吸附在气液界面，进行定向排列。表面活性剂分子在表面上的聚集结果使得表面张力降低，当溶液浓度增加到一定值时，表面就会被一层定向排列的分子所覆盖，这时，即使再增加溶液的浓度表面也不能再容纳更多的分子，表面浓度达到最大值，表面张力不再继续快速下降，若继续增大体系浓度，表面活性剂分子将会在溶液内部发生聚集，形成疏水基团朝内，亲水基团朝外的聚集体，这样可以使界面张力降到最低，这种聚集体称为胶束。开始大量形成胶束时的表面活性

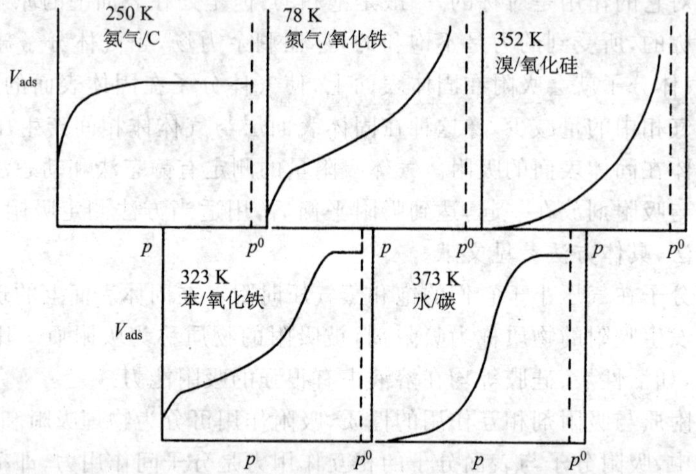

图 4-4　典型的吸附等温线

剂浓度称为临界胶束浓度,用 CMC 表示。CMC 是表面活性剂的一个重要物性常数,通常可以通过某种物理性质的突变来确定。

4.2　界面化学中一些重要性质的测定方法

随着工农业生产的发展和科学技术的进步,表面科学的方法和原理已经渗透到各个学科领域,在工业、农业、环境、材料及生命科学中都发挥着越来越重要的作用。测定胶体和材料的表面(或界面)性质,对于深入了解材料的结构与性能、研究表面反应机理、设计和制备性能更加优异的结构与功能材料具有十分重要的参考价值。

4.2.1　表面张力测定

表面张力是物质的一个重要物性数据,在表面物理、表面化学、医学等领域中具有重要的意义。在常温液体体系中,用它确定表面活性并计算表面活性剂在溶液表面的吸附量,有助于研究活性剂在界面过程中所起作用的机理。而在合金液体体系中,借助于表面张力可以评价金相组织及孕育效果等重要参数。测定表面张力的方法很多,这里仅介绍几种常用方法的原理。

1. 毛细管上升法

这是一种简单也是最准确的方法。当将一支干净的玻璃毛细管插入液体时,如果液体能润湿毛细管壁,则在表面张力的作用下,液体沿毛细管壁上升,见图 4-5。

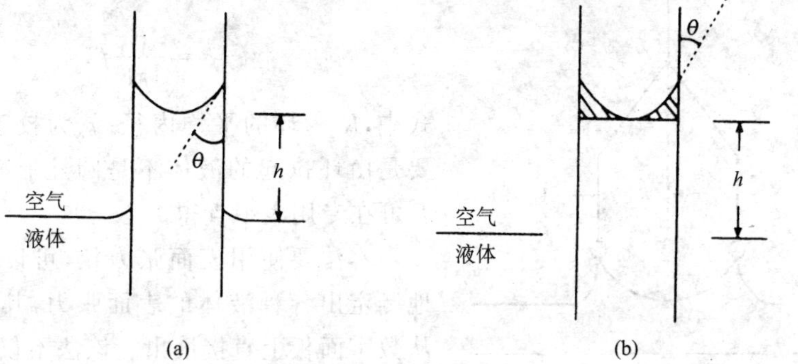

图 4-5　毛细管上升法测定表面张力

假定平衡时的液柱高度为 h，则毛细管内液体弯月面受到的附加外压力 $2\pi r\sigma\cos\theta$ 被液柱的重量 $\pi r^2 h\rho g$ 所平衡，因此可由下式计算表面张力

$$\sigma = \frac{\rho g r h}{2\cos\theta} \tag{4-15}$$

式中，r 为毛细管内半径；g 为重力加速度；θ 为接触角；ρ 为液体密度。如果液体润湿性良好，$\theta=0°$，$\sigma=\frac{\rho g r h}{2}$，若计入毛细管中弯月部分的液体重[图 4-5(b)阴影部分]，则上式修正为 $\sigma=\frac{1}{2}\rho g r\left(h+\frac{1}{3}r\right)$，如 $\theta\neq 0°$，则由于 θ 不易测准而影响测定结果。该法设备简单，数据精确，应用较多。液柱高度可用测高仪精确读出。

毛细管上升法是测定表面张力的一种最准确的方法。虽然后来发展的其他方法具有不少优点，但是目前一直以毛细管上升法所测定的表面张力数据作为标准。不过只用一根毛细管作上述测定时具有下列缺点：①不易选得半径均匀的毛细管和准确测定半径值；②需要较多的液体才能获得水平基准面；③基准液面的确定可能产生误差。这些缺点可用双毛细管克服。

由于在计算中假定 $\theta=0°$，所以该法只适用于测定能完全润湿毛细管的液体，而且不能测定碱性溶液。

本法测定表面张力时，要注意选择管径均匀、透明干净的毛细管，管壁不能有任何污物，毛细管浸入液体时要与液面互相垂直。

2. 挂环法

将一铂制圆环连接在扭力秤上，并使圆环平置在液面上，然后用扭力秤测定使圆环脱离表面所需之力 F，见图 4-6。

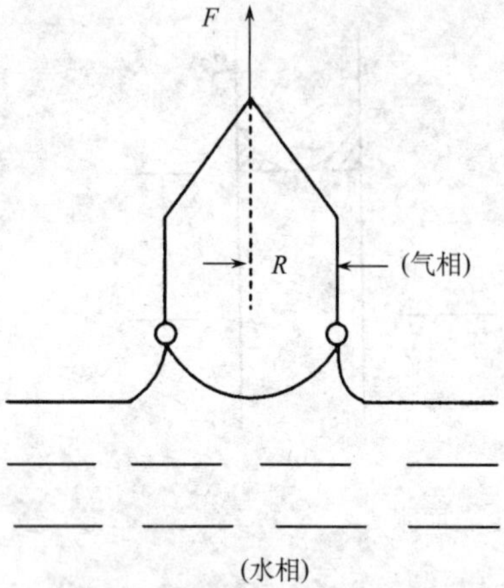

图 4-6 挂环法测定表面张力

由下式计算表面张力

$$\sigma=\frac{F}{4\pi R}f \tag{4-16}$$

式中，R 为环的平均内径；f 为校正因子，主要是由环拉起的液体不是圆柱形而引起的。f 可在专用表中查得。

本法要使用表面张力仪，可以迅速准确地测定出各种液体的表面张力，其数值可以从数字面板上直接读出。该法不仅可以测定液体表面张力，而且还可以测定两种液体的界面张力。

为了确保液体对环润湿，铂环在使用前须用酸或铬酸洗液清洗，并在酒精灯的氧化焰上灼烧。同时要求铂环要相当平整。

使用本法时还要注意用砝码对仪器进行校正，重力加速度要用本地重力加速度。

3. 吊片法

1863 年，Wilhelmy 提出了吊片法，后来 Dognon 和 Abribat 对其进行了改造。

吊片法与挂环法相似，是一种比较简单、也不需要校正的方法。测定原理见图 4-7。将云母、铂或玻璃等材料制成的薄片悬挂在扭力天平或链式天平上，然后采用动法或静法测定。

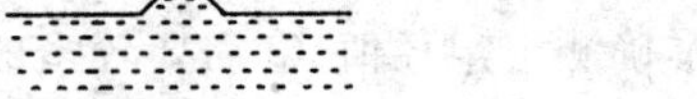

图 4-7 吊片法示意图

动法与挂环法相同，使薄片恰好与被测液面接触，然后测定薄片与液面脱离时的最大拉力，即

$$F_{总}-m_{片}g=2l\sigma$$

解得

$$\sigma=\frac{F_{总}-m_{片}g}{2l} \tag{4-17}$$

式中，l 为薄片的宽度；薄片与液体接触的周长近似为 $2l$；$F_{总}$ 为薄片与液面拉脱的最大拉力；$m_{片}$ 为薄片的质量。

静法则先在秤上调节好与薄片相平衡的质量，然后使液面逐渐上升，至两者刚好接触时所增加的重量即等于作用力。由下式计算表面张力

$$\sigma=f/[2(l+d)\cos\theta] \tag{4-18}$$

式中，l、d 分别为吊片的宽度和厚度，当 $l \gg d$ 时，d 可以忽略。

吊片法比较简单，准确度高，一般不需要校正，适用于测定能很好地润湿所用吊片的液体（$\theta = 0°$）的表面张力，也适用于两种液体的界面张力测定。为了保证液体能很好地润湿薄片，常将吊片表面事先打毛。如果要测定油的 σ，则可在云母片上用煤油灯熏一层灯黑，然后测定。

4. 滴重或滴体积法

此法最早由 Tate 于 1864 年提出，后经人们不断完善而成。这是一种简便而又准确的方法，实验装置如图 4-8 所示。

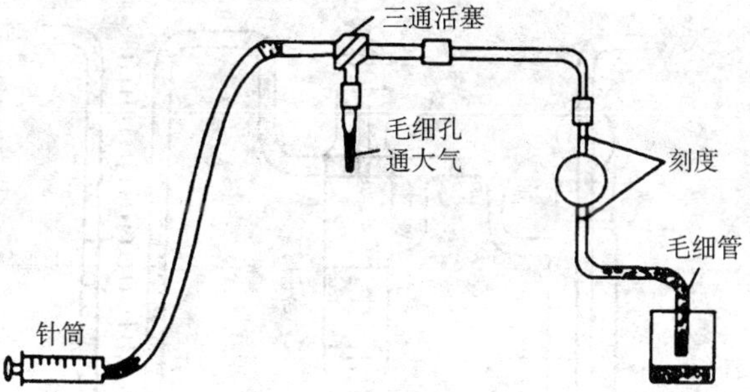

图 4-8　滴体积法实验装置图

使液体在磨平的毛细管口慢慢形成液滴并滴下，可以从液体滴出的体积和滴数求得每滴液体的体积 V，或称量滴出液体的质量而得到每滴液体的平均质量 m，当液体受重力作用向下降落时，因同时受管端上拉的表面张力的作用而形成附于管端的液滴。当所形成液滴达到最大而刚好落下时，液滴的质量与表面张力相等

$$mg = 2\pi r\sigma \tag{4-19}$$

$$\sigma = \frac{mg}{2\pi r} \tag{4-20}$$

或

$$\sigma = \frac{V\rho g}{2\pi r} \tag{4-21}$$

式中，m 为液滴的质量；g 为重力加速度；r 为毛细管口的外半径；σ 为表面张力。但是由于实际上液滴并不会完全落下（图 4-9），因此需要在上式中引进一个因子 f 对其进行校正，f 的数值可在相关专著中查得。

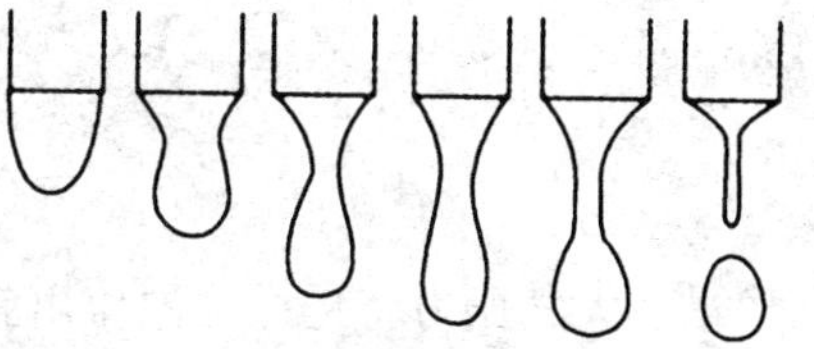

图 4-9　液滴滴落时的快速照相图

实际测定时，先将液体吸入滴重计至刻

度以上,关紧螺旋夹,垂直放于恒温槽中,到达指定温度后,缓慢打开螺旋夹,计量从上刻度到下刻度所滴下的液滴数,液体滴下的速度不超过 20 滴 · min^{-1}。

滴重法在实际使用时常采用已知表面张力的标准液体对仪器进行校正。本法也适用于液-液界面张力的测定。

5. 最大泡压法

最大泡压法由 Simon 于 1851 年提出,后来由 Canter 和 Jaeger 分别从理论和实用两个方面进行了完善。最大泡压法测定原理见图 4-10。

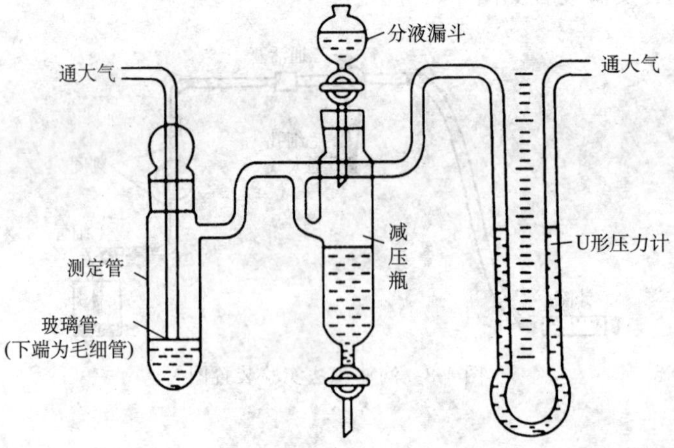

图 4-10　最大泡压法实验装置图

将被测液体装于测定管中,使玻璃管下端毛细管端面与液面相切,液面沿毛细管上升。打开抽气瓶的活塞缓慢放水抽气,随着测定管中的压力 p 逐渐减小,毛细管内外压力差逐渐增大,此时毛细管中压力 p_0 将管中的液面压至管口,形成气泡,并慢慢长大,其曲率半径由大变小,直至恰好等于毛细管半径 r。当毛细管半径很小时,形成的气泡基本上呈球形,而当气泡开始形成时,表面几乎是平的,这时曲率半径最大,如图 4-11(a)所示;而随着气泡的形成,曲率半径逐渐变小,直至形成半球形,这时曲率半径与毛细管半径 r 相等,曲率半径达到最小值[图 4-11(b)],泡内的压力达到最大值,这时能承受的压力差也最大。这样根据拉普拉斯(Laplace)公式:

$$\Delta p_{\max} = \Delta p_r = p_0 - p_r = \frac{2\sigma}{r} \tag{4-22}$$

最后大气压力将把此气泡压出管口。曲率半径再次增大,因此气泡表面膜所能承受的压力差必然减少,但实际上测定管中的压力差却在进一步加大,将立即导

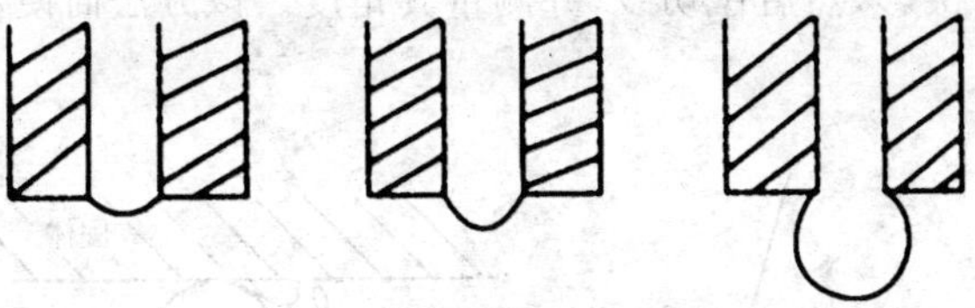

图 4-11　气泡的形成过程

致气泡的破裂。

最大压力差可用 U 形压力计中最大液柱差 Δh 表示

$$\Delta p_{\max} = \rho g \Delta h \tag{4-23}$$

式中，ρ 为压力计中液体介质的密度。由式(4-22)和式(4-23)可得

$$\sigma = \frac{r}{2}\rho g \Delta h = K \Delta h \tag{4-24}$$

式中，K 为仪器常数，可用已知表面张力的标准物质测定。

最大泡压法与接触角无关，装置简单，测定迅速，所以被普遍应用。而且由于测定时气液界面不断更新，表面活性的杂质影响比较小，所以非常适用于测定纯液体或溶质相对分子质量比较小的溶液的表面张力。

使用最大泡压法测定表面张力时，毛细管要保持洁净，管口要平整，而且刚好接触液体表面，不可插入太深，气泡应单个缓慢逸出。

6. 其他方法

液滴外形法常用来测定熔融金属以及界面张力低于 10^{-4} $N \cdot m^{-1}$ 体系的表面张力。

振动射流法主要用于测定新生成表面的表面张力，即动态表面张力。

固体表面张力的测定可参见相关文献。

4.2.2　接触角的测定

接触角的测定方法有很多，归纳起来可分为三类：角度测量法、长度测量法和重量测量法。

1. 角度测量法

角度测量法又可分为观察测量法、斜板法和光反射法。

1）观察法

观察液滴或气泡外形，如图 4-12 所示。可以通过将影像放大或用低倍显微镜观察,也可以进行摄影,然后作切线,并测量其角度。该方法简便,但缺点是切线不易作准确。

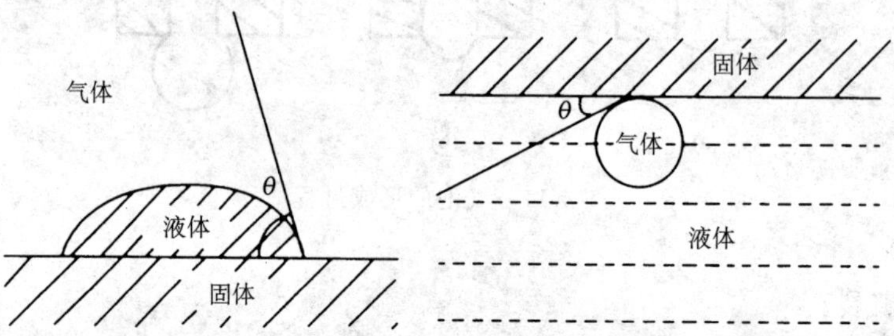

图 4-12 摄影或放大后作切线测量接触角的示意图

2) 斜板法

当将固体插入液体中时,在三相交界处总存在保持一定高度的接触角,但是只有当固体板面与液面的夹角与接触角相等时,液面才会平伸到三相交界处,如图 4-13(b)所示。这时液面平整,不会出现完全不平现象。但是如果二者不相等,就会出现弯曲液面,如图 4-13(a)(c)所示。根据这一现象即可确定该液体在相应表面上的接触角。这种方法的优点是没有必要作切线,但是液体用量较大。

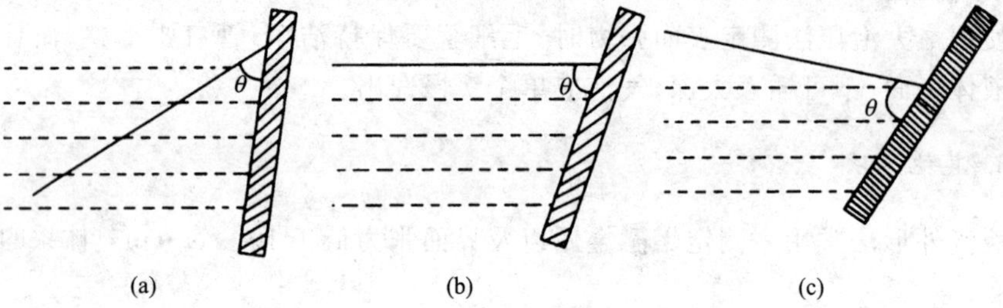

图 4-13 斜板法测定接触角原理

3) 光反射法

如图 4-14 所示,用强细缝光源照射在三相交界处,并转动其入射方向,当反射光方向恰好沿着固体表面时,观察者可以见到反射光,因此可以根据入射光和反射光的夹角 2ϕ 计算接触角

$$\theta = \frac{\pi}{2} - \phi \tag{4-25}$$

本方法适用于测量接触角小于 90°的情况。

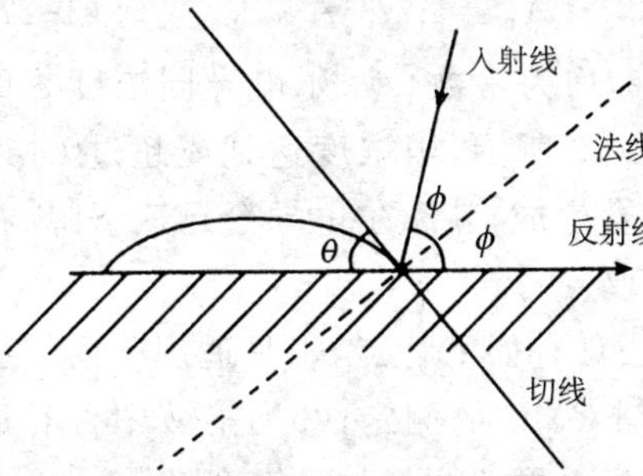

图 4-14　光反射法测量接触角原理

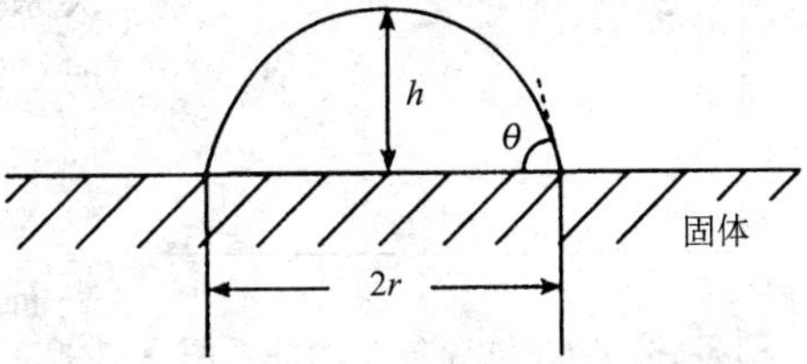

图 4-15　长度法测定接触角示意图

2. 长度测量法

在准备好的水平固体表面上滴加一个小液滴，用读数显微镜测量液滴的高度 h 与底宽 $2r$（图 4-15），当液滴很小时，液滴重力的作用可以忽略，假定液滴表面为球体的一部分，则可以根据下式计算接触角。

$$\sin\theta=\frac{2hr}{h^2+r^2} \quad \text{或} \quad \tan\frac{\theta}{2}=\frac{h}{r} \tag{4-26}$$

本方法只适用于球状或接近于球状的液滴（体积小于 5 μL 的小水滴）。

3. 重量测量法

重量测量法与表面张力测定法中吊片法相类似。将被测固体作成吊片，插入待测液体中，由于接触角不等于零，所以用吊片法相应公式就可以计算接触角。

4.2.3　表面活性剂 CMC 的测定

1. 表面张力法

表面活性剂溶液的表面张力降低仅出现在浓度小于 CMC 之前。当浓度达到 CMC 时，溶液内单个分子的浓度将保持恒定，表面吸附达到动态平衡，吸附量不再随着浓度的增加而增加，表面张力开始平缓下降，在 σ-C 图上会出现明显的转折，此点对应的浓度值即为 CMC。本方法均方根误差为 2%～3%，测定时应保证在平衡状态下进行测定，否则误差会增大。

2. 电导法

当离子型表面活性剂的浓度小于 CMC 时，溶液的电导同强电解质一样，符合下面的关系

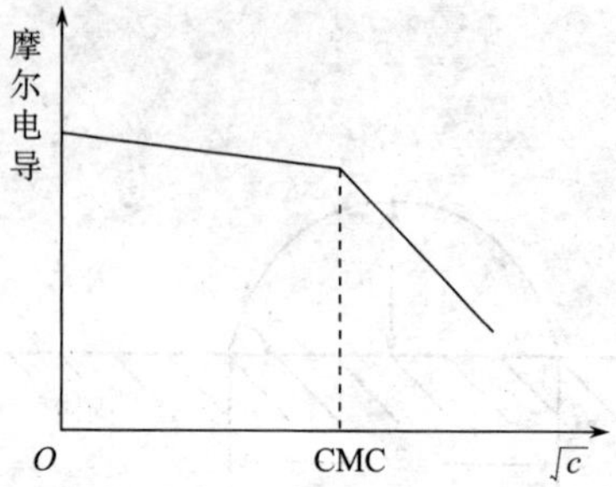

图 4-16　摩尔电导与$\sqrt{c}$的关系图

$$\Lambda_m = \Lambda_0 - A\sqrt{c} \tag{4-27}$$

式中,Λ_0、A 均为常数。摩尔电导同浓度 c 的关系如图 4-16 所示,当浓度达到或超过 CMC 时,胶束就会生成,其摩尔电导会迅速下降,在曲线上出现转折点。

电导法具有如下特点:①只适用于离子型表面活性剂 CMC 的测定;②当溶液中含有过量无机盐时,电导法测量的灵敏度降低。

3. 折光指数法

表面活性剂分子的缔合会引起溶液折光指数的变化,折光指数变化的差值与浓度关系曲线上的转折点即 CMC,方法的均方根误差小于 1%。

4. 染料增溶变色法

许多染料在水溶液和有机溶剂中具有不同的颜色,先在水中加入一些适当的染料,然后用较浓的表面活性剂溶液进行滴定,一旦胶束开始生成,染料将从水相转入胶束相的亲油内核中,从而发生颜色的变化,因而通过滴定终点就可以确定 CMC。只要染料选择适当,方法就准确可靠,而且操作也非常方便。

表面活性剂 CMC 的影响因素较多,通常温度对离子型表面活性剂临界胶束浓度的影响不大,但对非离子型表面活性剂影响较大;表面活性剂碳链长度对临界胶束浓度有显著的影响,存在如下的经验关系

$$\lg \mathrm{CMC} = A + Bn$$

式中,n 为碳原子数;常数 A、B 的值可从有关的文献中查得。

4.2.4　比表面的测定

1. 溶液吸附法

利用水溶性染料在固体表面的吸附作用可以进行固体比表面积的测定。据文献报道,次甲基蓝具有较大的吸附倾向。而且在一定的浓度范围内,大多数固体对次甲基蓝的吸附都属于单分子层吸附,符合朗缪尔吸附理论。

朗缪尔吸附理论的基本假定是:吸附剂(固体)表面是均匀的;吸附粒子间的相互作用可以忽略,而且吸附层为单分子层;吸附剂一旦被吸附质覆盖就不能再吸附;达到吸附平衡时,吸附与脱附之间建立动态平衡;吸附平衡前,吸附速率与空白表面成正比,解吸速率与覆盖速率成正比。

假定以 Γ 表示浓度 c 时的平衡吸附量，以 Γ_∞ 表示全部吸附位被占据时单分子层的吸附量，即饱和吸附量，根据朗缪尔单分子层吸附理论，可导出如下公式

$$\Gamma = \Gamma_\infty \frac{bc}{1+bc} \tag{4-28}$$

将上式变形得

$$\frac{c}{\Gamma} = \frac{c}{\Gamma_\infty} + \frac{1}{b\Gamma_\infty} \tag{4-29}$$

式中，b 为吸附平衡常数，其数值取决于吸附剂与吸附质的性质及温度，数值越大，表示固体表面对吸附质的吸附能力越强。

以 $\frac{c}{\Gamma}$ 对 c 作图，可得一条直线，如图 4-17 所示。

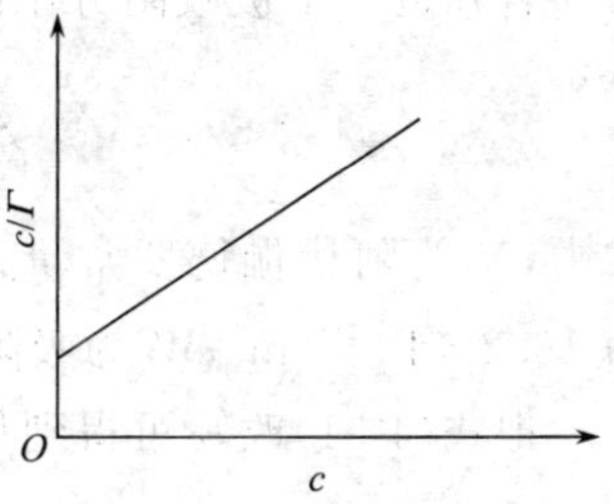

图 4-17　c/Γ-c 关系图

由直线斜率可求得 Γ_∞，即饱和吸附时，每克吸附剂吸附吸附质的物质的量。结合直线截距，可求得常数 b。

假设吸附质分子在吸附剂表面上都是直立的，如果每个吸附质分子在吸附剂表面上所占据的面积 σ_A 已知，则可由下式计算出吸附剂的比表面积

$$S = \Gamma_\infty N \sigma_A \tag{4-30}$$

式中，S 为吸附剂比表面积；N 为阿伏伽德罗常量。

2. BET 法

BET 容量法测定固体比表面积的原理是基于 BET 吸附理论，它的基本假定是：在物理吸附中固体表面已经吸附了一层分子后，由于气体本身的范德华引力，还可以继续发生多分子层的吸附，当吸附达到平衡以后，气体的吸附量等于各层吸附量的总和。N_2 在固体表面的典型吸附曲线如图 4-18 所示。

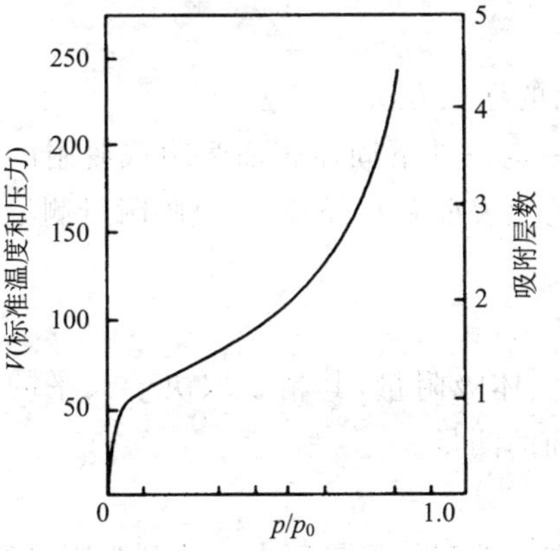

图 4-18　N_2 在高表面积固体上典型物理吸附等温线(77 K)

根据此假定导出的 BET 二常数公式为

$$\frac{p}{V(p_0 - p)} = \frac{1}{V_m C} + \frac{C-1}{V_m C} \cdot \frac{p}{p_0} \tag{4-31}$$

式中，p 为平衡压力；p_0 为吸附平衡温度下吸附质的饱和蒸气压；V_m 为固体表面上铺满单分子层时所需气体的体积数，即单分子层饱和吸附所需的气体量(以标准状况毫升

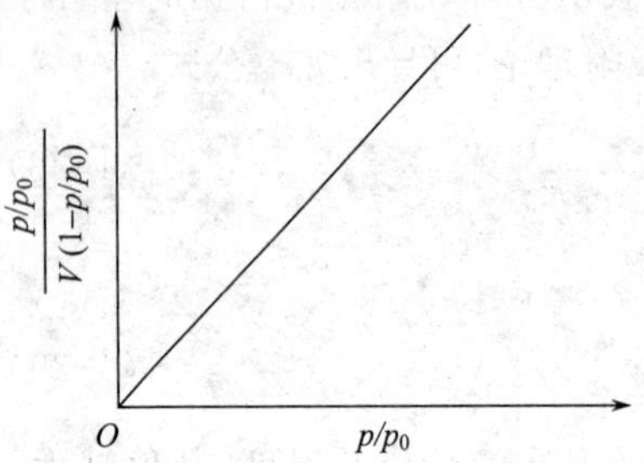

图 4-19　吸附质在吸附剂上的吸附

计);V 为在平衡压力 p 时的吸附量(以标准状况毫升计);C 为与温度、吸附热和凝聚热有关的常数。

以$\dfrac{p}{V(p_0-p)}$对$\dfrac{p}{p_0}$作图可得一条直线(图 4-19),其斜率为 $K=\dfrac{C-1}{V_mC}$,截距为 $I=\dfrac{1}{V_mC}$,由此可得 $V_m=\dfrac{1}{K+I}$。

若知道每个被吸附分子的截面积,即可求出吸附剂的比表面积

$$S=\frac{V_m N\sigma_A}{22400\times W}=4.36\,\frac{V_m}{W} \tag{4-32}$$

式中,N 为阿伏伽德罗常量;σ_A 为一个吸附质分子的横截面积,N_2 分子横截面积为 $16.2\times10^{-20}\ m^2$;W 为吸附剂质量,g。

把式(4-31)改写可得到如下方程:

$$n=\frac{V}{V_m}=\frac{p/(p_0-p)}{\{(1/C)\cdot[1-(p/p_0)]+p/p_0\}} \tag{4-33}$$

由式(4-33)可知,吸附剂表面的吸附层数受两个因素的影响:一是吸附质相对压力 p/p_0;二是 C 值,C 值越大,吸附层越多。因此 C 值提供了与吸附剂吸附能力相关的信息,具有重要的意义。

用 BET 法测定比表面,最常用的吸附质为氮气,吸附温度在其液化点(−195 ℃)附近。低温可以避免化学吸附。相对压力控制在 0.05～0.35,低于 0.05 时,不易建立多层吸附平衡,高于 0.35 时,发生毛细凝聚作用,吸附等温线将偏离直线。本法适用于测量范围为 $1\sim1500\ m^2\cdot g^{-1}$。

BET 方法目前被公认为测量固体比表面的标准方法。

通过气体吸附的理论,只要能够测定在一定条件下固体表面吸附或脱附的气体量,就可以用相应的理论方程计算出固体的比表面和孔径分布,氮吸附量测量方法主要有如下几种。

1) 静态重量法

在吸附系统中,用高精密天平直接测定气体吸附量,其精度取决于天平的精度,一般认为这类测试方法不适用于小比表面的测量。

2) 静态容量法

在已知容积的密闭系统中放入吸附剂,在一系列的氮气压力下达到吸附平衡,这时系统中的气体压力、温度和容积符合气态方程$\dfrac{pV}{T}=nR$。每一个压力变化的

始态和终态所求得的气体量之差，即代表着压力变化后吸附剂吸附或脱附的气体量。

目前，进口的氮吸附比表面和孔径分布仪大多采用静态容量法，比表面的测定范围是 0.1～2000 $m^2 \cdot g^{-1}$，孔径范围是 2～30 nm。

3）动态法

动态法又称连续流动色谱法。动态法的基本特征是在气体吸附或脱附的全过程中，用气相色谱技术连续测得吸附或脱附的气体量。流动色谱法的核心是采用热导池工作站，实际上是一种气体浓度传感器系统，它可以把样品表面吸附或脱附时造成的气体浓度的变化转换成一个电信号，并在时间-电位曲线上得到一个吸附（或脱附）峰，该峰面积对应于一定的气体吸附量，换言之，通过该峰面积求得气体吸附量。

实际测量时，也可以利用如下的处理，简化操作。

乙醇可在多孔固体上吸附，因此可以用乙醇作为吸附质测定多孔物质的比表面积。BET 吸附公式在相对压力为 0.05～0.35 时适用。根据每个吸附质乙醇分子在多孔物质表面上占有的面积及吸附乙醇的重量，可以计算多孔固体的比表面积 S。

使用乙醇作为吸附质时，式(4-31)中 p/p_0 表示乙醇的相对压力（p 为乙醇蒸气压，p_0 为乙醇的饱和蒸气压）；V 为与 p/p_0 相对应的平衡吸附量，单位为 g；V_m 为 1 g 吸附剂单分子层饱和吸附量，单位 $g \cdot g^{-1}$；C 为与吸附热和液化热有关的常数。将式(4-31)左边对 p/p_0 作图，可得一条直线，从直线的斜率和截距可求得 V_m，即 $V_m = 1/$(斜率＋截距)。

BET 方程所得直线的截距一般都很小，可视为零。所以，$V_m = 1/$斜率。

由于斜率$=1/[V(1-p/p_0)]$，所以 $V_m = V(1-p/p_0)$。利用 V_m 即可求得比表面积 S。

$$S = N\sigma_A V_m = N\sigma_A\left(1-\frac{p}{p_0}\right)\cdot\frac{G_1}{M_r G_2}$$
$$= 6.023\times10^{23}\times27.19\times10^{-20}\times(1-0.1934)\times\frac{G_1}{46.07\times G_2}$$
$$= \frac{2867.22G_1}{G_2} \tag{4-34}$$

式中，N 为阿伏伽德罗常量，mol^{-1}；σ_A 为乙醇分子的截面积，$27.19\times10^{-20}\ m^2$；0.1934 为乙醇的相对压力；M_r 为乙醇的相对分子质量；G_1 为样品吸附乙醇的质量，g；G_2 为样品质量，g。

使用本法测定多孔物质比表面积时，必须要求样品均匀，以减小测量误差。

本法文献称为“干燥器法”，使用仪器设备简单，操作简便，测量误差小于 5%。

4.2.5 粒度测定

粒度是胶体粒子、粉体材料的重要结构参数。粒度的大小与材料的表面活性、催化剂的催化性能等密切相关。常规分析方法主要有筛分法、显微镜法、衍射法和沉降法。下面主要介绍沉降分析法和衍射法。

1. 沉降分析法

利用粒子在液体(或气体)介质中的沉降速度来测定物质的分散度,称为沉降分析法。根据斯托克斯定律可以导出粒子半径与沉降速度的关系

$$r = 0.06773\sqrt{\frac{\eta V}{\rho - \rho_0}} \tag{4-35}$$

式中,η 为介质黏度;ρ、ρ_0 为固体粒子和介质的密度;V 为沉降速度。

令 $K = 0.06773\sqrt{\frac{\eta}{\rho - \rho_0}}$,则

$$r = K\sqrt{\frac{H}{t}} \tag{4-36}$$

式中,H 为小盘至水面的高度;t 为沉降时间。

测得不同时间 t 的沉降量 P,作沉降曲线 P-t 图,由 P-t 图上作各时间点的切线,并求出相应的截距 L,如果已知沉降曲线的极限值 P_c,则半径大于某一 r 值的粒子所占百分数 Q 为

$$Q = \frac{L}{P_c} \times 100\% \tag{4-37}$$

2. X 射线粉末衍射法

随着材料科学与环境科学的发展,纳米粒子的粒径测定已成为表面科学的重要组成部分。纳米粒子粒径的测定主要有显微形貌观察方法,如扫描电子显微镜法(SEM)、透射电子显微镜法(TEM)、原子力显微镜法(AFM)、扫描隧道显微镜法(STM)及 X 射线粉末衍射法(XRD)等。显微形貌观察方法主要是通过测量粒子的形貌,利用仪器自带软件分析粒子的粒径及粒径分布。

在 XRD 法中,当晶粒尺寸小于 200 nm 时,会导致纳米晶粒衍射峰增宽,利用衍射峰的增宽可以测定其晶粒尺寸。根据谢乐(Scherrer)方程,晶粒大小与衍射线宽度之间的关系为

$$D = \frac{0.89\lambda}{\beta\cos\theta} \tag{4-38}$$

式中，D 为晶粒直径；θ 为布拉格角；λ 为入射波长；β 为衍射峰的半峰宽（2θ 标定的峰，单位为弧度）。

（杨　武）

实验 28　溶液吸附法测定固体的比表面积

一、目的要求

（1）学会用染料吸附法测定颗粒活性炭比表面积的原理和方法。

（2）了解朗缪尔单分子层吸附理论。

二、实验原理

次甲基蓝在固体颗粒表面具有很强的吸附倾向，它在颗粒活性炭表面的吸附属端基单分子层吸附，符合朗缪尔吸附理论。次甲基蓝分子在活性炭表面上所占据的面积为 $3.9\times10^{-19}\ \mathrm{m^2}$。

吸附质浓度采用吸光光度法测定。次甲基蓝在可见光区有两个吸收峰，最大吸收波长分别位于 445 nm 和 665 nm，但在 445 nm 处活性炭的吸附对吸收峰有严重的干扰，故本实验选择 665 nm 作为测定波长。由下式计算吸附量 Γ

$$\Gamma=\frac{(c_0-c)V}{m} \tag{4-39}$$

式中，c_0、c 分别为吸附质的初始浓度和平衡浓度；V 为吸附溶液的总体积，L；m 为加入溶液的吸附剂质量，g。

如果以 Γ_∞ 表示全部吸附位被占据时单分子层的吸附量，即饱和吸附量，则根据朗缪尔单分子层吸附理论，吸附量 Γ 与吸附质浓度 c 之间符合式(4-9)的关系，式中 b 为吸附平衡常数。

以 $\frac{c}{\Gamma}$ 对 c 作图，可得一条直线，由直线斜率即可求得饱和吸附量 Γ_∞，结合直线截距，可求得常数 b。利用下式计算吸附剂活性炭颗粒的比表面积

$$S=\Gamma_\infty N\sigma_\mathrm{A} \tag{4-40}$$

式中，S 为吸附剂比表面积；N 为阿伏伽德罗常量。

三、仪器与试剂

仪器：分光光度计，康氏振荡器，500 mL 容量瓶 6 个，100 mL 容量瓶 5 个，50 mL 容量瓶 5 个，砂芯漏斗 5 个，100 mL 带塞锥形瓶 5 个。

试剂:颗粒状非石墨型活性炭,0.2%次甲基蓝溶液(原始溶液),3×10^{-4} mol · L^{-1}标准储备液。

四、实验步骤

(1) 样品前处理。将活性炭置于坩埚中,在 500 ℃马弗炉中活化 1 h,置于干燥器中备用。

(2) 工作波长的选择及工作曲线的测定。取 5 个洁净的 100 mL 容量瓶,分别移入 2 mL、4 mL、6 mL、8 mL、10mL 3×10^{-4} mol · L^{-1}标准储备液,以蒸馏水稀释至刻度待用。

取上述任一溶液在 600～700 nm 测定吸光度,以吸光度对波长作图,绘制吸收曲线,选择最大吸收波长作为工作波长。

分别测定上述标准溶液的吸光度,然后以吸光度对浓度作图,绘制工作曲线。

(3) 原始溶液浓度的测定。转移 0.2%次甲基蓝原始溶液 2.5 mL 于 500 mL 容量瓶中,用蒸馏水稀释至刻度,测定吸光度,从工作曲线上查出相应的浓度,计算原始溶液的浓度。

(4) 吸附质溶液的配制。取 5 个洁净的 50 mL 容量瓶,分别移取 25 mL、20 mL、15 mL、10 mL、5 mL 次甲基蓝原始溶液,以蒸馏水稀释至刻度,摇匀备用,相应的浓度分别计为初始浓度 c_0。

(5) 溶液吸附。分别准确称取经过活化的活性炭约 0.1 g,置于 5 个洁净的带塞锥形瓶中,然后分别将步骤(4)配制的溶液移入其中,在康氏振荡器上振荡 3～5 h。吸附平衡后,用砂芯漏斗过滤,收集滤液。分别移取 5 mL 于 500 mL 容量瓶中,并以蒸馏水稀释至刻度,分别测定其吸光度,从工作曲线上查出相应的浓度,计算平衡溶液的浓度 c。

五、数据处理

(1) 分别把制作吸收曲线和工作曲线的实验数据填入表 4-3、表 4-4 中,吸附实验数据填入表 4-5 中。

表 4-3 固体比表面积测定的吸收曲线数据

室温:______ ℃ 浓度:______ mol · L^{-1}

波长/nm	600	610	620	630	640	650	660	665	670	680	690	700
A												

表 4-4　固体比表面积测定的工作曲线数据

储备液体积/mL	2	4	6	8	10	原始溶液
浓度/($mol \cdot L^{-1}$)						
A						

注：储备液浓度为 3×10^{-4} $mol \cdot L^{-1}$

表 4-5　固体比表面积测定的吸附实验数据

原始溶液体积/mL	25	20	15	10	5
初始浓度/($mol \cdot L^{-1}$)					
平衡溶液吸光度 A					
平衡溶液浓度/($mol \cdot L^{-1}$)					

(2) 绘制次甲基蓝溶液的吸收光谱曲线与工作曲线。测定次甲基蓝原始溶液的浓度。

(3) 计算饱和吸附量。以式(4-39)计算吸附量 Γ，以 Γ 对平衡浓度 c 作图，绘制 Γ-c 吸附等温线及 c/Γ-c 曲线，由直线斜率求得饱和吸附量 Γ_{∞}，结合纵轴上的截距求得吸附平衡常数 b。

(4) 计算比表面积。将 Γ_{∞} 代入式(4-40)，求样品的比表面积。

六、注意事项

吸附实验要求在等温条件下进行，所以实验期间室温变化不宜过大。如果室温变化较大(如盛夏或严冬季节)，可使用空调维持室温稳定，或者将样品吸附瓶置于恒温水浴中进行振荡。

七、思考题

(1) 吸附作用与哪些因素有关？固体吸附剂从溶液中吸附溶质与吸附气体有何不同？

(2) 如何才能加快吸附平衡的速度？怎样判断吸附达到平衡？

(杨　武)

实验 29　最大泡压法测定乙醇水溶液的表面张力

一、目的要求

(1) 掌握最大泡压法测定表面张力的原理和技术，了解气泡压力与半径及张力的关系。

(2) 掌握利用吉布斯吸附公式计算表面吸附量及饱和吸附时每个分子的吸附截面积的方法。

二、实验原理

根据最大泡压法原理,溶液的表面张力可用式(4-24)测定。

测得不同浓度乙醇溶液的表面张力 σ 后,绘制 σ-c 曲线。在曲线任一点上作切线,根据切线的斜率求得$\frac{d\sigma}{dc}$,继而利用式(4-8)计算相应浓度下的吸附量 Γ。

根据朗缪尔吸附等温方程式(4-9)以$\frac{c}{\Gamma}$对 c 作图,从直线的斜率即可求得饱和吸附量 Γ_∞(b 为常数),然后利用式(4-11)计算每个溶质分子的横截面积 σ_A。

三、仪器与试剂

仪器:表面张力测定装置,恒温水浴,阿贝折光仪,烧杯(200 mL),洗耳球。

试剂:无水乙醇(A. R.)。

四、实验步骤

(1) 配制溶液。配制 0 mol·L^{-1}、0.02 mol·L^{-1}、0.05 mol·L^{-1}、0.10 mol·L^{-1}、0.15 mol·L^{-1}、0.20 mol·L^{-1}、0.25 mol·L^{-1}、0.30 mol·L^{-1}、0.35 mol·L^{-1}的乙醇水溶液。

(2) 测定仪器常数。在测定管中注入蒸馏水,使管内的液面恰好与毛细管口相切,置于恒温水浴中恒温约 10 min。按照图 4-10 连接好仪器装置,同时保持毛细管垂直。小心打开抽气泵活塞,开始测定。气泡形成速度稳定在 8～12 个·min^{-1},记录压力计两边最高与最低读数,计算压差。平行测定三次,求平均值。

(3) 测定乙醇溶液的表面张力。按照由稀到浓的顺序,测定不同浓度乙醇溶液的表面张力。注意每次测量前必须以被测溶液冲洗测定管及毛细管,以确保毛细管内外溶液浓度一致。

五、数据处理

将乙醇溶液表面张力的测定数据记录到表 4-6 中。

表 4-6　乙醇溶液表面张力测定数据

温度:____℃　　表面张力:____10^{-3} N·cm^{-1}　　仪器常数:____10^{-3} N·m^{-2}

浓度/(mol·L^{-1})	0	0.02	0.05	0.10	0.15	0.20	0.25	0.30	0.36
压差/cm									
σ/(10^{-3}N·m^{-1})									
$d\sigma/dc$									
Γ/(mol·m^{-2})									
c/Γ									

(1) 以纯水测量结果计算仪器常数 K,并计算各溶液的表面张力 σ,纯水的表面张力见 7.1.2。

(2) 作 σ-c 曲线,在曲线上选取 10～15 个点,分别作切线,求对应的斜率。

(3) 根据式(4-8)计算各浓度下的吸附量,并作 c/Γ- c 曲线,由直线斜率求得饱和吸附量 Γ_∞,最后利用式(4-11)计算乙醇分子在表面上的吸附截面积 σ_A。

六、注意事项

(1) 为了保证浓度的正确性,每次换溶液时测定管必须洗涤干净,用测定溶液漂洗 2～3 次。

(2) 毛细管必须保持垂直位置,端面应保持平整,毛细管平面与液面要保持相切。

七、思考题

(1) 实验时,为什么毛细管口应处于刚好接触溶液表面的位置?如插入一定深度将对实验带来什么影响?

(2) 在毛细管口所形成的气泡什么时候半径最小?

(3) 为什么要求从毛细管中逸出的气泡必须均匀而间断?如何控制出泡速度?

(4) 表面张力仪的清洁与否与温度的不恒定对测量数据有何影响?

(杨　武)

实验 30　BET 法测定微球硅胶的比表面积

一、目的要求

(1) 学会利用 BET 容量法测定微球硅胶比表面积的原理和方法。

(2) 了解 BET 多分子层吸附理论。

(3) 熟悉和掌握高真空实验技术。

二、实验原理

参见 4.2.3,特别留意式(4-31)和式(4-32)。

三、仪器与试剂

仪器:BET 吸附装置(图 4-20,包括高真空玻璃系统、机械泵、油扩散泵、复合真空计、量气管、U 形水银压力计),小电炉 2 台,保温瓶(约 250 mL),温度自动控制器,气体温度计,调压变压器(1 kW,0.5 kW)。

试剂:微球硅胶,高纯氮,液氮,氦气。

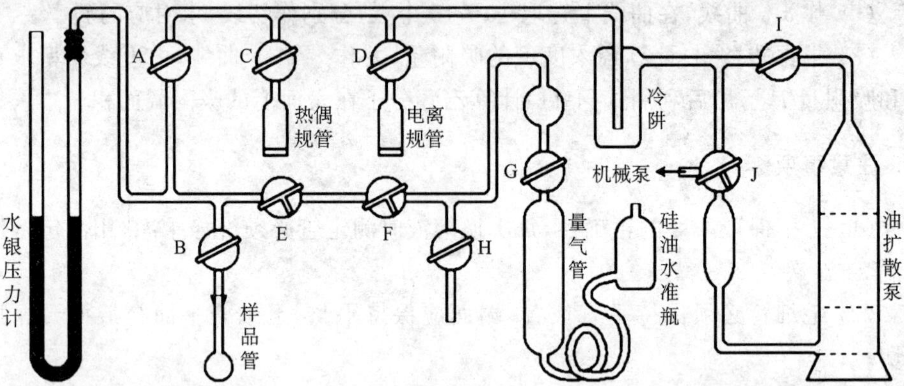

图 4-20 BET 吸附装置示意图

四、实验步骤

1. 液氮饱和蒸气压 p_0 的测定

将液氮倒入保温瓶,用气体温度计测量液氮的温度与饱和蒸气压 p_0。

2. 系统检漏

将准确称量的约 0.4 g 干燥微孔硅胶装入样品管,将样品管按照图示位置连接。

关闭活塞 F,开启活塞 G、H,抬高水准瓶使硅油液面恰好上升至活塞 G 处,排尽量气管中的气体,然后关闭活塞 G、H。再开启活塞 A、B、C、D、E、F,启动机械泵,缓慢开启活塞 J,接通机械泵与真空系统,缓慢抽空系统至水银压力计中的水银面不再移动，继续抽空数分钟。以复合真空计监测系统真空度至 100 Pa。关闭活塞 J 使真空系统与机械泵断开，10 min 内压力计读数不变可认为系统不漏气，否则，应检查堵漏。

3. 样品活化

慢慢开启活塞 J，抽空系统；接入带螺旋夹的氮气球胆。开启活塞 H，抽空球胆连接管部分的空气，然后关闭活塞 F，缓慢放出少许氮气，再开启活塞 F 将其抽出，重复两三次。关闭活塞 F，松开螺旋夹，开启活塞 G，使氮气逐渐充满量气管，将活塞 H 关闭，等硅油液面平稳后读取量气管中氮气的体积。

接通油扩散泵的循环水冷却系统，开启活塞 J 连通机械泵与扩散泵，并打开 I。逐渐加热油扩散泵，待系统工作正常后，以复合真空计测量系统真空度，压力应低于 10^{-2} Pa。关闭活塞 C、D，加热样品管外套的同时，抽真空，维持温度(150±5)℃，对样品进行活化，时间约 1 h。停止加热，自然冷却至室温。

4. 吸附量测定

将压力计、样品管与量气管及泵系统断开，并关闭油扩散泵与机械泵，将样品管套上盛有液氮的保温瓶进行保温。

记录压力计与量气管的初始读数。在活塞 E 关闭状态下，打开活塞 F，在活塞 E 与 F 之间放入一定体积的氮气，然后关闭活塞 F。将活塞 E 间隔、反复进行 180 ℃旋转，逐渐将管内储存的 N_2 放入样品管，至压力计读数大约改变 2 cm，然后开启活塞 E，保持 F 关闭。等压力计读数保持平衡时即达到吸附平衡，记录压力计与量气管读数，分别为平衡压力 p 和放入系统的 N_2 体积。

重复上述操作五六次，每次放入的 N_2 以压力计一侧读数改变 2 cm 为宜。注意操作过程中应随时向保温瓶中添加液氮，并保持液氮高度基本恒定，以确保恒温吸附。

测量完成后，对系统进行抽空，并取下保温瓶。

5. 死体积测定

进行吸附量测定时，存留在管道及样品管内的氮气并未被样品所吸附，这部分氮气量称为死体积 $V_{死}$，它包括从水银面到活塞 A、F 之间的管道容积。$V_{死}$ 通常采用低温下不被吸附的氦气测定。操作程序同吸附量的测定。

五、数据处理

1. 死体积的计算

将量气管读出的氦气体积换算为标准状况体积即为 $V_{死}$，对平衡压力作图，绘

制 $V_{死}$-p 工作曲线,各平衡压力下的死体积可从工作曲线上查得。

2. 比表面积的计算

将各平衡压力下的量气管读数(标准状况体积)减去死体积 $V_{死}$,即为吸附量 V。从对应的吸附量 V、平衡压力 p 及液氮的饱和蒸气压 p_0 并按照式(4-31)绘制 $p/[V(p_0-p)]$-p/p_0 曲线,求得单分子层饱和吸附量 V_m,代入式(4-32)计算微球硅胶的比表面积。

六、思考题

(1) 测量死体积通常用什么气体? 能否用氮气?

(2) 如何确定吸附已达到平衡? 如果在尚未达到平衡时即进行压力计和量气管读数,对测定结果会带来什么影响?

(3) 对样品进行活化处理的目的什么? 如果不进行样品活化,对测定结果会带来什么影响?

(4) 使用 BET 法测量多孔性固体比表面积时,可否使用液体吸附质?

(杨　武)

实验 31　电导法测定水溶性表面活性剂的临界胶束浓度

一、目的要求

(1) 掌握电导法测定表面活性剂临界胶束浓度(CMC)的原理和方法。

(2) 掌握电导仪的使用方法。

二、实验原理

参见 4.1.5 和 4.2.3,特别留意图 4-16 和式(4-27)。

表面活性剂分子属双亲性分子,分子中亲水性极性基团称为头基,亲油的长链或支链烃基称为尾基。表面活性剂在表面化学、分析化学、材料化学及日常生活中都有重要的应用。

当表面活性剂分子进入溶液中时,倾向于以头碰头形式(有机溶剂)或尾碰尾形式(水溶液)聚集,当溶液浓度增大到一定程度时,许多表面活性剂分子立即结合成很大的基团,形成“胶束”。表面活性剂分子形成胶束所需要的最低浓度称为临界胶束浓度。

临界胶束浓度是表面活性剂的重要性质,当表面活性剂浓度达到临界胶束浓度时，由于其聚集结构发生了显著变化，常常导致其许多物理化学性质如表面张力、电导率、浊度及光散射性等发生明显改变，借此可以测定表面活性剂的临界胶束浓度。

本实验利用离子型表面活性剂溶液的电导值或摩尔电导与浓度的关系图中转折点的出现来确定其临界胶束浓度。注意当溶液中含有过量无机盐时，电导法测量的灵敏度会降低。

三、试剂与仪器

仪器：电导率仪，容量瓶（100 mL 24 个，1000 mL 2 个），电导电极，超级恒温水浴，电子天平。

试剂：氯化钾（A. R.），十二烷基硫酸钠（SDS，A. R.），十六烷基三甲基溴化铵（CTMAB，A. R.）。

四、实验步骤

（1）用二次蒸馏水准确配制 0.001 mol·L^{-1} KCl 标准溶液。

（2）将 SDS、CTMAB 在 80 ℃烘箱中烘干 3 h，用二次蒸馏水按表 4-7 准确配制多种浓度的溶液各 100 mL。

（3）电导池常数的标定。用 0.001 mol·L^{-1}KCl 标准溶液在 25 ℃下标定电导池常数。标定方法参见本册实验 21。

（4）按照从稀到浓的顺序分别测定上述溶液的电导值，每个溶液平行测定三次，取平均值。注意每个溶液测量前需恒温 10 min。

五、数据处理

把实验数据记入表 4-7，并根据式(4-27)以电导值或摩尔电导对$\sqrt{c}$作图，从图中转折点查出 CMC。

表 4-7　水溶性表面活性剂临界胶束浓度的电导法测定数据

电导值常数：________　　　　　　实验温度：________

c_{SDS}/(mol·L^{-1})	0.002	0.004	0.006	0.008	0.009	0.010	0.012	0.014	0.018	0.020
$\sqrt{c}$	0.045	0.063	0.077	0.089	0.095	0.100	0.110	0.118	0.134	0.141
电导值										
摩尔电导										
c_{CTMAB}/(mol·L^{-1})	0.002	0.004	0.006	0.008	0.009	0.010	0.012	0.014	0.018	0.020
$\sqrt{c}$	0.045	0.063	0.077	0.089	0.095	0.100	0.110	0.118	0.134	0.141
电导值										
摩尔电导										

六、注意事项

(1) 配制溶液时表面活性剂必须完全溶解。

(2) 电导率的测量必须在恒温条件下进行。

(3) 测量的 CMC 有一定的范围,不一定是一个具体的数值。

七、思考题

(1) 电导法是否适用于非离子型表面活性剂临界胶束浓度的测定?为什么?

(2) 本实验为什么要在恒温条件下进行?

(杨　武)

第5章　结构化学

学习指导

结构化学是研究原子、分子及晶体的结构及其性质之间的相互关系的一门学科。与量子力学相比，结构化学主要采用归纳方法将一些通过物理化学测试手段获得的关于物质的结构、电学、磁学及谱学等性质进行归纳总结，从而获得关于物质内部原子的排列与原子及分子中电子运动状态的规律，阐明元素周期律及化学键的本质。因此物质结构参数是重要的物理化学基础数据，物质结构参数的测定具有重要的理论意义。

本章主要介绍常见物质结构参数的基本概念及其测量方法，在学习本章的时候，学生不应拘泥于这些参数本身，而应该学会利用这些参数推测、判断物质的结构特征。同时应该学习相关的辐射防护知识。

5.1　X射线粉末法物相分析

5.1.1　概述

X射线衍射法是研究物质结构最重要的手段之一。晶体的结构和分子中原子的空间排布虽然可以通过光谱、磁共振谱、质谱等许多方法从不同的方面进行研究，但最终要靠衍射法来确定和证实。衍射法包括X射线衍射法、中子衍射法和电子衍射法等。其中最重要的是X射线衍射法。

X射线衍射法问世于1912年，迄今研究成果丰富，是人们认识物质微观结构的重要途径，到20世纪40～50年代，各类有代表性的无机物和有机物的晶体结构多数已得到测定，键长、键角及其变异规律，分子的构型、构象规律已被总结，固体物理的许多效应也得到了阐释，成为化学、物理学、矿物学以及冶金学等科学和技术方面的基础。到50年代，研究者成功地测定了蛋白质的晶体结构，为分子生物学的发展奠定了基础。到60～70年代，衍射法和计算机技术的结合，实现了收集衍射实验数据的自动化，发展了测定结构的程序，使晶体结构的测定工作从少数晶体学家手中解放出来，而为广大有机化学家和无机化学家所掌握。进入80年代后，人们根据积累的大量结构数据，建立了多功能的晶体结构数据库。现在，国际上已建立的晶体学数据库主要有五种：①剑桥结构数据库(英国)，收集了约20万种含碳化合物的结构数据；②蛋白质晶体结构数据库(美国)，收集了约5000种生物大分子的三维结构数据;③无机物晶体结构数据库(德国),包括约 3 万多种无机化合物的结构数据;④金属晶体学数据文件(加拿大),有 1 万多种金属和合金的结构;⑤粉末晶体衍射文件(美国),约 11 万种晶体的数据。它们为 X 射线衍射法在化学、物理学、生物学等各方面的广泛应用提供了系统的结构信息。

5.1.2 X 射线衍射测量

1895 年伦琴发现 X 射线,认为它是一种波,但无法证明。当时晶体学家对晶体构造(周期性)也没有证明。1912 年劳埃将 X 射线用于 $CuSO_4$ 晶体衍射实验,从此诞生了 X 射线晶体衍射学。劳埃用 X 射线衍射同时证明了两个问题:①人们对可见光的衍射现象有了确切的了解:光栅常数($a+b$)只要与点光源的光波波长为同一数量级,就可产生衍射,衍射花样取决于光栅形状;②晶体学家和矿物学家对晶体的认识:晶体是由原子或分子为单位的共振体(偶极子)呈周期排列的空间点阵,各共振体的间距为 10^{-8}～10^{-7} cm,M. A. Bravais 已计算出了 14 种点阵类型。

基于以上基本认识,人们发展了多种 X 射线衍射的测量方法,此处主要介绍劳埃法、周转晶体法和粉末多晶法。

1. 劳埃法

劳埃法是德国物理学家劳埃在 1912 年首先提出的,是最早的 X 射线分析方法,它用垂直于入射线的平底片记录衍射线,得到劳埃斑点。

如图 5-1 所示,A 为透射相,B 为背射相,目前劳埃法用于单晶体取向测定及晶体对称性的研究。

劳埃法采用连续 X 射线照射不动的单晶体。连续谱的波长有一个范围,从 λ_0(短波限)到 λ_m。图 5-2 为零层倒易点阵以及两个极限波长反射球的截面。大球以 B 为中心,其半径为 λ_0 的倒数;小球以 A 为中心,其半径为 λ_m 的倒数。在这两个球之间,以线段 AB 上的点为中心有无限多个球,其半径从 BO 连续变化到 AO。凡是落到这两个球面之间的区域的倒易结点,均满足布拉格条件,它们将与对应某一波长的反射球面相交而获得衍射。

2. 周转晶体法

除了劳埃法以外,X 射线衍射研究还有周转晶体法。周转晶体法采用单色 X 射线照射转动的单晶体,并用一张以旋转轴为轴的圆筒形底片来记录。晶体绕晶轴旋转相当于其倒易点阵围绕过原点 O 并与反射球相切的一根轴转动,于是某些结点将瞬时地通过反射球面。图 5-3 为周转晶体法的原理图。

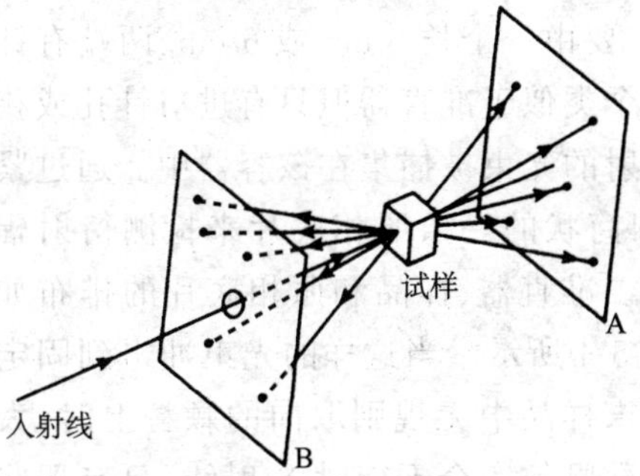

图 5-1　劳埃法原理图

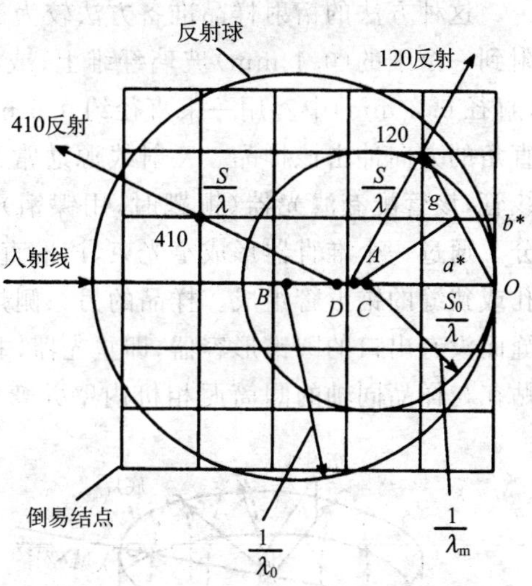

图 5-2　极限波长反射球的截面图

凡是倒易矢量 g 小于反射球直径($g = 1/d \leqslant 2/\lambda$)的倒易点,都有可能与球面相遇而产生衍射。

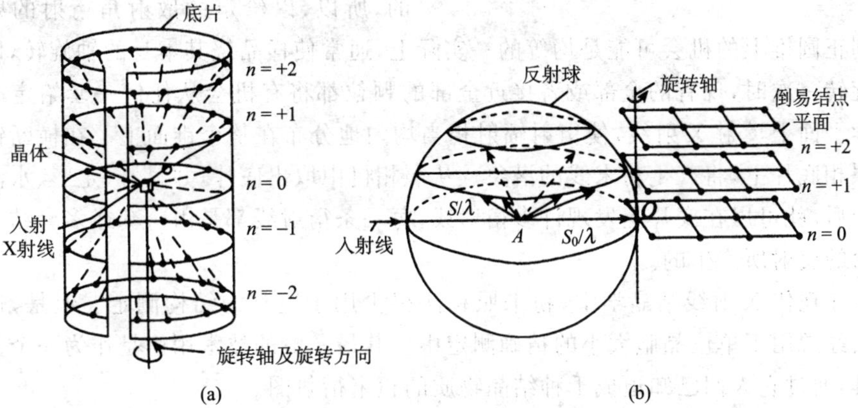

图 5-3　周转晶体法的原理图

3. 粉末多晶法

以上介绍的全部是 X 射线衍射的单晶方法,但由于单晶方法相当复杂,所以本文详细介绍粉末多晶法,这一方法使得我们可以不用单晶,而用晶体或微晶磨细得到的粉末来代替它们。这种粉末中含有的晶粒大小的数量级为微米。

这种方法的衍射样品准备方法较为简单:将一些粉末状物质用痕量凡士林黏附到一个细的(0.1 mm)玻璃纤维上,或将粉末填满一个管壁很薄的玻璃毛细管(直径 0.2 mm)中。用一束直径约 0.5 mm 的窄平行单色 X 射线从与样品转轴成直角的方向冲击该样品。X 射线源通常是一个具有铜(或钼)靶的库利吉型 X 射线管,该管配有滤光器(铜靶时,用镍箔)以便滤去除了 K_α 线以外的其他光谱成分。通过一个准直器形成窄光束,该准直器主要由一个长 5 cm 或 6 cm、两端有针孔或狭缝的锥形管组成。样品的另一侧是一个类似于准直器但只有进口针孔或狭缝而没有出口的圆锥形容器,即止光器,非衍射的光束被捕集在该容器中。通过紧贴在与样品同轴的圆筒照相机内壁并弯成圆筒状的一条照相底片来检测衍射辐射。准直器、样品和照相底片的排布如图 5-4 所示。当这样的光束冲击到固定粉末样品中无规则取向的颗粒上时,大多数颗粒完全不衍射 X 射线,只有那些恰好也这样取向的颗粒才会产生 X 射线衍射现象。因此,衍射辐射的方向将偏离入射光束方向两倍布拉格角。由于相对于光束轴来说,取向是完全随机的,所以,以给定的散射角衍射的射线落到正圆锥上的机会可能是均等的。实际上,通常使样品绕其本身的轴旋转,以便在旋转一次时,现有的全部或者接近全部的颗粒都将有机会从任何一套给定的结晶学平面上反射 X 射线,使衍射辐射相当均匀地分布在整个锥面上。在横断锥面的照相底片上,将产生粉末线的潜象。从照相机中取出底片,并显影、定影、水洗和晾干后,就可以在底片上发现许多衍射线,每一条衍射线都是由一套或多套结晶学平面的反射所产生的。

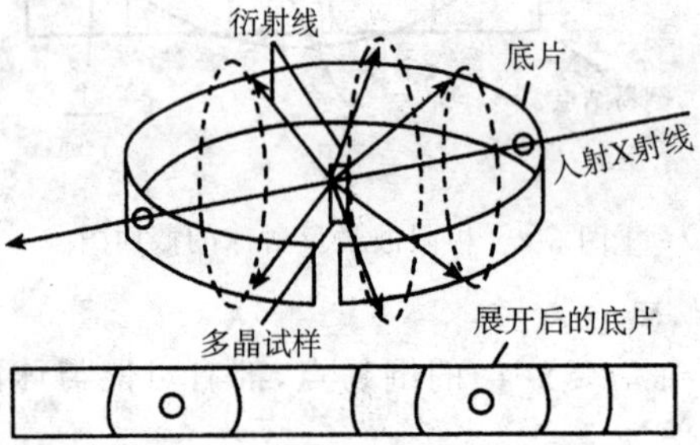

图 5-4　粉末多晶法原理图

在现代 X 射线结晶学中,粉末照相法很少用于完整的结构测定。但是,这一方法经常用于单位晶胞大小的精确测定中。其最一般的技术用途是作为一个分析工具,通过它人们已知道成千种结晶物质的粉末衍射图。

5.2　磁　化　率

磁化率作为物质的微观物性数据具有重要意义。就理论研究而言,磁化率测定可用于研究物质的微观结构、配位化合物的成键情况以及物质的磁性大小等。

帕斯卡(Pascal)总结和分析了大量有机化合物的摩尔磁化率,发现每一化学键有确定的磁化率数值,把有机化合物所包含的各个化学键的磁化率加和起来,就是该有机化合物的磁化率。这种磁性质的加和规律对于研究有机物的结构是有用的。因为各种化学键的磁化率数据已测得，当一种新有机化合物被合成以后，就可通过其磁化率的测定来推断该新化合物的分子结构。

5.2.1　概述

磁性是普遍存在的一种物质属性，任何一种物质材料都有磁性，只不过表现形式和程度有所不同。物质的磁性常用磁化率 χ 或磁矩 μ 表示。磁化率是在外磁场 H 中物质磁化强度 M 和磁场强度 H 的比值

$$\chi = M/H \tag{5-1}$$

式中，χ 是量纲为一的量。

根据物质磁性的起源、磁化率的大小和温度的关系，可将物质的磁性分为五类。

磁性
- 无永久磁矩——抗磁性(a)
- 有永久磁矩
  - 弱磁性
    - 顺磁性(b)
    - 反铁磁性(e)
  - 强磁性
    - 铁磁性(c)
    - 亚铁磁性(d)

各磁性物质的磁化率及磁化率与温度的关系见表 5-1 和图 5-5。

表 5-1　各磁性物质、磁化率 χ 及磁化率与温度的关系

各类磁性物质	χ	χ 与温度的关系
a 抗磁性物质	$<0(\approx 10^{-6})$	不随温度而变
b 顺磁性物质	$>0(10^{-3}\sim 10^{-6})$	随温度升高而降低
c 铁磁性物质	>0(数值很大)	与温度和磁场的关系复杂
d 亚铁磁性物质	同铁磁性物质	同铁磁性物质
e 反铁磁性物质	>0(数值与顺磁性相近)	见图 5-5(T_N 为奈耳温度)

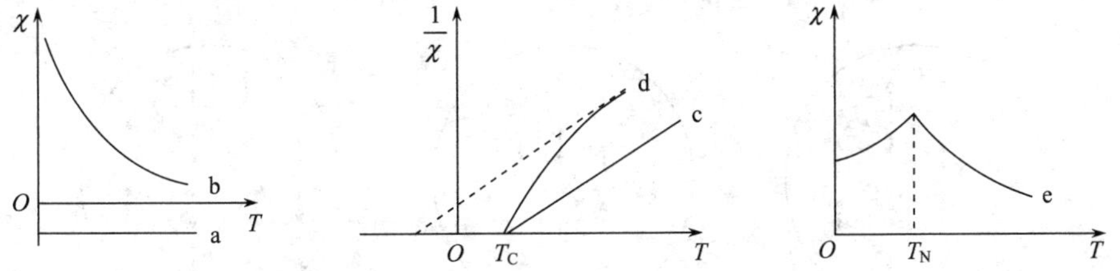

图 5-5　各类磁性物质的磁化率 χ 和温度 T 的关系

a. 抗磁性；b. 顺磁性；c. 铁磁性；d. 亚铁磁性；e. 反铁磁性

物质具有不同的磁性，首先是源于物质内部的电子组态，即电子在原子轨道和分子轨道上的排布情况；其次是源于化学成分、晶体结构、晶粒组织和内应力等因素，这些因素引起磁矩排列情况不同。

磁矩 μ 是矢量，它是从物质的微观结构来理解物质磁性的一个物理量。磁矩的单位为 $A \cdot m^2$ 或 $J \cdot T^{-1}$，是闭合回路中的电流强度(单位为 A)和回路所包围的面积(单位为 m^2)的乘积，方向(按右手定则)和回路平面垂直。电子的自旋运动、电子的轨道运动和原子核的自旋运动，分别产生电子自旋磁矩、电子轨道磁矩和核磁矩。由于核磁矩约比电子磁矩小三个数量级，它对物质材料磁性的影响可以忽略，但是核磁矩是核磁共振的基础。电子运动的磁矩一般是轨道磁矩和自旋磁矩的矢量和。

各种磁性物质内部的磁结构可用图 5-6 表示。(a)表示抗磁性：物质中全部电子在原子轨道或分子轨道上都已两两配对，自旋相反，没有永久磁矩，以小圆圈表示；(b)表示顺磁性：原子或分子中有未成对电子存在，有永久磁矩，但磁矩间无相互作用，当无外磁场时，无规的热运动使磁矩随机取向，当外加磁场时，则有一定定向排布，呈现顺磁性；(c)表示铁磁性：金属铁和钴等材料中，每个原子都有几个未成对电子，原子磁矩较大且相互间有一定作用，使原子磁矩平行排列，是强磁性物质；(d)表示亚铁磁性：如 Fe_3O_4 等相邻原子磁矩部分呈现反平行排列；(e)表示反铁磁性：如 MnO 和 Cr_2O_3 等氧化物，在 T_N 以上呈顺磁性；在低于 T_N 时，因磁矩间相邻原子磁矩呈现相等的反平行排列，使磁化率随温度降低而减小。

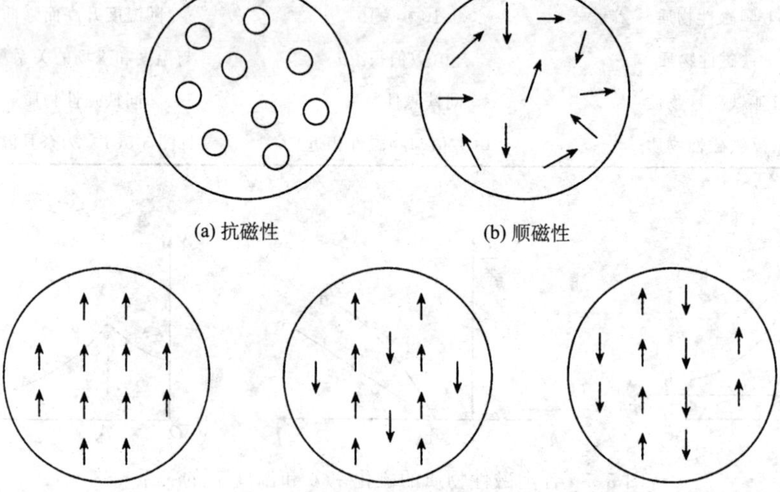

(a) 抗磁性　(b) 顺磁性

(c) 铁磁性　(d) 亚铁磁性　(e) 反铁磁性

图 5-6　物质的磁结构

在化学中常用摩尔磁化率 χ_M 表达物质的磁性，它是磁化率 χ 乘以物质的相对分子质量再除以该物质的密度，单位为 $m^3 \cdot mol^{-1}$。

5.2.2 磁化率测定方法

测量磁化率的方法有多种，但没有一种方法是普遍适用的，主要应根据实验要求和实验条件来选择。下面介绍磁化率测量的基本方法。

任何物质置于磁场中时都会诱导出一个逆磁磁矩，对于顺磁性物质，还存在固有的永久磁矩。因此，一个物体置于一外磁场中时(图5-7)，将因"定向效应"而产生一个磁矩，其量值正比于体积磁化率 χ、物体的体积 V 和磁场强度 H 的乘积 χVH。

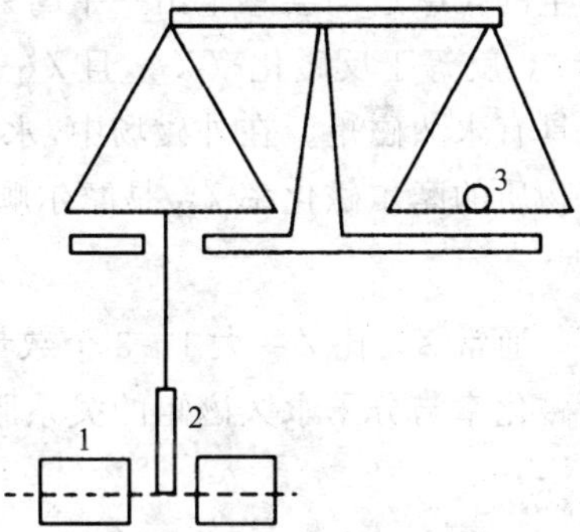

图5-7 古埃磁天平示意图

1. 磁铁；2. 样品管；3. 天平

如果所处的外磁场是均匀的，则该物体不受位移力的作用，如所处的外磁场不均匀，且沿 s 方向存在一个磁场强度梯度 $\partial H/\partial s$，则物体便会经受一个 s 方向的位移力 f

$$f = \chi VH \frac{\partial H}{\partial s} \tag{5-2}$$

磁化率通常就是用这个公式定义的，并且由此导出古埃(Gouy)法、昆克(Quincke)法、法拉第法等几种经典的磁化率测试方法。

1. 古埃法

古埃法适用于测量顺磁性或抗磁性物质的磁化率，所需样品量大，不适用于测量铁磁性和超顺磁性样品。

物质在外磁场中会被磁化并感生一附加磁场，其磁场强度 H' 与外磁场强度 H 之和称为该物质的磁感应强度 B，即

$$B = H + H' \tag{5-3}$$

H' 与 H 方向相同的为顺磁性物质，相反的为反磁性物质。还有一类物质如铁、钴、镍及其合金，H' 比 H 大得多，H'/H 高达 10^4，而且附加磁场在外磁场消失后并不立即消失，这类物质称为铁磁性物质。物质的磁化可用磁化强度 I 来描述，$H' = 4\pi I$。对于非铁磁性物质，I 与外磁场强度 H 成正比

$$I = KH \tag{5-4}$$

式中，K 为物质的单位体积磁化率(简称磁化率)，是物质的一种宏观磁性质。在化学中常用单位质量磁化率 χ_m 或摩尔磁化率 χ_M 表示物质的磁性质，它的定义为

$$\chi_m = K/\rho \tag{5-5}$$

$$\chi_M = MK/\rho \tag{5-6}$$

式中,ρ 和 M 分别是物质的密度和摩尔质量。由于 K 是量纲为一的量,所以 χ_m 和 χ_M 的单位分别是 $cm^3 \cdot g^{-1}$ 和 $m^3 \cdot mol^{-1}$。磁感应强度国际单位制单位是特[斯拉](T),而过去习惯使用的单位是高斯(G),$1\ T = 10^4\ G$。

物质的磁性与组成它的原子、离子或分子的微观结构有关,在反磁性物质中,由于电子自旋已配对,故无永久磁矩。但是内部电子的轨道运动在外磁场作用下产生的拉摩运动会感生出一个与外磁场方向相反的诱导磁矩,所以表现出反磁性。其 χ_M 就等于反磁化率 $\chi_{反}$,且 $\chi_M < 0$。在顺磁性物质中,存在自旋未配对电子,所以具有永久磁矩。在外磁场中,永久磁矩顺着外磁场方向排列,产生顺磁性。顺磁性物质的摩尔磁化率 χ_M 是摩尔顺磁化率与摩尔反磁化率之和,即

$$\chi_M = \chi_{顺} + \chi_{反} \tag{5-7}$$

通常 $\chi_{顺}$ 比 $\chi_{反}$ 大 1～3 个数量级,所以这类物质总表现出顺磁性,其 $\chi_M > 0$。顺磁化率与分子永久磁矩的关系服从居里定律

$$\chi_{顺} = \frac{N_A \mu_m^2}{3kT} \tag{5-8}$$

式中,N_A 为阿伏伽德罗常量;k 为玻耳兹曼常量($1.38 \times 10^{-23}\ J \cdot K^{-1}$);$T$ 为热力学温度;μ_m 为分子永久磁矩($erg \cdot G^{-1}$)。由此可得

$$\chi_M = \frac{N_A \mu_m^2}{3kT} + \chi_{反} \tag{5-9}$$

由于 $\chi_{反}$ 不随温度变化(或变化极小),所以只要测定不同温度下的 χ_M 对 $1/T$ 作图,截距即为 $\chi_{反}$,由斜率可求得 μ_m。由于 $\chi_{反}$ 比 $\chi_{顺}$ 小得多,所以在不很精确的测量中可忽略 $\chi_{反}$ 作近似处理

$$\chi_M \approx \chi_{顺} = \frac{N_A \mu_m^2}{3kT} \tag{5-10}$$

顺磁性物质的 μ_m 与未成对电子数 n 的关系为

$$\mu_m = \mu_B \sqrt{n(n+2)} \tag{5-11}$$

式中,μ_B 为玻尔磁子,其物理意义为单个自由电子自旋所产生的磁矩。$\mu_B = 9.273 \times 10^{-21}\ erg \cdot G^{-1} = 9.273 \times 10^{-28}\ J \cdot G^{-1} = 9.273 \times ^{-24}\ J \cdot T^{-1}$。

式(5-9)将物质的宏观性质 χ_M 与微观性质 μ_m 联系起来。由实验测定物质的 χ_M,根据式(5-10)可求得 μ_m,进而计算未配对电子数 n。这些结果可用于研究原子或离子的电子结构,判断配合物分子的配键类型。

配合物分为电价配合物和共价配合物。电价配合物中心离子的电子结构不受配位体的影响,基本上保持自由离子的电子结构,靠静电库仑力与配位体结合,形成电价配键。在这类配合物中,含有较多的自旋平行电子,所以是高自旋配位化合

物。共价配合物则以中心离子空的价电子轨道接受配位体的孤对电子,形成共价配键,这类配合物形成时往往发生电子重排,自旋平行的电子相对减少,所以是低自旋配位化合物。例如,Co^{3+} 外层电子结构为 $3d^6$,在配离子$(CoF_6)^{3-}$中,形成电价配键,电子排布见图 5-8(a)。此时,未配对电子数 $n=4$,$\mu_m=4.9\mu_B$。Co^{3+} 以上面的结构与 6 个 F^- 以静电引力形成电价配合物。

而在$[Co(CN)_6]^{3-}$中则形成共价配键,其电子排布见图 5-8(b)。此时,$n=0$,$\mu_m=0$。Co^{3+} 将 6 个电子集中在 3 个 3d 轨道上,6 个 CN^- 的孤对电子进入 Co^{3+} 的六个空轨道,形成共价络合物。

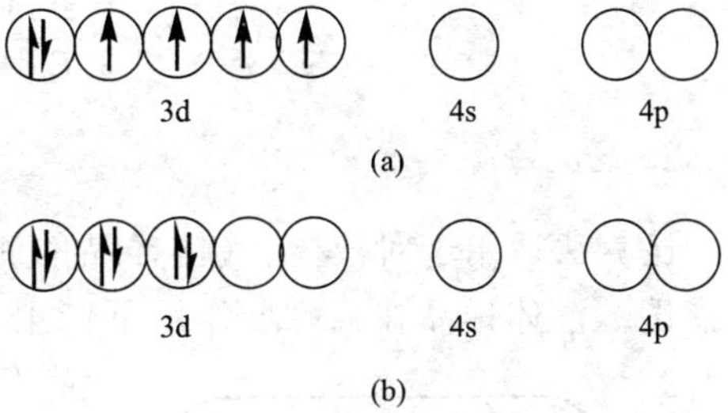

图 5-8　Co^{3+} 电价配键和共价配键的外层电子排布

古埃磁天平如图 5-7 所示。天平左臂悬挂一样品管,管底部处于磁场强度最大的区域(H),管顶端则位于场强最弱(甚至为零)的区域(H_0)。整个样品管处于不均匀磁场中。设圆柱形样品的截面积为 A,沿样品管长度方向上 dz 长度的体积 $A\,dz$ 在非均匀磁场中受到的作用力 dF 为

$$dF = KAH\frac{dH}{dz}dz \tag{5-12}$$

式中,K 为体积磁化率;H 为磁场强度;dH/dz 为场强梯度。积分式(5-12)得

$$F=\frac{1}{2}(K-K_0)(H^2-H_0^2)A \tag{5-13}$$

式中,K_0 为样品周围介质的体积磁化率(通常是空气,K_0 很小)。如果 K_0 可以忽略,且 $H_0=0$ 时,整个样品受到的力为

$$F=\frac{1}{2}KH^2A \tag{5-14}$$

在非均匀磁场中,顺磁性物质受力向下所以增重,而反磁性物质受力向上所以减重。测定时在天平右臂加减砝码使之平衡。设 ΔW 为施加磁场前后的称量差,则

$$F=\frac{1}{2}KH^2A=g\Delta W \tag{5-15}$$

由于 $K=\frac{\chi_M\rho}{M}$,$\rho=\frac{W}{hA}$,代入上式得

$$\chi_M=\frac{2\Delta W_{样品}ghM}{WH^2} \tag{5-16}$$

式中,$\Delta W_{样品}$ 为样品在施加磁场前后的称量差,g;g 为重力加速度,980 cm · s^{-2};h 为样品高度,cm;M 为样品的摩尔质量,g · mol^{-1};W 为样品的质量,g;H 为磁极中心磁场强度,G。

在精确的测量中,通常用莫尔盐来标定磁场强度,它的单位质量磁化率与温度的关系为

$$\chi_m = \frac{9500}{T+1} \times 10^{-6} \tag{5-17}$$

2. 昆克法

昆克法适用于对液体、气体样品的测试,其原理类似于古埃法,图 5-9 为其示意图。液体样品在强磁场作用下产生一个位移力,从而在毛细管中形成一个静压差 Δh。当储液器的直径远大于毛细管直径,并且液面上样品蒸气的磁化率可以忽略不计时,样品的质量磁化率 χ 可用下式计算:

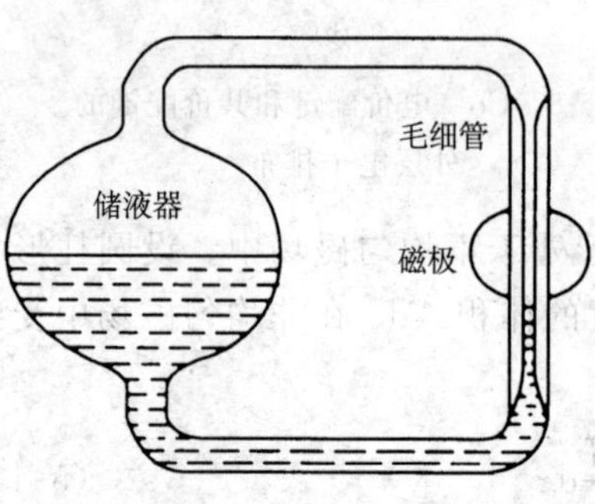

图 5-9　昆克法的液体样品管示意图

$$\chi = \Delta h g / H^2 \tag{5-18}$$

如能将毛细管设计成倾斜,则 Δh 的测量精度还可提高一些。昆克法不需单独测量样品的密度,它的总测试精度优于古埃法,但只适用于测量液体和气体的磁化率,所需样品量也很大。

以上两种方法不便研究样品的磁化率随温度的变化关系。

3. 法拉第磁天平法

当一个样品置于磁极边缘处的不均匀磁场中时,磁场沿 s 对称轴存在一磁场强度梯度 $\partial H/\partial s$,则样品经受一沿 s 轴方向的力

$$f = m\chi H \frac{\partial H}{\partial s} \tag{5-19}$$

式中,m 为样品的质量;χ 为质量磁化率;H 为样品中心处的磁场强度。

本方法的优点是方便而灵敏,仅需极少量的试样,不需测定密度,所测磁化率的精确度与样品的均匀性无关,仅取决于样品区域的 $H\frac{\partial H}{\partial s}$的均匀性,因此法拉第磁天平法的

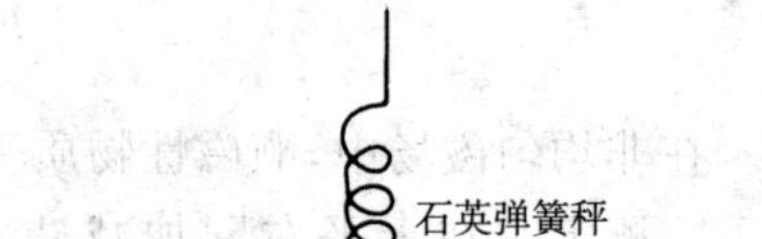

图 5-10　法拉第磁天平构造示意图

难点就是电磁铁形状的设计和加工。法拉第磁天平构造示意图见图 5-10。

4. 顺磁磁化率的核磁共振测定

在磁场存在下具有磁矩的核能级会发生变化。用射频范围的电磁辐射可引起这些能级之间的跃迁,这种共振可用来表征核的化学环境。因此核磁共振谱已发展成为用于有机和无机化合物结构测定的最有力的方法之一。该方法通过共振位移来计算顺磁物质的磁化率。

5. 其他方法

测量物质磁化率的方法还有磁感应法和威斯提升法等。

5.3　偶极矩及其测定方法

5.3.1　基本概念

分子是由带正电荷的原子核和带负电荷的电子组成的。分子呈电中性,但因空间构型的不同,正、负电荷中心可能重合,也可能不重合,前者为非极性分子,后者为极性分子。分子极性大小用偶极矩 μ 来度量,其定义为

$$\mu = qd \tag{5-20}$$

式中,q 为正、负电荷中心所带的电荷量;d 为正、负电荷中心间的距离。偶极矩的国际单位制单位是库[仑]米(C · m)。而过去习惯使用的单位为德拜(D),1 D=3.338×10^{-30} C · m。

将物质置于电场中,如放在带电电容器的极板间,它会发生某种程度的电性极化。这种极化至少有部分起因于电子云对原子核的相对位移,由这种原因引起的极化称为电子极化。物质分子由于分子骨架变形也可能存在极化。这两类极化总称为变形极化。极化的程度用摩尔极化度 P 来度量。P 为转向极化度($P_{转向}$)、电子极化度($P_{电子}$)和原子极化度($P_{原子}$)之和

$$P = P_{转向} + P_{电子} + P_{原子} \tag{5-21}$$

$$P_{转向} = \frac{4}{9}\pi N_A \frac{\mu^2}{KT} \tag{5-22}$$

式中,N_A 为阿伏伽德罗常量;K 为玻耳兹曼常量;T 为热力学温度。由于 $P_{原子}$ 在 P 中所占的比例很小,所以在不很精确的测量中可以忽略 $P_{原子}$,式(5-21)可写成

$$P = P_{转向} + P_{电子} \tag{5-23}$$

在 $\nu \approx 1015\ s^{-1}$ 的高频电场(紫外、可见光)中,由于极性分子的转向和分子骨架变形跟不上电场的变化,故 $P_{转向}=0$,$P_{原子}=0$,所以测得的 P 就是 $P_{电子}$。故只

要在低频电场($\nu<1010\ s^{-1}$)或静电场中测得 P,由式(5-23)即可求得 $P_{转向}$,再由式(5-22)可计算 μ。通过测定偶极矩,可以了解分子中电子云的分布和分子对称性,判断分子的几何异构体和立体结构等。

5.3.2 溶液法测定偶极矩

测定偶极矩的方法有很多,如溶液法、分子射线法、分子光谱法、温度法以及斯塔克效应等。溶液法在教学实验中更为常见,其设备简单,易于操作,所以下面主要介绍测定偶极矩的溶液方法。

所谓溶液法就是将极性待测物溶于非极性溶剂中进行测定,然后外推到无限稀释。因为在无限稀的溶液中,极性溶质分子所处的状态与它在气相时十分相近,此时分子的偶极矩可按下式计算

$$\mu=0.0426\times10^{-30}\sqrt{(P_2^{\infty}-R_2^{\infty})T} \tag{5-24}$$

式中,P_2^{∞} 和 R_2^{∞} 分别表示无限稀释时极性分子的摩尔极化度和摩尔折射度(习惯上用摩尔折射度表示折射法测定的 $P_{电子}$);T 为热力学温度。

这里,测定摩尔极化度 P_2^{∞} 和摩尔折射度 R_2^{∞} 就是解决问题的关键。

1. P_2^{∞} 和 R_2^{∞} 的测定

无限稀释时,溶质的摩尔极化度 P_2^{∞} 的表达式为

$$P=P_2^{\infty}=\lim_{x_2\to0}P_2=\frac{3\varepsilon_1\alpha}{(\varepsilon_1+2)^2}\cdot\frac{M_1}{\rho_1}+\frac{\varepsilon_1-1}{\varepsilon_1+2}\cdot\frac{M_2-\beta M_1}{\rho_1} \tag{5-25}$$

式中,ε_1、ρ_1、M_1 分别为溶剂的介电常数、密度和相对分子质量,其中密度的单位为 $g\cdot cm^{-3}$;M_2 为溶质的相对分子质量;α 和 β 为常数,可通过稀溶液的近似公式求得

$$\varepsilon_{溶}=\varepsilon_1(1+\alpha x_2) \tag{5-26}$$

$$\rho_{溶}=\rho_1(1+\beta x_2) \tag{5-27}$$

式中,$\varepsilon_{溶}$ 和 $\rho_{溶}$ 分别为溶液的介电常数和密度;x_2 为溶质的摩尔分数。

无限稀释时,溶质的摩尔折射度 R_2^{∞} 的公式为

$$P_{电子}=R_2^{\infty}=\lim_{R_2\to0}=\frac{n_1^2-1}{n_1^2+2}\cdot\frac{M_2-\beta M_1}{\rho_1}+\frac{6n_1^2M_1\gamma}{(n_1^2+2)^2\rho_1} \tag{5-28}$$

式中,n_1 为溶剂的折射率;γ 为常数,可由稀溶液的近似公式求得

$$n_{溶}=n_1(1+\gamma x_2) \tag{5-29}$$

式中,$n_{溶}$ 为溶液的折射率。

2. 介电常数的测定

式(5-25)中还需要测定溶剂的介电常数。

介电常数 ε 可通过测量电容来求算，因为

$$\varepsilon = C/C_0 \tag{5-30}$$

式中，C_0 为电容器在真空时的电容；C 为充满待测液时的电容，由于空气的电容非常接近于 C_0，故式(5-30)改写成

$$\varepsilon = C/C_{空} \tag{5-31}$$

实验中利用电桥法测定电容，其桥路为变压器比例臂电桥，如图 5-11 所示，电桥平衡的条件是

$$\frac{C'}{C_S} = \frac{u_S}{u_X}$$

式中，C'为电容池两极间的电容；C_S 为标准差动电容器的电容。调节差动电容器，当 $C' = C_S$ 时，$u_S = u_X$，此时指示放大器的输出趋近于零。C_S 可从刻度盘上读出，这样 C' 即可测得。由于整个测试系统存在分布电容，所以实测的电容 $C'_{溶}$是样品电容 $C_{溶}$ 和分布电容 C_d 之和

$$C'_{溶} = C_{溶} + C_d \tag{5-32}$$

显然，为了求 C 首先就要确定 C_d，方法是先测定无样品时空气的电容 $C'_{空}$，则

$$C'_{空} = C_{空} + C_d \tag{5-33}$$

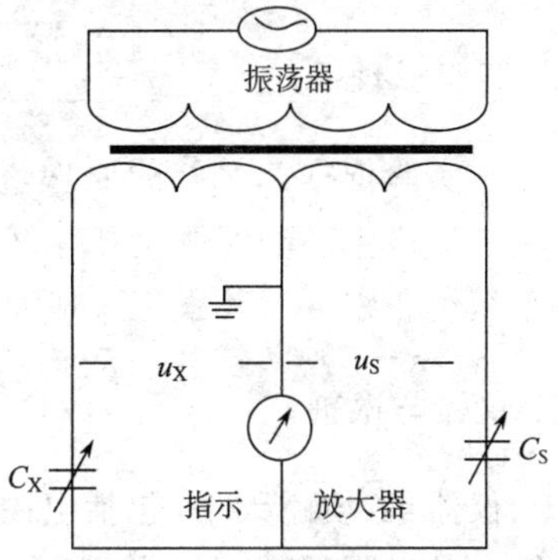

图 5-11　电容器电桥示意图

再测定一已知介电常数($\varepsilon_{标}$)的标准物质的电容 $C'_{标}$，则

$$C'_{标} = C_{标} + C_d = \varepsilon_{标} C_{空} + C_d \tag{5-34}$$

由式(5-33)和式(5-34)可得

$$C_d = \frac{\varepsilon_{标} C'_{空} - C'_{标}}{\varepsilon_{标} - 1} \tag{5-35}$$

若实验中选择四氯化碳为溶剂，则已知四氯化碳介电常数 $\varepsilon_{标}$ 与摄氏温度 t 的关系，即

$$\varepsilon_{标} = 2.238 - 0.0019(t - 20) \tag{5-36}$$

将 C_d 代入式(5-32)和式(5-33)即可求得 $C_{溶}$ 和 $C_{空}$。这样就可计算待测液的介电常数。

【思考题】

5-1　简述测定晶体结构的各种方法。

5-2　X 射线衍射法根据样品的不同可分为哪些方法？目前国内广泛采用的是什么方法？

5-3　磁场强度一般用已知磁化率的某物质来标定。在高磁化率范围内通常采用什么物质

来标定?在低磁化率范围内采用什么物质来标定?

(梁柯丽　蔺　何)

实验32　磁化率的测定

一、目的要求

(1) 掌握古埃法测定磁化率的原理和方法。

(2) 测定三种配合物的磁化率,计算未成对电子数,判断其配键类型。

(3) 了解磁天平的原理与测定方法。

二、实验原理

本实验依据5.2.2的原理,使用古埃法测定样品磁化率。首先利用莫尔盐间接测定磁极中心磁场强度 H,再测定顺磁性样品,计算出样品的摩尔磁化率 χ_M、分子永久磁矩 μ_m,并求得未成对电子数 n。

三、仪器与试剂

仪器:古埃磁天平(包括电磁铁、电光天平、励磁电源、特斯拉计),软质玻璃样品管,广口试剂瓶若干,小漏斗。

试剂:$(NH_4)_2SO_4 \cdot FeSO_4 \cdot 6H_2O$(A. R.)(莫尔盐),$FeSO_4 \cdot 7H_2O$(A. R.),$K_4Fe(CN)_6 \cdot 3H_2O$(A. R.)。

四、实验步骤

1. *磁极中心磁场强度的测定*

1) 磁天平调试

将霍尔变送器探头平面垂直放入磁极中心处,通电源,预热5 min以后,调节“电流调节”、“调零”电位器使A和mT表显示为零。调节电流电位器使A表显示为10.00。观察mT表的值应在850±50,有误差可再检查探头间距或方向;如果误差较大,则用螺丝刀转动校正电位器使数值达到要求。

2) 空样品管称量

取一干净的空样品管悬挂在磁天平左臂挂钩上,样品管应与磁极中心线平齐,注意样品管不要与磁极相触。准确称取空管的质量 $W_{空管}(H=0)$,接通励磁电源调节电流,使 $H=150$ mT(1 mT=10 G),称取空管的质量 $W_{空管}(H=150\ \text{mT})$。将磁场提高至300 mT后再称 $W_{空管}(H=300\ \text{mT})$。继续提高电流,H 达到500 mT

后将磁场降低 300 mT、150 mT 和 0 mT 后分别称 $W_{空管}$。

3) 用莫尔盐标定

取下样品管，将莫尔盐通过漏斗装入样品管，边装边在橡皮垫上碰击，使样品均匀填实，直至装满，继续碰击至样品高度不变为止，用直尺测量样品高度 h(cm)。用与 2) 中相同步骤称取 $W_{空管+样品}$($H=0$)和 $W_{空管+样品}$($H=150,300$)。测量完将莫尔盐倒入试剂瓶中。

2. 测定未知样品的摩尔磁化率 χ_M

同法分别测定 $FeSO_4 \cdot 7H_2O$ 和 $K_4Fe(CN)_6 \cdot 3H_2O$ 的 $W_{空管}$($H=0$)、$W_{空管}$($H=150,300$)、$W_{空管+样品}$($H=0$)和 $W_{空管+样品}$($H=150,300$)。

五、数据处理

把磁极中心磁场强度标定的数据填入表 5-2，$FeSO_4 \cdot 7H_2O$ 的测定数据填入表 5-3，仿照表 5-3 设计表格填写 $K_4Fe(CN)_6 \cdot 3H_2O$（$M_r=422.39$、文献值 $\chi_M=-172\times10^{-6}\ cm^3 \cdot mol^{-1}$）的测定数据。根据表下的要求计算相应的值。

表 5-2　磁极中心磁场强度的标定数据

标定物：$[(NH_4)SO_4]FeSO_4 \cdot 6H_2O$　　h(高度)=____cm　t=____℃　$M_r=387.98$

H 表显示	$W_{空样品管}$/g				$W_{空管+莫尔盐}$/g				$\Delta W_{空+样}-\Delta W_{空}$	$H_{标定(高斯)}$
	W_1	W_2	$W_{平均}$	$\Delta W_{空}$	W_1	W_2	$W_{平均}$	$\Delta W_{空+样}$		
0				×				×		
150										
300										

注：$\Delta W_{空}=W_{150(300)}-W_0$，$\Delta W_{空+样}=W_{150(300)}-W_0$

(1) 根据式(5-17)计算单位质量磁化率 χ_m($cm^3 \cdot g^{-1}$)

(2) 根据式(5-5)和式(5-6)计算摩尔磁化率 χ_M($m^3 \cdot mol^{-1}$)

(3) 根据式(5-16)计算磁场中心磁场强度 $H_{标定(高斯)}$，其中，$W_{样品}=\Delta W_{空+样}-W_{空管}$

表 5-3　样品的测定数据

样品：$FeSO_4 \cdot 7H_2O$　　h(高度)=____cm　　W=____g　　$M_r=277.91$

H 表显示	$W_{空样品管}$/g				$W_{空管+FeSO_4 \cdot 7H_2O}$/g				$\Delta W_{空+样}-\Delta W_{空}$	X_M	$X_{M平均}$	μ_m	n 电子数
	W_1	W_2	$W_平$	$\Delta W_{空}$	W_1	W_2	$W_平$	$\Delta W_{空+样}$					
0				×				×	×	×			
150													
300													

注：文献值 $\chi_m=11200\times10^{-6}\ cm^3 \cdot mol^{-1}$

(1) 根据式(5-16)计算样品摩尔磁化率 χ_M($m^3 \cdot mol^{-1}$)

(2) 根据式(5-10)计算分子永久磁矩 μ_m($erg \cdot G^{-1}$)

(3) 根据式(5-11)求未成对电子数 n，玻尔磁子($\mu_B=9.273\times10^{-21} erg \cdot G^{-1}$)

六、注意事项

(1) 测定空样品管质量的操作过程中不要用手、脚、胳膊、身体碰挤或挪动操作台和天平。

(2) 减弱或去掉磁场时,要缓缓往小调,停顿,再缓缓往小调。

(3) 用天平称量时,必须关闭磁极架外面的玻璃门,以免空气流动对称量的影响。

(4) 励磁电流的变化应平稳、缓慢,调节电流时不宜用力过大。加上或去掉磁场时,不要改变永磁体在磁极架上的高低位置及磁极间距,使样品管处于两磁极的中心位置,磁场强度前后一致。

(5) 装在样品管内的样品均匀紧密、上下一致,端面平整、高度测量准确。

(6) 样品管的底部一定要置于磁场中心。样品管要垂直悬挂,切不可贴近某一磁极。

七、思考题

(1) 试比较用特斯拉计和莫尔盐标定的相应励磁电流下的磁场强度的数值,并分析造成两者测定结果差异的原因。

(2) 不同励磁电流下测得的 χ_M、μ_m 值是否相同?若不同,作何解释?

(3) 根据未成对电子数,讨论 $FeSO_4 \cdot 7H_2O$ 和 $K_4Fe(CN)_6 \cdot 3H_2O$ 中 Fe^{2+} 的最外层电子结构及由此构成的配键类型。

(刘瑞泉)

实验 33　乙酸乙酯偶极矩的测定

一、目的要求

(1) 测定乙酸乙酯的偶极矩,了解偶极矩与分子电性质的关系。

(2) 掌握溶液法测定偶极矩的原理和方法。

(3) 了解溶液法测定偶极矩的原理、方法和计算。

(4) 熟悉小电容仪、折射仪和比重瓶的使用。

二、实验原理

本实验原理参见 5.3.2,是将乙酸乙酯溶于非极性的四氯化碳中形成稀试液,然后在低频电场中测量试液的介电常数和试液的密度求得 P_2^{∞};在可见光下测定

试液的 R_2^{∞}，然后由式(5-24)计算乙酸乙酯的偶极矩。

三、仪器与试剂

仪器：PGM-Ⅱ型小电容测量仪，PGM-Ⅱ型电容池，阿贝折射仪，电子天平，电吹风，比重瓶，滴瓶，滴管数支。

试剂：四氯化碳(A. R.)，摩尔分数 x_2 分别为 0.01、0.05、0.1 和 0.15 的四氯化碳-乙酸乙酯试液。

四氯化碳-乙酸乙酯溶液配制方法如下式

$$x_2=\frac{(\rho_{样品}V_{样品})/M_{样品}}{(\rho_{样品}V_{样品})/M_{样品}+[\rho_{氯仿}(V_{总}-V_{样品})/M_{氯仿}]}$$

其中，样品为乙酸乙酯。

四、实验步骤

1. 折射率的测定

在室温条件下，用阿贝折射仪分别测定四氯化碳和四份试液的折射率。每个样品测三次，取其平均值。

2. 密度的测定

某温度下，样品的密度与水的密度之比等于它们同体积的质量比。若查得该温度下水的密度，并用比重瓶测得同样体积样品和水的质量，就可以求得样品的密度。

实验时，将比重瓶(图 5-12)洗净，干燥后用分析天平称量得 m_0(准确称至 0.0001 g)。盛以蒸馏水，使之超出刻度线，塞上磨口瓶塞，用毛细管吸取蒸馏水，使之降低至刻度线，塞上磨口瓶塞。用滤纸吸干瓶外所沾的水，称得 m_1。倒去蒸馏水，用丙酮润洗内壁，干燥备用。

同样方法分别测定蒸馏四氯化碳和四份试液的密度。

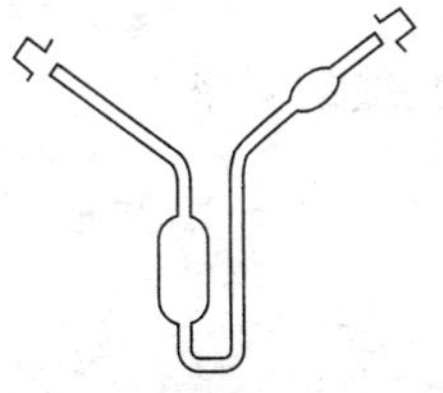

图 5-12　测定挥发性液体的比重

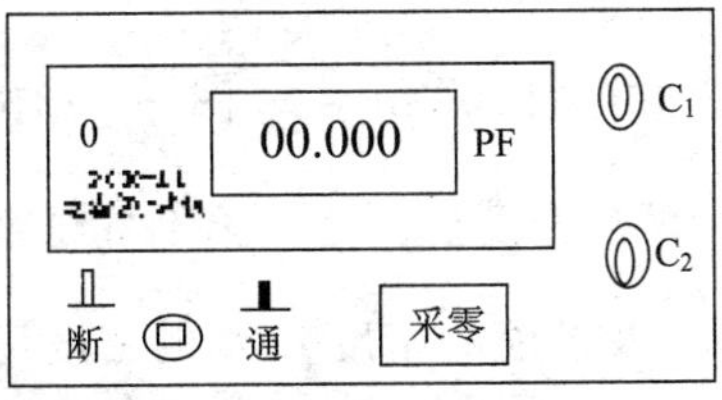

图 5-13　电容仪面板示意图

3. 电容的测定

空气 $C_{空}$ 的测定:用配套电线将后面板的“电源插座”与通用电源连接,再打开前面板的电源开关(图 5-13),此时 LED 显示某一电容值。预热 5 min,按下“采零”键,以清除仪表系统零位漂移,显示器显示为“00.000”。

用丙酮润洗电容池两极间的空隙后,用电吹风吹干,旋上金属盖。将电容池的内电极插座连接到电容测量仪的“C_2”上,外电极连接到“C_1”上,读取电容测量仪显示的电容值。重复三次,三次电容读数的平均值为 $C'_{空}$。

4. 标准物质 $C'_{标}$ 的测定

用干净滴管吸取四氯化碳,将其加入已干燥的电容池样品室中,试液要盖过外电极,盖上池盖。用测量 $C'_{空}$ 相同的步骤测定四氯化碳的 $C'_{标}$ 。

5. 四氯化碳-乙酸乙酯试液 $C'_{溶}$ 的测定

四氯化碳倒入回收瓶中。用冷风将样品室吹干后再测 $C'_{空}$,与前面所测的 $C'_{空}$ 值相差应小于 0.05 pF,否则表明样品室存有残液,应继续吹干。然后装入试液,同法测定四份试液的 C'。

五、数据记录及处理

(1) 折光率的测定。在室温下测四氯化碳及各配制试液(x_2)的折射率。每一个样品测三次,读取三个数值后取平均,填入表 5-4 中。

表 5-4　四氯化碳及各配制试液的折射率

n	四氯化碳 n_1	试液 1	试液 2	试液 3	试液 4
测三次					
平均 $n_{溶}$					

根据式(5-29)作 $n_{溶}$-x_2 图,x_2 指试液 1～4,并由直线的斜率求 γ。

(2) 试液密度的测定。溶剂和试液密度测定数据列入表 5-5,并根据 $\frac{m_{样}}{m_{水}}=\frac{\rho_{样}}{\rho_{水}}$ 计算 CCl_4 及试液的密度 ρ(水的密度请查阅 7.1.1)。

表 5-5　四氯化碳和试液密度测定数据

	四氯化碳	试液 1	试液 2	试液 3	试液 4	水	t=℃水密度
W(质量)							
$\rho_{溶}$							

根据式(5-27)作 $\rho_{溶}$-x_2 图，由直线的斜率求 β。

(3) 介电常数的测定。测量四氯化碳和试液的电容，数据列入表 5-6。

表 5-6　四氯化碳和试液电容测定数据

Cx	$C'_{标}$	$C'_{空}$	试液 1	试液 2	试液 3	试液 4
测三次						
Cx 平均						
$\varepsilon_{溶}$						

(4) 根据式(5-30)～式(5-36)计算 C_d、C_0、$C_{溶}$ 和 $\varepsilon_{溶}$ 值。

(5) 根据式(5-26)，作 ε_2-χ_2 图，由直线的斜率求 α。

(6) 根据式(5-25)和式(5-28)分别计算 P_2^{∞} 和 R_2^{∞}。

(7) 最后由式(5-24)求算乙酸乙酯分子的 μ，并参考表 5-7 分析误差来源。

六、注意事项

(1) 每次测定前要用冷风将电容池吹干，并重新测 $C'_{空}$，与原来的 $C'_{空}$ 值相差应小于 0.05 pF。严禁用热风吹样品室。

(2) 测 $C'_{溶}$ 时，操作应迅速，池盖要盖紧，防止样品挥发和吸收空气中极性较大的水蒸气。装样品的滴瓶也要随时盖严。

(3) 注意不要用力扭曲电容仪连接电容池的电缆线，以免损坏。

(4) 在配试液时，容量瓶必须干燥且准确配制。

(5) 实验过程中都要迅速盖好塞子或盖子，防止溶质和溶剂的挥发，以免造成实验结果的偏差。

七、思考题

(1) 本实验测定偶极矩时做了哪些近似处理？

(2) 准确测定溶质的摩尔极化度和摩尔折射度时，为何要外推到无限稀释？

(3) 试分析实验中误差的主要来源，如何改进实验能减小误差？

表 5-7 乙酸乙酯分子的偶极矩文献值

μ/D	$\mu\times10^{30}$/(C·m*)	状态或溶剂	温度/℃
1.78	5.94	气	30～195
1.83	6.10	液	25
1.76	5.87	CCl_4	25
1.89	6.30	CCl_4	25

注:1 D=3.33564 C·m

(刘瑞泉)

实验 34 晶体结构分析——X 射线粉末衍射法

一、目的要求

(1) 学习立方 X 射线衍射图的标定方法,测定 NaCl 的点阵形式并计算其晶体密度。

(2) 初步了解 X 射线衍射仪的构造和使用方法。

(3) 学习有关 X 射线的防护知识,查阅 PDF 卡片。

二、实验原理

本实验是采用衍射仪法。有关原理和仪器介绍参见 7.2.2。

三、仪器与试剂

仪器:X 射线衍射仪,玛瑙研钵。

试剂:NaCl(A. R.)。

四、实验步骤

(1) 在玛瑙研钵中将 NaCl 晶体磨至 340 目左右(手摸时无颗粒感)。将玻璃样品框放于平晶上,把样品均匀地洒于框内,略高于样品框玻璃平面,用玻璃片压样晶,使样品足够紧密且表面光滑平整,附着在框内不至于脱落。将样品框插在测角仪粉末样品台上。

(2) 按"X 射线衍射仪操作规程"开机操作,并选择实验参数。本实验用铜靶(Cu、K_α、Ni 滤波片),正比计数器。选用狭缝发射为 1°,散射为 1°,接收为0.4 mm,扫描速度为 0.03°·s^{-1},采样时间为 1 s,走纸速度为 10 mm·度$^{-1}$,时间常数为 1 s,记录仪满量程为 5000 脉冲·s^{-1}。管压 40 kV,管流 20 mA,用"DATACOLLECTION"进行衍射数据的采集,绘制衍射图谱,起始角度为 25°,终止角度为 156°。

按 F1 键扫描开始，按 F2 停止。

(3) 扫描结束后，按“X 射线衍射仪操作规程”关机。

五、数据处理

(1) 在图谱上标出每条衍射线的 2θ 的度数，计算各衍射线的 $\sin^2\theta$ 之比，与表 7-3 比较，确定 NaCl 的点阵形式。

(2) 根据表 7-3 标出各衍射线的指标 hkl，选择较高角度的衍射线，将 $\sin\theta$、衍射指标以及所用 X 射线的波长代入式(7-3)求 a。

(3) 用式(7-4)计算 NaCl 的密度。

(4) 由各衍射线的 2θ 值计算(或查表)相应的 d 值，估算各衍射线的相对强度，同文献值(PDF 卡片)相比较。

(5) 解释图谱中衍射(111)和(200)间出现的小衍射峰。

六、注意事项

(1) 实验时应注意安全，以防高压触电和 X 射线辐射。

(2) 严格按照开关机顺序操作，切忌颠倒。

七、思考题

(1) 对于一定波长的 X 射线，晶面间距 d 为任何值的晶面是否都可产生衍射？

(2) X 射线对人体有什么危害？应如何防护？

(3) 计算晶胞参数 a 时，为什么要用较高角度的衍射线？

(阿布力孜·依米提)

实验 35　苯分子共振能的测定

一、目的要求

(1) 学会用氧弹量热计测定液态物质燃烧热的方法。

(2) 根据相关理论，通过测定苯、环己烷和环己烯等液体物质的燃烧焓，计算苯分子的共振能。

(3) 明确共振能与苯、环己烷和环己烯燃烧焓的关系。

二、实验原理

苯分子的三个成键轨道叠加，形成了离域大 π 键的分子结构。这种离域大 π

键物质的能量比对应的经典定域结构式所表达的普通单双键物质的能量要低，其差值称为共振能 E，也称为离域能。共振能 E 可以用来衡量一种共轭分子的稳定性，通过量子化学计算或实验方法，可求得苯分子的共振能。

苯、环己烯和环己烷三种分子都含有碳六元环，环己烷和环己烯的燃烧焓 ΔH 的差值 ΔE 与环己烯上的孤立双键结构相关，它们之间存在下述关系

$$|\Delta E| = |\Delta H_{环己烷}| - |\Delta H_{环己烯}| \tag{5-37}$$

若苯环是由三个孤立的双键构成，则苯和环己烷的燃烧焓之差应该是 $3\Delta E$，但共轭结构导致苯分子的能量降低，其差额值就是苯分子的共振能 E

$$\begin{aligned} E &= |\Delta H_{环己烷}| - |\Delta H_{苯}| - 3|\Delta E| \\ &= (|\Delta H_{环己烷}| - |\Delta H_{苯}|) - 3(|\Delta H_{环己烷}| - |\Delta H_{环己烯}|) \end{aligned} \tag{5-38}$$

故可以通过测定这三种物质的燃烧焓数据求出苯分子的共振能。

三、仪器与试剂

仪器：氧弹量热计，压片机，分析天平。

试剂：苯、环己烯、环己烷、苯甲酸(均为 A.R.)，药用胶囊。

四、实验步骤

(1) 标定量热计热容。以 0.8～1.0 g 苯甲酸测定其燃烧前后的温差，以此计算量热计的热容。

(2) 测定胶囊的燃烧热。取约 15 个胶囊压片、称量，测定其燃烧热($J \cdot g^{-1}$)。

(3) 测定试样的燃烧热。取一个胶囊称量，装入试样后再称量，以确定试样质量。测定其燃烧热，扣除胶囊的燃烧热值即为苯的燃烧热。用此法分别测定苯、环己烯和环己烷的燃烧热。

五、数据处理

(1) 根据实验数据分别计算出量热计热容、胶囊燃烧热和各试样的燃烧热。

(2) 由式(5-38)计算出苯分子的共振能。

六、注意事项

(1) 样品是否点燃与燃烧完全与否，是本实验成功的关键。相关操作要点参见实验 2。

(2) 本实验数据处理较多，最好与计算机联机记录并处理实验数据。

七、思考题

（1）用此法还可以测定哪些物质的共振能？

（2）为什么要用约 15 个胶囊测定其燃烧热？

（3）固体物质与液体物质燃烧热测定方法的异同。

（李将渊）

第 6 章　综合设计性实验

综合 1　配合物组成及稳定常数的测定

一、课前准备

配合物的组成及稳定常数是配合物的重要性质。其测量方法根据配合物的性质不同可分别采用电化学法和分光光度法等。其中分光光度法由于所用仪器简单、操作简便而成为有色配合物组成和稳定常数测定的首选方法。常用的光度分析方法主要有等摩尔连续变化法、平衡移动法、摩尔比法、直线法和斜率比法等。

通过查阅文献，总结配合物组成和稳定常数的测定方法，了解各自的适用范围，最终拟定利用等摩尔连续变化法测定 Fe^{3+} 与铁钛试剂形成的配合物的组成和稳定常数。

总结出本实验的原理和希望达到的实验目的，把上述心得写入预习报告中。

二、仪器与试剂

仪器：723 型分光光度计，pHS-3 酸度计，100 mL 容量瓶 22 个，250 mL 容量瓶 2 个，10 mL、25 mL 移液管各 2 支。

试剂：0.005 $mol \cdot L^{-1}$ 硫酸铁铵溶液，0.005 $mol \cdot L^{-1}$ 铁钛试剂(1,2-二羟基-3,5-苯二磺酸钠，tiron)，pH＝4.6 的 HAc-NH_4Ac 缓冲溶液。

三、实验内容

1. 配制试液

(1) 配制 A 组试液。按表 6-1 中的数据，配制各种体积比混合液，用蒸馏水稀释至 100 mL，抽查溶液的 pH。

(2) 配制 B 组试液。把 0.005 $mol \cdot L^{-1}$ 硫酸铁铵溶液和 0.005 $mol \cdot L^{-1}$ 铁钛试剂溶液稀释 1 倍，按同样体积比配制各种体积比混合液，用蒸馏水稀释至 100 mL，抽查溶液的 pH。

2. 吸光度测定

(1) 在所配试液中，选取颜色最深的一种试液用 723 型分光光度计在 480～700 nm波长扫描，由吸光度-波长曲线确定最大吸收波长。

(2) 在上述最大吸收波长处测定 A、B 两组试液的吸光度，记录到表 6-1 中。

表 6-1　试液配制方案与吸光度测量

	1	2	3	4	5	6	7	8	9	10	11
Fe^{3+}溶液体积/mL	0	1	2	3	4	5	6	7	8	9	10
铁钛试剂体积/mL	10	9	8	7	6	5	4	3	2	1	0
缓冲溶液体积/mL	25	25	25	25	25	25	25	25	25	25	25
A 组吸光度											
B 组吸光度											

3. 数据处理

(1) 在同一张图纸上作两组溶液的吸光度-组成曲线。

(2) 根据吸光度-组成曲线上的吸光度最大值求出配位数 n。

(3) 取适当吸光度作水平线，根据该水平线与两组吸光度-组成曲线的交点求算 $K_{稳}$。

4. 撰写实验报告

(1) 根据文献查阅结果提出本实验的原理，并与其他方法比较。

(2) 提出详细的实验方案并处理实验数据，报告实验结果。

(3) 对实验结果进行分析讨论，并提出可能的改进方案。

（李将渊）

综合 2　咪唑啉季铵盐的合成及对钢在酸性溶液中的缓蚀性能评价

一、课前准备

咪唑啉型化合物是分子骨架中含有咪唑啉基团的一类有机化合物。

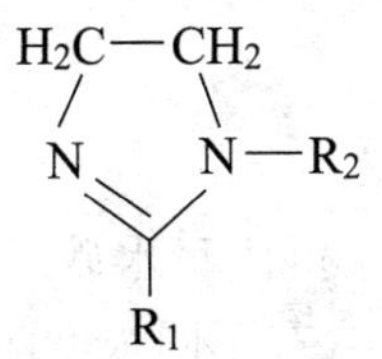

这类化合物的分子中不仅存在 N 原子上孤对电子对金属表面的吸附作用，而且烷基支链对整个咪唑啉分子在金属表面的吸附具有驱动效应，同时它对水分子

在金属表面的吸附和金属腐蚀产物迁移还起到阻滞作用,因此对钢铁、Cu、Al 等金属具有优良的缓蚀性能。咪唑啉型化合物作为缓蚀剂,还具有低毒、对环境友好等特点,具有非常广泛的应用前景。

查阅文献,根据给出的试剂,拟定咪唑啉化合物的合成方法,并用所提供的仪器对化合物的结构和组成进行表征,同时考察其对酸溶液中钢的缓蚀性能。

总结出本实验的原理和希望达到的实验目的,把上述心得写入预习报告中。

二、仪器与试剂

仪器:红外光谱仪,元素分析仪,铂电极和饱和甘汞电极,旋转蒸发仪,三口瓶,分水器,恒压滴液漏斗,冷凝管,温度计,恒温油浴,搅拌器,A_3 钢片。

试剂:有机羧酸(苯乙酸或萘乙酸),二乙烯三胺,氯乙酸钠,二甲苯,丙酮,无水乙醇,0.1 mol · L^{-1} HCl,1500# 耐水砂纸。

三、实验内容

1. 咪唑啉季铵盐的合成

1) 咪唑啉的合成

在装有分水器和冷凝管的三口瓶中加入 0.06 mol 有机羧酸和 100 mL 二甲苯,开动搅拌器并加热至 120 ℃,用恒压滴液漏斗缓慢滴加相应量的二乙烯三胺(有机羧酸与二乙烯三胺物质的量比为 1∶1.2),程序升温至 230 ℃,反应 3～5 h,至不再有 H_2O 生成时结束反应,用旋转蒸发仪减压蒸馏出溶剂,得到红棕色黏稠液体即为咪唑啉化合物。

2) 咪唑啉季铵盐的合成

用适量去离子水与 0.05 mol 氯乙酸钠配成氯乙酸钠水溶液,加入 0.02 mol 咪唑啉化合物,升温至 80～90 ℃,反应 3 h,反应结束后蒸馏出 H_2O,得到黏稠状咪唑啉季铵盐化合物。

3) 产物的表征

作产物咪唑啉的红外光谱图,分析各个红外吸收峰的归属。

2. 缓蚀性能评价

1) 失重法

实验材料为 A_3 钢片,试片用 1500# 耐水砂纸打磨,蒸馏水冲洗,丙酮、无水乙醇清洗,室温干燥。将试片浸泡于含有不同浓度(0 mg · L^{-1}、5 mg · L^{-1}、10 mg · L^{-1}、20 mg · L^{-1}、50 mg · L^{-1}、100 mg · L^{-1})咪唑啉季铵盐的 1 mol · L^{-1} HCl 溶液中 48 h 后取出,用硬橡皮擦除腐蚀产物,依次用蒸馏水、丙酮、无水乙醇清洗,

干燥后称量，实验温度为25 ℃±1 ℃，根据失重数据计算缓蚀率η

$$\eta=(\Delta W_0-\Delta W)/\Delta W_0 \quad (6\text{-}1)$$

式中，ΔW_0和ΔW分别为不含和含有咪唑啉季铵盐的1 mol·L^{-1} HCl溶液中钢片失重的质量。

2）极化曲线法

在电化学工作站上测试极化曲线，采用三电极体系，大面积铂电极为辅助电极，饱和甘汞电极为参比电极，研究电极为A_3钢片。A_3钢片四周用环氧树脂涂封，测量横端面暴露面积，实验温度为25 ℃±1 ℃。实验前研究电极均用1500#耐水砂纸打磨呈镜面光亮，用丙酮、蒸馏水冲洗擦干。腐蚀介质为含有不同浓度(0 mg·L^{-1}、5 mg·L^{-1}、10 mg·L^{-1}、20 mg·L^{-1}、50 mg·L^{-1}、100 mg·L^{-1})咪唑啉季铵盐的1 mol·L^{-1} HCl溶液，测试前在腐蚀介质中浸泡5 min。极化曲线测试的电位扫描幅度为$E_{corr}\pm200$ mV(E_{corr}为腐蚀电位)，扫描速度为0.5 mV·s^{-1}。

A_3钢片的极化曲线测试的缓蚀效率的计算式为

$$\eta=(I^0_{corr}-I_{corr})/I^0_{corr} \quad (6\text{-}2)$$

式中，I^0_{corr}和I_{corr}分别为未加入咪唑啉季铵盐和加入咪唑啉季铵盐的腐蚀电流密度，可通过直线外推法求得。

比较失重法和极化曲线法的测试结果，分别讨论有机酸咪唑啉季铵盐对A_3钢片在1 mol·L^{-1} HCl溶液中的缓蚀性能的影响。

3. 实验报告

根据查阅的文献，给出咪唑啉化合物的详细合成路线和合成方法，计算产率，表征产物的组成和结构。

处理实验数据，评价产品对钢的缓蚀性能的影响。

四、思考题

(1) 什么结构类型的有机化合物可能作为金属缓蚀剂？

(2) 评价金属缓蚀剂除了失重法和极化曲线法外还有哪些方法？

（刘瑞泉）

综合3　线型低密度聚乙烯涂层修饰ZnO亚微米棒复合膜的制备及疏水性能

一、课前准备

表面润湿是固体表面的重要特征之一，也是最为常见的一类界面现象，它对自然界中动植物的各种生命活动、人类的日常生活及工农业生产具有重要的影响。润湿性受控于固体表面自由能和表面粗糙度的大小，一般可用液体在固体表面接触角的大小来衡量，通常将接触角小于90°的固体表面称为亲水表面(hydrophilic surface)，大于90°的称为疏水表面(hydrophobic surface)，大于150°的为超疏水表面(superhydrophobic surface)。近年来，超疏水表面材料在室外天线的防积雪，轮船外壳的防污、防腐，石油管道的防黏附、防堵塞，微流体注射，服装的防水和防污等方面都有广泛的应用，从而备受关注。

众所周知，固体表面的润湿性取决于它的化学组成(或表面自由能)和微细结构(或表面粗糙度)。固体表面自由能越小，就越不易被一些液体润湿，反之亦然。所以寻求和制备低表面自由能或高表面自由能的固体表面是制备超疏水或超亲水表面的前提要求，金属或金属氧化物等高能表面常用来制备超亲水表面，而超疏水表面常通过表面修饰氟碳化合物或硅烷降低表面能来制备。由于在光滑表面上，通过降低表面能最多只能够将接触角提高至大约120°，因此人工制备超疏水表面的关键在于构建合适的表面微细结构。目前，人们已研究出许多构造表面微细结构的方法，所用工艺有金属阳极氧化、等离子刻蚀、溶胶-凝胶法、化学气相沉积、相分离法、模板法、电化学沉积等。

作为宽禁带半导体材料，ZnO以其独特的光电和催化性质在短波激光器、气体传感器、高效催化剂、太阳能电池等方面具有广阔的应用前景。表面润湿性的研究对于将ZnO用于各种器件非常重要。

利用均匀沉淀法，Zn^{2+}可以在一定条件下生成具有一定形貌的高结晶度氧化锌。将其组装于固体基底表面，然后用价格低廉的线型低密度聚乙烯涂覆，就可以得到具有超疏水性的仿生膜。

查阅资料，了解此类仿生膜的形成机理、制备方法和应用领域，并总结出本实验的原理和希望达到的实验目的，把上述心得写入预习报告中。

二、仪器与试剂

仪器：低真空扫描电子显微镜(SEM)，X射线衍射仪，接触角测量仪，数码照相机，原子力显微镜(AFM)，载玻片。

试剂：硝酸锌[$Zn(NO_3)_2 \cdot 6H_2O$,A. R.]，六次甲基四胺[$(CH_2)_6N_4$,A. R.]，二甲苯，线型低密度聚乙烯，浓硫酸，过氧化氢。

三、实验内容

(1) 将玻璃片置于浓硫酸和过氧化氢体积比为 7∶3 的 Piranha 溶液中，80 ℃保留 30 min，用二次蒸馏水超声洗涤，以确保基底上的残留物质得以清除，再用高纯氮气吹干，置于干燥箱中备用。

(2) 把处理过的玻璃片悬置于一定浓度的硝酸锌与六次甲基四胺混合液中，于适当温度下加热数小时。取出沉积有致密均匀 ZnO 颗粒的载玻片，再重复上述过程一次，室温晾干备用。

(3) 将线型低密度聚乙烯以一定质量分数溶解在二甲苯中，加热搅拌使其充分溶解。将上述制备的带有氧化锌薄膜的载玻片直立于低密度聚乙烯溶液中，以一定速度涂膜，室温自然晾干。

(4) 用扫描电子显微镜或原子力显微镜观察 ZnO 膜和复合膜的表面形貌及 ZnO 粒子的粒度。

(5) 用接触角测量仪测定水滴在膜表面的静态接触角和滚动角。用数码照相机拍摄水滴的形状。

(6) 用薄竹片小心地将涂敷聚乙烯之前的 ZnO 从玻璃片上刮下，用 X 射线衍射仪测定 ZnO 粒子的粒度。

四、结果分析

(1) 总结文献，拟定具体详细的实验方案，分析反应原理及 ZnO 纳米晶的形成机理。

(2) 利用实验数据对复合膜的疏水性能进行综合评价。

(3) 讨论导致膜产生超疏水性的主要因素并进行必要的理论解释。

五、注意事项

Piranha 溶液具有极强的氧化性和腐蚀性，使用时必须非常小心。

六、思考题

(1) 导致材料表面产生超疏水性的主要因素是什么？

(2) 采用原子力显微镜、扫描电子显微镜和 X 射线衍射法测定的纳米粒子粒径常有一定的差别，原因是什么？

（杨　武）

综合 4　溶胶-凝胶法制备纳米 TiO_2 及其对染料废水光催化降解反应的催化活性

一、课前准备

随着工农业生产的高速发展,由此而带来的环境污染问题已经成为全球关注的热点问题,其中有机染料是最主要的污染物来源之一。目前关于染料废水的处理主要有吸附法、微生物降解法及高级氧化法等。光催化降解有机污染物是近年来发展起来的一种节能、高效的高级氧化技术。在诸多作为光催化剂的半导体材料中,纳米 TiO_2 粉末具有稳定性好、成本低和光催化活性高等优点,在空气净化、废水处理、防污清洁等方面备受关注。制备 TiO_2 的方法有溶胶-凝胶法(sol-gel)、均相沉淀法、微乳法和水热法等多种,其中溶胶-凝胶法工艺简单、产品纯度高、易大量制备,是目前研究最多的制备纳米 TiO_2 的方法。开发新型、高效的纳米 TiO_2 光催化剂在工业、环保等领域具有十分重要的意义。本实验旨在利用廉价的 $TiCl_4$ 为原料,以溶胶-凝胶法合成纳米 TiO_2 光催化剂,对其结构和形貌进行表征,并通过降解亚甲基蓝模拟废水实验考察其光催化性能。

查阅文献,了解各种染料废水处理技术的发展概况及其优缺点,了解半导体光催化剂的制备、表征技术及其光催化原理,拟定实验方案,以 $TiCl_4$ 为原料,利用溶胶-凝胶技术制备光催化性能良好的 TiO_2 光催化剂,以亚甲基蓝为目标染料,考察其对亚甲基蓝水溶液的降解行为。

总结出本实验的原理和希望达到的实验目的,把上述心得写入预习报告中。

二、仪器与试剂

仪器:X 射线衍射仪,紫外分光光度计,离心机,超声清洗器,磁力搅拌器。

试剂:四氯化钛,亚甲基蓝,无水乙醇,聚乙二醇,氨水。

三、实验内容

1. 催化剂的制备

在冰水浴冷却条件下,将一定量的 $TiCl_4$ 缓慢滴加至一定体积的二次蒸馏水、乙醇、聚乙二醇的混合液中,超声振荡数分钟,密封静置 3 天后,水浴蒸除溶剂,放入烘箱中于 80 ℃下烘干,碾碎得淡黄色粉末,置于马弗炉中于 550 ℃灼烧 3 h,即得 TiO_2 纳米粉末。

2. 催化剂的表征

利用 X 射线衍射仪测定 TiO_2 催化剂的晶形,选用 Cu 靶,工作电压 40 V,工作电流30 mA，扫描速率为 $8^\circ \cdot min^{-1}$，扫描范围 2θ 为 $10^\circ \sim 90^\circ$。

3. 催化降解实验

在盛有 200 mL 一定浓度的亚甲基蓝水溶液的烧杯中，加入适量 TiO_2 催化剂，超声处理数分钟，使催化剂完全悬浮于水溶液中，置于太阳光下磁力搅拌，每隔 1 h 取样 4 mL，分别按标记顺序排放，离心分离后，于亚甲基蓝的最大吸收波长处测定上清液的吸光度。0.5 h 内吸光度无明显变化时结束实验。

四、数据处理

(1) 对产品进行称量，计算产率。

(2) 对样品的 X 射线衍射峰进行归属，判断所制备样品的晶形，计算其中锐钛矿型和金红石型的比例，利用谢乐公式计算 TiO_2 粉末的平均粒径。

(3) 利用下式计算亚甲基蓝的降解率：

$$降解率=[(A_0-A)/A_0]\times 100\ \%$$

式中，A_0 和 A 分别为亚甲基蓝溶液的起始吸光度和降解时间 t 后的吸光度。

(4) 利用实验数据，求出降解过程的动力学方程。

五、思考题

(1) 如果利用紫外光作为降解实验的光源，则降解率会有什么变化?

(2) 查阅文献，提出 TiO_2 催化太阳光降解亚甲基蓝反应的可能机理。

（杨　武）

设计 1　pH 计测定乙酸乙酯皂化反应速率常数

一、实验目的

(1) 熟悉 pH 计的使用方法。

(2) 掌握 pH 法测定反应速率常数的方法、实验原理。

二、实验要求与内容

传统的乙酸乙酯皂化反应速率常数的测定实验都采用电导作为检测手段。事实上，在这个实验中，反应体系的 pH 变化也可反映待测物浓度的变化，从而可以测定其反应速率常数。

(1) 查阅资料,了解影响乙酸乙酯皂化反应的因素,熟悉乙酸乙酯皂化反应原理。

(2) 通过查阅资料运用所学知识,推导出反应起始时乙酸乙酯和碱浓度相同/不同的动力学方程式,推断反应体系中$[H^+]$或$[OH^-]$的变化规律,从而设计出利用 pH 计测定乙酸乙酯皂化反应速率常数的实验方案。

(3) 设置反应物浓度变量进行两个温度的实验,并计算乙酸乙酯皂化反应的活化能。

(4) 分析测定结果,评判本方法的优缺点及实际应用应当注意的技术要点。

三、数据记录

表 6-2 pH 法测定乙酸乙酯皂化反应速率常数数据记录

$T=$______

t/min	pH	$[OH^-]$	$\frac{1}{[OH^-]}$

(申 伟)

设计 2 用计算化学方法预测乙二醛分子的两种异构体及异构势垒

一、实验目的

(1) 初步学会使用一种计算化学程序的输入文件编写及输出文件阅读。

(2) 初步学会过渡态的计算和表征。

(3) 理解势能面概念。

二、实验原理

为了完成理论计算,需了解著名的薛定谔(Schrödinger)方程,这是一个二阶偏微分方程,该方程的算符形式为

$$\hat{H}\Psi = E\Psi \tag{6-3}$$

对氢原子而言,若将其对应的薛定谔方程写成直角坐标系中的形式,则为

$$\left[-\frac{h^2}{8\pi^2\mu}\left(\frac{\partial^2}{\partial x^2}+\frac{\partial^2}{\partial y^2}+\frac{\partial^2}{\partial z^2}\right)-\frac{e^2}{r}\right]\Psi(x,y,z)=E\Psi(x,y,z) \tag{6-4}$$

求解该方程可以得到分子体系的波函数 $\Psi(x,y,z)$和能量 E。根据量子力学

理论，分子体系的所有性质几乎均可由波函数 $\Psi(x,y,z)$ 通过进一步的计算得到。

量子化学计算方法大致上可以分为三大类：半经验方法（semiempirical methods）、从头计算法（abinitio methods）和密度泛函方法（density functional methods）。

半经验方法计算中引入了一些近似，极大地减少了计算工作量，从而可以对一些较复杂的分子进行计算，可以得出关于分子电子结构的定性或半定量的结论，通常足以肯定或否定有关分子性质的一些物理化学假定。具有代表性的半经验方法计算商业软件为 MOPAC。

从头计算法和密度泛函方法都不依赖于实验数据，计算功能强大，但计算工作量非常大，对计算机的性能要求也相当高。其计算结果相当精确，计算得到的分子电子结构数据完全可以与实验结果相媲美。而且这两大类方法还在相互渗透，从而产生了许多新的、更为有效的具体计算方法（如 B3LYP 方法）。主要计算软件有 Gaussian、ADF、Molpro 等。

一般地，我们将程序预测一定条件下分子的最稳定（能量最低）结构的过程称为结构优化。

对一个给定的结构（如输入文件中分子的坐标所表示的结构），程序会首先解对应的薛定谔方程，求出分子轨道及其对应的能量（分子轨道能级），该能量是分子中每个原子的坐标（x，y，z）的函数。然后，计算能量对坐标的一阶导数，对于反应势能面（图 6-1～图 6-3）上能量极小点以及反应的过渡态所对应的分子结构，能量对坐标的一阶导数都为零。当计算得到的能量对坐标的一阶导数不为零时，程序会自动根据内在设置调整分子的结构（实际上是调整分子中各原子的坐标），使被计算体系的分子结构向着能量对坐标的一阶导数等于零的方向逐步改变，直到得出能量对坐标的一阶导数等于零的分子结构出现为止，结构优化过程就完成了。

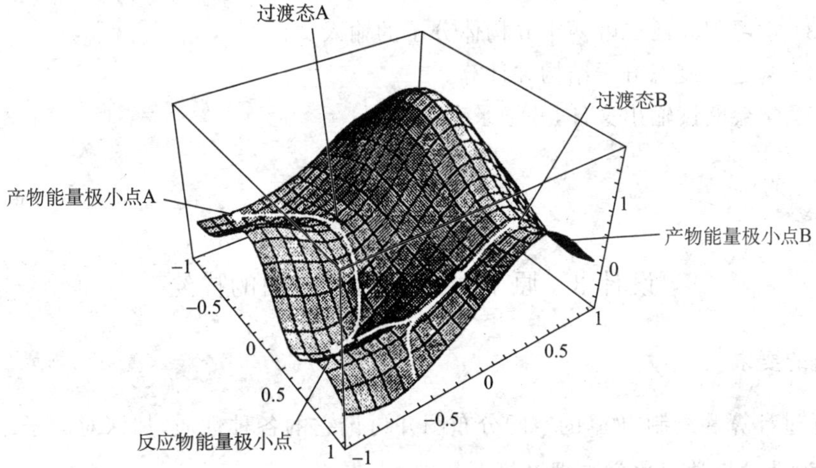

图 6-1　广泛意义上的反应势能面

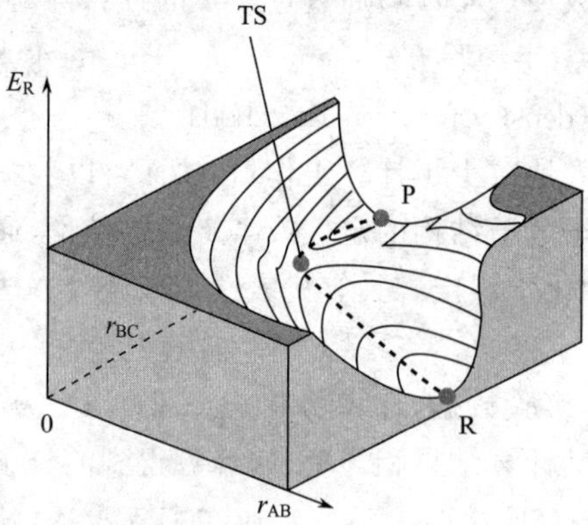

图 6-2 A+BC→AB+C 反应过程中的势能曲线与势能面(三维示意)

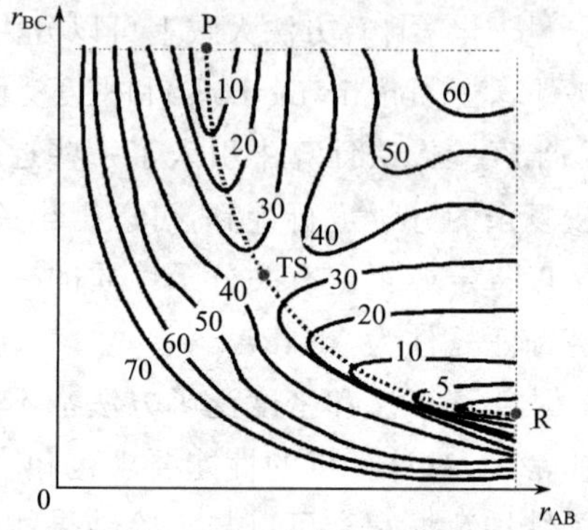

图 6-3 A+BC→AB+C 反应过程中的势能曲线与等势能曲线(等高线图)

由于无论是反应势能面上能量极小点,还是反应的过渡态所对应的分子结构的能量对坐标的一阶导数都等于零,因此还需要区分这两类不同性质结构的方法。一个具体方法就是计算能量对坐标的二阶导数所构成的矩阵的本征值:当能量对坐标的二阶导数矩阵的全部本征值都大于零时,对应的结构就是反应势能面上能量极小点,也就是通常说的结构优化的目标结构。当能量对坐标的二阶导数矩阵的本征值中有一个为负,而其余的本征值均为正时,则对应的结构就是反应的过渡态。

三、实验要求及内容

(1) 查阅资料,了解一种计算化学程序的使用。

(2) 理解反应能垒和势能面概念。

(3) 学习编写乙二醛两个异构体分子的输入文件。

(4) 构建过渡态分子结构并计算。

(5) 学会阅读输出文件,并记录有关数据。

(申 伟)

设计 3 原子轨道空间分布图的描绘

一、目的要求

通过计算和绘制 Ψ_{2p_z} 的空间分布图并讨论它的各种性质,加深对原子结构的理解,为进一步学习化学键理论打下基础。

二、实验内容

(1) 作 Ψ-r 图。解氢原子薛定谔方程,可得如下的原子轨道的数学表达式

$$\Psi_{2p_z}=\frac{1}{4}\sqrt{\frac{1}{2\pi a_0^3}}\left(\frac{r}{a_0}\right)e^{-r/2a_0}\cos\theta \tag{6-5}$$

取 a_0 为 r 的单位,作为 Ψ 单位,则可简化为

$$\Psi_{2p_z}=re^{-r/2}\cos\theta \tag{6-6}$$

按式(6-6)计算表 6-3 所规定的 r、θ 时的 Ψ_{2p_z}。

表 6-3　氢原子的 Ψ_{2p_z} 值

θ \ Ψ \ r	0	0.5	1.0	1.5	2	3	4	5	6	7	8	9
0°												
15°												
30°												
45°												
60°												

根据表 6-3 所列数据,对每个 θ 作 Ψ-r 的关系曲线(以 Ψ_{2p_z} 为纵坐标,r 为横坐标)。五条曲线画在同一张坐标纸上,得 Ψ_{2p_z}-r 图。

(2) 作 Ψ 空间分布图。根据所画的 Ψ_{2p_z}-r 图,读出表 6-4 所需的数据,对应于每个 θ,Ψ_{2p_z} 值应读出两个 r 值。

表 6-4　氢原子轨道 r 值

θ \ r \ Ψ	0.10	0.2	0.3	0.4	0.5	0.6	0.7
0°							
15°							
30°							
45°							
60°							

(3) 在直角坐标纸上选取横坐标为 x 轴,纵坐标为 z 轴,原点为原子核位置;从原点出发,按表 6-4 中 θ 值作辐射线,根据表中所列的 r、θ 和 Ψ 的数据,标出各

个 Ψ 值相同的坐标位置,画出各条 Ψ 的等值线并标明 Ψ 值。

(4) 将 θ 从 90°扩充至 180°,标明 Ψ 的正负号。

$$\cos(90^\circ-\alpha)=\sin\alpha \qquad \cos(180^\circ-\alpha)=-\cos\alpha$$

$$\cos(270^\circ-\alpha)=-\sin\alpha \qquad \cos(360^\circ-\alpha)=\cos\alpha$$

作图:①以 x 为横坐标,z 为纵坐标;②画出角度辅助线;③将各角度的 y 值标记于图中;④用平滑曲线将各点连接起来,标出正负号,即得 p_z 状态角度分布图。

(5) 求出 $|\Psi|$ 最大的坐标位置及该点的数值,并在图上标明。

三、讨论

(1) 从上述平面用图形出发,讨论 Ψ_{2p_z} 的空间分布图形。从图形对 x 轴、y 轴、z 轴和 xy 平面的对称性,节面以及图形的大小(以 $|\Psi|=0.1$ 为界面)等方面进行讨论。

(2) 与 Ψ_{2p_z} 等值线图形对比,讨论 Ψ_{2p_z} 的等值线图形。

(3) 与 Ψ_{2p_z} 图形对比,讨论 Ψ_{2p_x} 和 Ψ_{2p_y} 的空间分布图。

设计 4 分子的立体构型和分子性质

一、目的要求

通过仔细观察分子模型,掌握分子的空间结构,加深对分子构型和分子性质的了解。

二、实验内容

搭出正四面体、立方体和八面体模型,如图 6-4 所示。在制作时,边长不应小于 5 cm(可分别制作,每人选作一个,交换使用)。

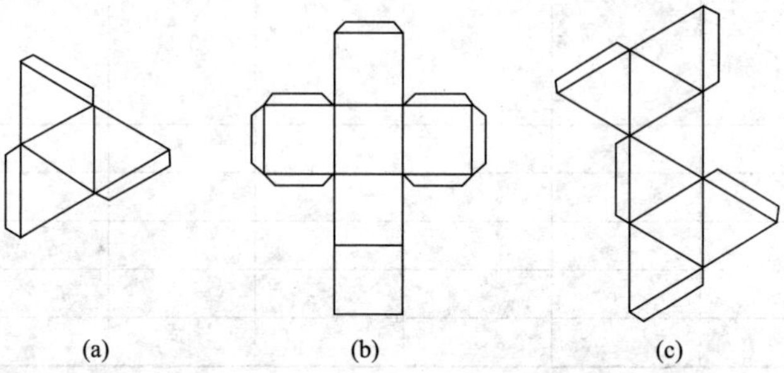

图 6-4 多面体模型

验证八面体的六个顶点相当于立方体的六个面心；四面体的四个顶点相当于立方体八个顶点中上下交错的两个对顶角。

验证八面体中对称元素有 $3C_4$、$4C_3$、$6C_2$、$9\sigma_h$、i；验证四面体中有 $4C_3$、$3S_4$（与 $3C_2$ 同向）6σ，无 i。

钴配合物是六配位八面体取向，试论证$[Co(NH_2CH_2CH_2NH_2)_2Cl_2]^+$只能有三种异构体，其中有两种是旋光异构体，并指出这些异构体中存在的对称元素。

三、分子结构分析

根据分子模型分析化合物对称性并填写表 6-5。

表 6-5 化合物分子结构与性质

分子		对称元素	点群	偶极矩	旋光性
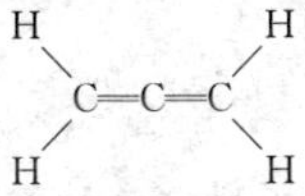					
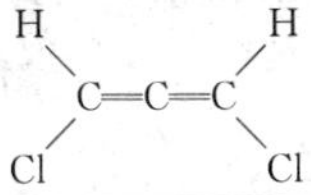					
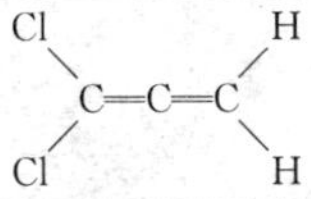					
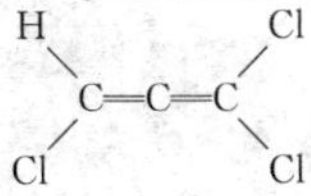					
CO_2					
H_2O					
H_2O_2					
BF_3					
NH_3					
CH_4					
SF_6					
环己烷	船式				
	椅式				

四、思考题

判断以下结论是否正确：

(1) 甲烷有对称中心。

(2) 异构体 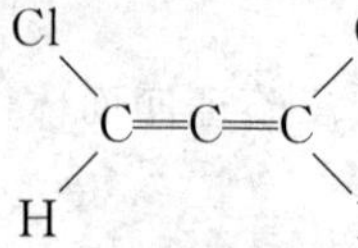 和 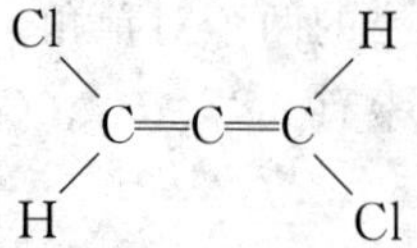 对称性不同。

(3) 有旋光性的分子没有对称性。

(4) 既有旋光性又有偶极矩的分子属于 C_n 点群。

设计 5　萘分子的 HOMO 法处理

一、目的要求

通过对萘分子结构的处理和计算,掌握 HOMO 法的原理和应用。

二、实验内容

(1) 画出萘分子的结构,对各碳原子及其 p_z 轨道编号,由原子轨道(AO)线性组合得出分子轨道(MO)。

$$\Psi=\sum_{i=1}^{10}C_i\Phi_i$$

(2) 写出休克尔行列式。

$$\begin{vmatrix} x & 1 & 0 & 0 & 0 & 0 & 0 & 0 & 1 & 0 \\ 1 & x & 1 & 0 & 0 & 0 & 0 & 0 & 0 & 0 \\ 0 & 1 & x & 1 & 0 & 0 & 0 & 0 & 0 & 0 \\ 0 & 0 & 1 & x & 0 & 0 & 0 & 0 & 0 & 1 \\ 0 & 0 & 0 & 0 & x & 1 & 0 & 0 & 0 & 1 \\ 0 & 0 & 0 & 0 & 1 & x & 1 & 0 & 0 & 0 \\ 0 & 0 & 0 & 0 & 0 & 1 & x & 1 & 0 & 0 \\ 0 & 0 & 0 & 0 & 0 & 0 & 1 & x & 1 & 0 \\ 1 & 0 & 0 & 0 & 0 & 0 & 0 & 1 & x & 1 \\ 0 & 0 & 0 & 1 & 1 & 0 & 0 & 0 & 1 & x \end{vmatrix}=0$$

(3) 解得 $X_i=\pm2.303$、±1.618、±1.303、±1.00、±0.618,求出能量 E_i,并画出能级分布图排布 π 电子。

(4) 求出离域能。

(5) 已解出分子轨道为

$$\Psi_1=0.301(\Phi_1+\Phi_4+\Phi_5+\Phi_8)+0.231(\Phi_2+\Phi_3+\Phi_6+\Phi_7)+0.461(\Phi_9+\Phi_{10})$$

$\Psi_2=0.263(\Phi_1+\Phi_4-\Phi_5-\Phi_8)+0.425(\Phi_2+\Phi_3-\Phi_6-\Phi_7)$

$\Psi_3=0.400(\Phi_1-\Phi_4-\Phi_5+\Phi_8)+0.174(\Phi_2-\Phi_3-\Phi_6+\Phi_7)+0.347(\Phi_9-\Phi_{10})$

$\Psi_4=0.408(\Phi_2+\Phi_3+\Phi_6+\Phi_7)-0.408(\Phi_9+\Phi_{10})$

$\Psi_5=0.425(\Phi_1-\Phi_4+\Phi_5-\Phi_8)+0.263(\Phi_2-\Phi_3+\Phi_6-\Phi_7)$

$\Psi_6=0.425(\Phi_1+\Phi_4-\Phi_5-\Phi_8)-0.263(\Phi_2+\Phi_3-\Phi_6-\Phi_7)$

$\Psi_7=0.408(\Phi_2-\Phi_3-\Phi_6+\Phi_7)-0.408(\Phi_9-\Phi_{10})$

$\Psi_8=0.400(\Phi_1+\Phi_4+\Phi_5+\Phi_8)-0.174(\Phi_2+\Phi_3+\Phi_6+\Phi_7)-0.347(\Phi_9+\Phi_{10})$

$\Psi_9=0.263(\Phi_1-\Phi_4+\Phi_5-\Phi_8)-0.425(\Phi_2-\Phi_3+\Phi_6-\Phi_7)$

$\Psi_{10}=0.301(\Phi_1-\Phi_4-\Phi_5+\Phi_8)-0.231(\Phi_2-\Phi_3-\Phi_6+\Phi_7)-0.461(\Phi_9-\Phi_{10})$

(6) 计算电荷密度、键级和自由价。

(7) 作分子图。

(8) 画出最高占据轨道 HOMO 和最低空轨道 LUMO。

(9) 讨论萘分子在化学反应时，α 和 β 位的活性及与 HOMO 和 LUMO 的关系。

设计 6　点阵与晶胞

一、目的要求

(1) 通过从模型和图像抽象出直线点阵、平面点阵和空间点阵来理解点阵和点阵结构的对应关系，点阵点和结构基元的对应关系，并明确复单位和素单位等概念。

(2) 通过晶体结构的具体模型掌握决定晶体所属晶系、晶胞的点阵形式和原子在晶胞中的位置。

(3) 通过写出理想晶体外形的晶面指标和平面点阵组的晶面指标，加深对晶面指标的理解。

二、实验内容

(1) 直线点阵。请用点阵表示下列原子排列的周期性，说明每一个点阵点所代表的内容。

周期性结构　○○○○○○○○○○○○

点阵

周期性结构　○○　○○　○○　○○　○○　○○

点阵

周期性结构　○o○o○o○o○o○o○o○o○o○o○o○

点阵

(2) 平面点阵。请从下列平面点阵结构中抽出对应的点阵并选用最适合的点阵单位，说明结构基元。

(a) 石墨层　　(b)　　(c) NaCl(100)晶面

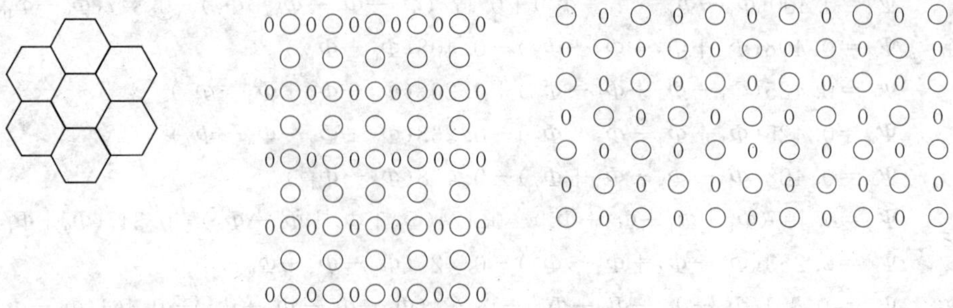

(3) 空间点阵。画出下列晶体的晶胞和空间点阵形式,说明结构基元。

a. NaCl 型晶体结构　　b. CsCl 型晶体的点阵

c. Mn(立方简单)　　d. Na(K　Cr　Mo　W　Li)(立方体心)

e. 金刚石

(4) 根据晶体结构模型填写表 6-6。

表 6-6　几种化合物的晶体结构

结构性质	NaCl	CsCl	α-Fe	金刚石	金属 Mg
特征堆成元素					
晶系					
点阵形式					
点阵点数					
结构基元					
原子的分数坐标					

(5) 写出下列晶胞阴影晶面的晶面指标。

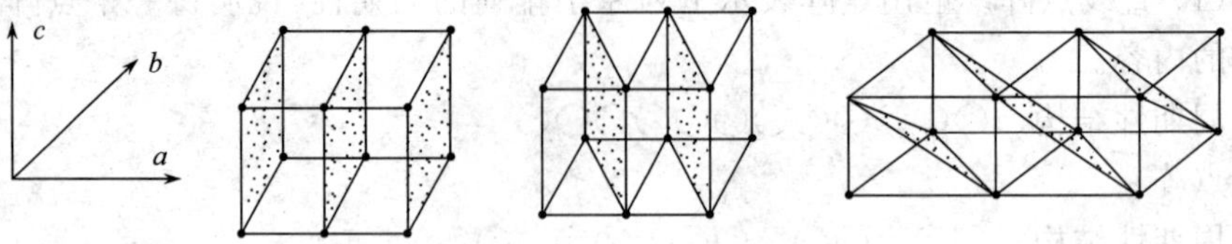

三、思考题

判断下列说法是否正确:

(1) 晶面间距 d_{hkl} 是一颗晶体两个相对晶面之间的距离。

(2) 立方面心晶胞有 4 个点阵点。

(3) 氯化铯晶体可取出立方体心晶胞。

(4) 立方体属 O_h 点群，凡立方晶系都可以划出立方体晶胞，所以都是 O_h 点群。

设计 7　等径圆球的堆积

一、目的要求

通过等径圆球的堆积来模拟金属单质原子的堆积，了解金属单质的若干典型结构形式，加深对金属晶体结构的了解并为学习离子化合物的结构打下基础。

二、实验内容

1. 密堆积层

取若干等径圆球，分别排列成密堆积层和四方平面层，比较它们的异同，填写表 6-7(设圆球半径为 R，计算空隙中心到球面的最短距离，用半径 R 表示)。

表 6-7　金属单质等径圆球密堆积层

性质	密堆积	四方平面层
每个球的配位数		
法线方向上的对称性		
空隙中心到球面的最短距离		
面积利用率		

2. 等径圆球的最密堆积

将密堆积层按 ABAB…和 ABCABCA…两种重叠方式分别组成六方和立方最密堆积。各取一个晶胞，观察并填写表 6-8(球数∶八面体空隙数∶四面体空隙数=1∶1∶2)。

表 6-8　金属单质等径圆球最密堆积

堆积方式	六方(A_3)	立方(A_1)
球的配位数		
一个球平均占有的四面体空隙		
一个球平均占有的八面体空隙		
点阵形式		
密堆积层方向		
晶胞内球的分数坐标		

3. 最密堆积中的空隙

1）四面体空隙

一个四面体空隙由________个球构成，所以一个球在一个四面体中占有________分之一的空隙。一个球参与________个四面体空隙的构成，因此平均一个球占有________个四面体空隙。

计算四面体空隙中心到球面的最短距离(用球半径 R 表示)。

2）八面体空隙

一个八面体空隙由________个球构成，所以一个球在一个八面体空隙中占有________分之一的空隙。一个球参与________个八面体空隙的构成，因此平均一个球占有________个八面体空隙。

计算八面体空隙中心到球面的最短距离(用球半径 R 表示)。

4. 体心立方堆积和简单立方堆积

将球做体心立方和简单立方堆积，取其晶胞，观察并填写表 6-9。表中密置列是指球沿一维直线紧密排列，其方向以晶胞单位矢量表示。

表 6-9 金属单质等径圆球立方堆积

堆积方式	体心立方		简单立方
密置列方向			
球的配位数			
晶胞内球的坐标			
空隙形式	八面体	四面体	
晶胞内空隙数			
空隙中心到球面的最短距离			
一个球平均占有的空隙数			

5. 计算堆积系数(空间占有率)

列式计算。

(1) 立方最密堆积 A_1。

(2) 六方最密堆积 A_3。

(3) 体心立方堆积的堆积系数。

(4) 简单立方堆积的堆积系数。

(5) 金刚石堆积的堆积系数。

设计 8　离子晶体的结构

一、目的要求

（1）了解离子半径的概念，学会一种计算离子半径的方法。

（2）熟悉简单离子化合物的代表性结构。

二、实验内容

（1）根据表 6-10 中 a 数据计算 Mg^{2+}、Mn^{2+}、Ca^{2+}、O^{2-} 和 S^{2-} 的离子半径，并回答下列问题。

（i）上述结构中，负离子与负离子、负离子与正离子之间的接触情况如何？由哪些数据可以判断？

（ii）它们属于哪一种结构形式？计算所得到的离子半径是否是个常数？

（2）计算半径比，说明离子化合物的结构形式。

表 6-10　离子化合物的结构形式

晶体	MgO	MnO	CaO	MgS	MnS	CaS
a/pm	421	444	480	519	521	568
正负离子半径比（r_+/r_-）						
结构形式						

（3）通过观察和分析表 6-10 所列 6 个二元离子晶体的结构模型，了解离子晶体的结构并将结果填入表 6-11 中。

表 6-11　二元离子晶体的结构模型

晶体		NaCl	CsCl	立方 ZnS	六方 ZnS	CaF_2	TiO_2
负离子堆积方式							
正负离子半径比（r_+/r_-）							
正负离子数比							
正离子	占什么空隙						
	占空隙率						
	配位数						

续表

晶体	NaCl	CsCl	立方 ZnS	六方 ZnS	CaF_2	TiO_2
配位多面体联结方式						
负离子的配位数						
点阵形式						
晶胞内正负离子数						
离子分数坐标						

(刘瑞泉)

第 7 章 数据与资料

7.1 常数与数据

7.1.1 1990 年国际温标纯水密度表

表 7-1 1990 年国际温标纯水密度表

t/℃	0.0	0.1	0.2	0.3	0.4	0.5	0.6	0.7	0.8	0.9
0	999.840	999.846	999.853	999.859	999.865	999.871	999.877	999.883	999.888	999.893
1	999.898	999.904	999.908	999.913	999.917	999.921	999.925	999.929	999.933	999.937
2	999.940	999.943	999.946	999.949	999.952	999.954	999.956	999.959	999.961	999.962
3	999.964	999.966	999.967	999.968	999.969	999.970	999.971	999.971	999.972	999.972
4	999.972	999.972	999.972	999.971	999.971	999.970	999.969	999.968	999.967	999.965
5	999.964	999.962	999.960	999.958	999.956	999.954	999.951	999.949	999.946	999.943
6	999.940	999.937	999.934	999.930	999.926	999.923	999.919	999.915	999.910	999.906
7	999.901	999.897	999.892	999.887	999.882	999.877	999.871	999.866	999.880	999.854
8	999.848	999.842	999.836	999.829	999.823	999.816	999.809	999.802	999.795	999.788
9	999.781	999.773	999.765	999.758	999.750	999.742	999.734	999.725	999.717	999.708
10	999.699	999.691	999.682	999.672	999.663	999.654	999.644	999.634	999.625	999.615
11	999.605	999.595	999.584	999.574	999.563	999.553	999.542	999.531	999.520	999.508
12	999.497	999.486	999.474	999.462	999.450	999.439	999.426	999.414	999.402	999.389
13	999.377	999.384	999.351	999.338	999.325	999.312	999.299	999.285	999.271	999.258
14	999.244	999.230	999.216	999.202	999.187	999.173	999.158	999.144	999.129	999.114
15	999.099	999.084	999.069	999.053	999.038	999.022	999.006	998.991	998.975	998.959
16	998.943	998.926	998.910	998.893	998.876	998.860	998.843	998.826	998.809	998.792
17	998.774	998.757	998.739	998.722	998.704	998.686	998.668	998.650	998.632	998.613
18	998.595	998.576	998.557	998.539	998.520	998.501	998.482	998.463	998.443	998.424
19	998.404	998.385	998.365	998.345	998.325	998.305	998.285	998.265	998.244	998.224
20	998.203	998.182	998.162	998.141	998.120	998.099	998.077	998.056	998.035	998.013
21	997.991	997.970	997.948	997.926	997.904	997.882	997.859	997.837	997.815	997.792
22	997.769	997.747	997.724	997.701	997.678	997.655	997.631	997.608	997.584	997.561
23	997.537	997.513	997.490	997.466	997.442	997.417	997.393	997.396	997.344	997.320
24	997.295	997.270	997.246	997.221	997.195	997.170	997.145	997.120	997.094	997.069
25	997.043	997.018	996.992	996.966	996.940	996.914	996.888	996.861	996.835	996.809
26	996.782	996.755	996.729	996.702	996.675	996.648	996.621	996.594	996.566	996.539
27	996.511	996.484	996.456	996.428	996.401	996.373	996.344	996.316	996.288	996.260
28	996.231	996.203	996.174	996.146	996.117	996.088	996.059	996.030	996.001	996.972

续表

t/℃	0.0	0.1	0.2	0.3	0.4	0.5	0.6	0.7	0.8	0.9
29	995.943	995.913	995.884	995.854	995.825	995.795	995.765	995.753	995.705	995.675
30	995.645	995.615	995.584	995.554	995.523	995.493	995.462	995.431	995.401	995.370
31	995.339	995.307	995.276	995.245	995.214	995.182	995.151	995.119	995.087	995.055
32	995.024	994.992	994.960	994.927	994.895	994.863	994.831	994.798	994.766	994.733
33	994.700	994.667	994.635	994.602	994.569	994.535	994.502	994.469	994.436	994.402
34	994.369	994.335	994.301	994.267	994.234	994.200	994.166	994.132	994.098	994.063
35	994.029	993.994	993.960	993.925	993.891	993.856	993.821	993.786	993.751	993.716
36	993.681	993.646	993.610	993.575	993.540	993.504	993.469	993.433	993.397	993.361
37	993.325	993.280	993.253	993.217	993.181	993.144	993.108	993.072	993.035	992.999
38	992.962	992.925	992.888	992.851	992.814	992.777	992.740	992.703	992.665	992.628
39	992.591	992.553	992.516	992.478	992.440	992.402	992.364	992.326	992.288	992.250
40	992.212	991.826	991.432	991.031	990.623	990.208	989.786	987.358	988.922	988.479
50	988.030	987.575	987.113	986.644	986.169	985.688	985.201	984.707	984.208	983.702
60	983.191	982.673	982.150	981.621	981.086	980.546	979.999	979.448	978.890	978.327
70	977.759	977.185	976.606	976.022	975.432	974.837	974.237	973.632	973.021	972.405
80	971.785	971.159	970.528	969.892	969.252	968.606	967.955	967.300	966.639	965.974
90	965.304	964.630	963.950	963.266	962.577	961.883	961.185	960.482	959.774	959.062
100	958.345									

7.1.2　不同温度下水的表面张力 σ

表 7-2　水的表面张力

t/℃	$\sigma/(10^{-3}N\cdot m^{-1})$	t/℃	$\sigma/(10^{-3}N\cdot m^{-1})$
0	75.64	21	72.59
5	74.92	22	72.44
10	74.22	23	72.28
11	74.07	24	72.13
12	73.93	25	71.97
13	73.78	26	71.82
14	73.64	27	71.66
15	73.49	28	71.50
16	73.34	29	71.35
17	73.19	30	71.18
18	73.05	35	70.38
19	72.90	40	69.56
20	72.75	45	68.74

7.2 常用仪器

7.2.1 CRY-2P 型高温差热分析仪

1. 基本结构

差热分析仪主要由温度控制系统和差热信号测量系统组成，辅之以气氛和冷却水通道，测量结果由记录仪或计算机数据处理系统处理。CRY-2P 型高温差热分析仪工作原理如图 7-1 所示。

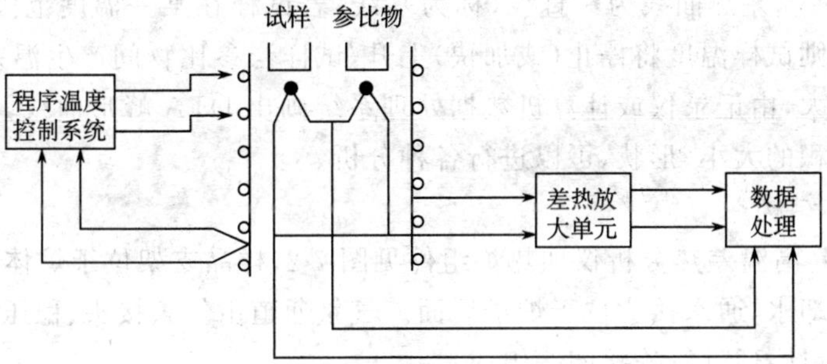

(a)

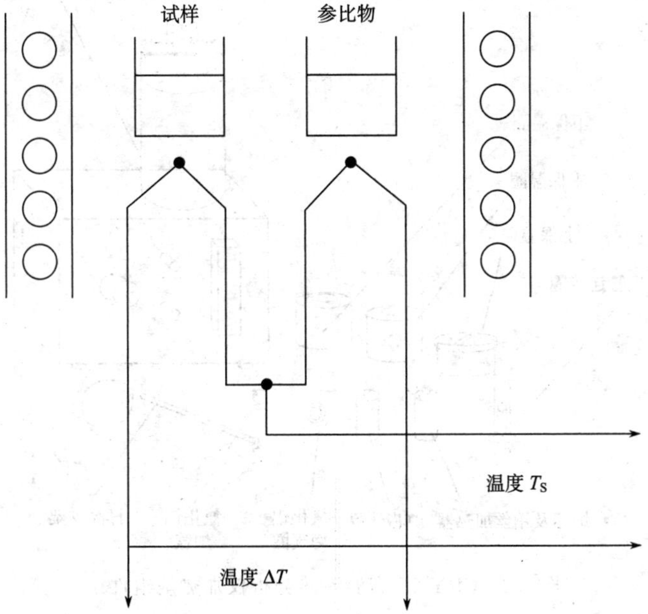

(b)

图 7-1　差热分析仪工作原理

1）温度控制系统

该系统由程序温度控制单元、控温热电偶及加热炉组成。程序温度控制单元可编程序模拟复杂的温度曲线，给出毫伏信号。当控温热电偶的热电势与该毫伏值有偏差时，说明炉温偏离给定值，由偏差信号调整加热炉功率，使炉温很好地跟踪设定值，产生理想的温度曲线。

2）差热信号测量系统

该系统由差热传感器、差热放大单元等组成。差热传感器即样品支架，由一对差接的点状热电偶和四孔氧化铝杆等装配而成，测试时试样与参比物（α-氧化铝）分别放在两只坩埚内，加热炉以一定速率升温，若试样没有热反应，则它与参比物的温差 $\Delta T=0$，差热曲线为一直线，称为基线；若试样在某一温度范围有吸热（或放热）反应，则试样温度将停止（或加快）上升，试样与参比物间产生温差 ΔT，把该温度信号放大，由记录仪或计算机数据处理系统画出 DTA 峰形曲线，根据出峰的温度和峰面积的大小、形状，可以进行各种分析。

3）炉体结构

CRY-2P 高温差热分析仪加热炉组件见图 7-2，样品支架位于炉体中央。升温时必须通冷却水，通水接头位于炉子后面。气氛通道由气氛接头、稳压阀、压力表、调节阀、流量计、通气管连接圈等组成。

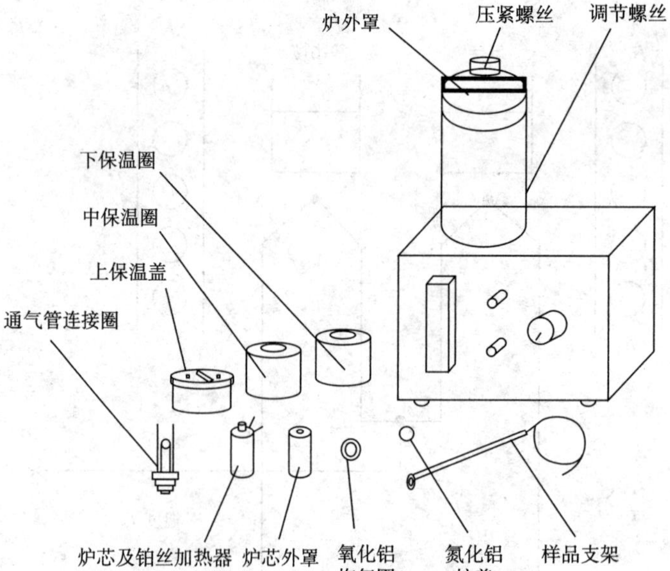

图 7-2　CRY-2P 高温差热分析仪加热炉组件

4）数据处理系统

该系统由接口放大单元、A/D 转换卡、计算机、打印机及系统软件组成，见图 7-3。

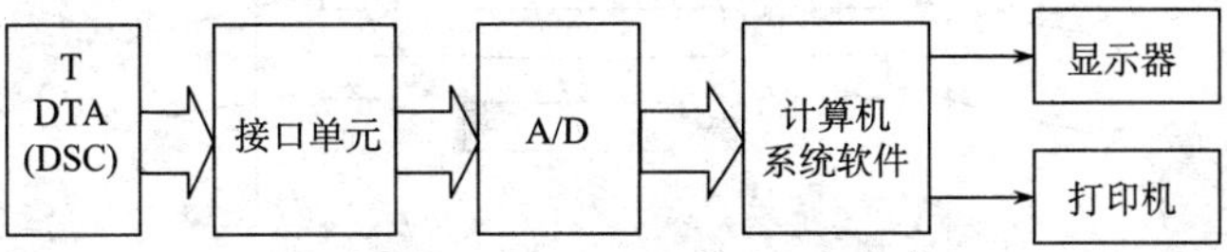

图 7-3　数据处理系统结构

接口单元将 T、DTA（DSC）信号变换成与 A/D 转换卡匹配的模拟量，经 A/D 转换成数字量，被计算机采集。采集到的数据曲线，由软件进行各种处理，结果可屏幕显示、打印。

2. 仪器操作

仪器正确安装后即可投入使用，详细的操作规程及应用软件的使用方法可参见 CRY-2P 高温差热分析仪使用说明书。

1）准备工作

（1）对 CRY-2P 型的炉子来说，放松炉体上压紧螺丝钉，转出炉体盖，用钩子取出上保温盖，然后用镊子取出氧化铝炉盖，可看见一对差接的点状热电偶（样品支架），实验室使用的坩埚，外形上看有凹底和平底两种，凹底坩埚可直接插于样品支架上使用，容纳样品量较多。使用平底坩埚，需先将一对铂坩埚架置于样品支架，放好坩埚后将炉子复原。

（2）开启水源，并使水流畅通。

（3）打开各单元电源，预热 20 min。

（4）计算机电源需后开先关，即在其他部件电源打开后再打开计算机系统的电源，在计算机电源关闭后再关闭其他单元电源，以免电源冲击损坏计算机。打印机电源可在需要时打开。注意不可在驱动器处于工作状态时取放软磁盘。

2）微机温控单元

面板装置及功能见图 7-4。微机界面温控单元操作程序如下：

（1）点击“温控单元”图标，出现界面。

（2）点击“设置”。出现编程对话框。

（3）输入起始温度，升温时间（升温速率），终止温度，点击“确定”，再点“完成”。

（4）点击“下载”则控温曲线下载并传输给温控单元。

（5）点击“Run”，同时观察温控单元的输出电压，若不大于 5 V，则正常运行；若输出电压大于 5 V，按下控温单元 Hold 键放电，同时点击“暂停”，待电压小于5 V

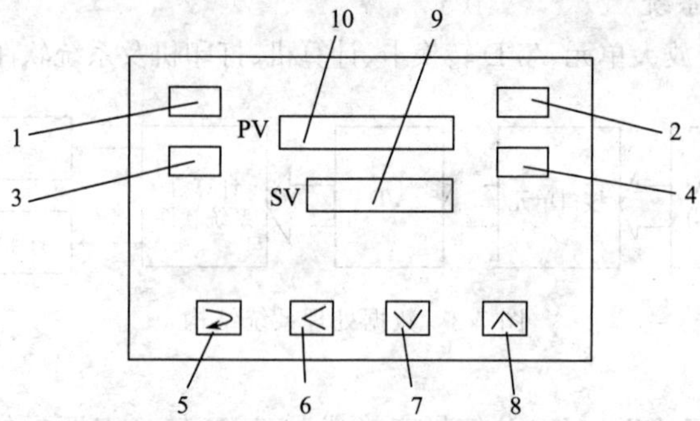

图 7-4　微机温控单元面板装置及功能

1. 输出指示；2. 报警指示；3. 自整定；4. 程序控温运行指示；5. 设置键（回车键）；
6. 数据移位键（程序温度设置）；7. 数据减少键（暂停/运行）；
8. 数据增加键（停止 stop）；9. 给定值显示；10. 测量值显示

后，再点击“Run”运行。

（杨　武）

7.2.2　X 射线衍射仪

X 射线是具有强大能量的光，有很强的穿透性，对人体有害，它又是肉眼看不见，没有任何感觉的光，所以操作者必须十分小心。

1. 仪器原理

X 射线是一种波长为 0.001～10 nm 的电磁波，晶体衍射用的 X 射线波长约为 1 Å，当 X 射线通过晶体时，可以产生衍射效应。衍射方向与所用波长、晶体结构和晶体取向有关。

若以 $(h'k'l')$ 代表晶体的一族平面点阵（或晶面）的指标（$h'k'l'$ 为互质的整数），$d_{(h'k'l')}$ 是这族平面点阵中相邻两个平面之间的距离，入射的 X 射线与这族平面点阵的夹角 $\theta_{(nh'nk'nl')}$ 满足下面布拉格（Bragg）公式时，就可产生衍射

$$2d_{(h'k'l')}\sin\theta_{(nh'nk'nl')}=n\lambda \tag{7-1}$$

式中，n 为整数，表示相邻两平面点阵的光程差为 n 个波，所以 n 又称衍射级数；$nh'nk'nl'$ 常用 hkl 表示，hkl 称为衍射指标，它和平面点阵指标是整数倍关系。

当一束 X 射线照到单晶体上，和 $(h'k'l')$ 平面点阵族的夹角为 θ 时满足布拉格公式，衍射线方向与入射线方向相差 2θ，如图 7-5(a) 所示。对于粉末晶体，晶粒有各种取向，同样一族平面点阵和 X 射线夹角为 θ 的方向有无数个，产生无数个

衍射,分布在顶角为 4θ 的圆锥上,如图 7-5(b)所示。晶体中有许多平面点阵族,当它们符合衍射条件时,相应地会形成许多张角不同的衍射线,共同以入射的 X 射线为中心轴,2θ 为 0°～180°。

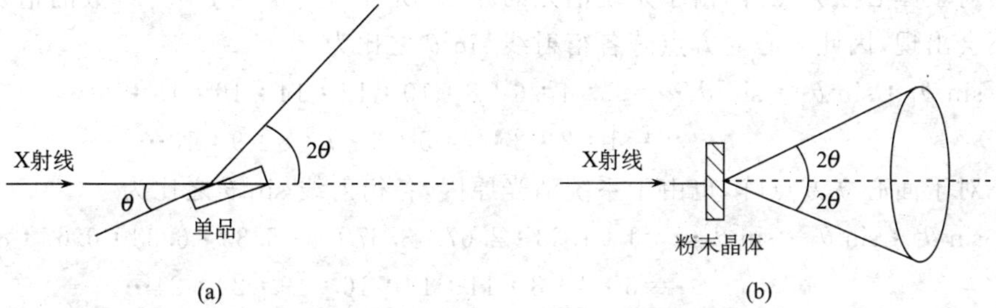

图 7-5　单晶(a)和粉末晶体(b)衍射示意图

收集记录粉末晶体衍射线,常用的方法有德拜-谢乐(Debye-Scherrer)照相法和衍射仪法。

从粉末衍射图上量出每一衍射线的 2θ,根据式(7-1)求出各衍射线的 dn 值,各衍射线的强度(I)可由衍射峰的面积求算或近似地用峰的相对高度计算,即可获得 dn-I 的数据。

由于每一种晶体都有它特定的结构,不可能有两种晶体的晶胞大小、形状、晶胞中原子的数目和位置完全一样,因此晶体的粉末图就像人的指纹一样各不相同,即每种晶体都有它自己的 dn-I 的数据。由于衍射线的分布和强度与物质内部的结构有关,因此,根据粉末图得到的 dn-I 数据,查对 PDF 卡片(该卡又称《X 射线粉末衍射数据资料集》,它汇集了数万种晶体的 X 射线粉末数据)就可鉴定未知晶体,进行物相分析,这是 X 射线粉末法的重要应用。粉末法的另一方面的应用是测定简单晶体的结构。

在立方晶体中,晶面间距 $d_{(h'k'l')}$ 与晶面指标间存在下列关系

$$d_{(h'k'l')}=\frac{a}{[(h')^2+(k')^2+(l')^2]^{\frac{1}{2}}} \tag{7-2}$$

式中,a 为立方晶体晶胞的边长。将式(7-1)和式(7-2)合并,整理得

$$\sin^2\theta=\frac{\lambda^2}{4a^2}(h^2+k^2+l^2) \tag{7-3}$$

属于立方晶系的晶体有三种点阵形式:简单立方(以 P 表示)、体心立方(以 I 表示)和面心立方(以 F 表示)。它们可以由 X 射线粉末衍射图来鉴别。

从式(7-3)可见,$\sin^2\theta$ 与 $(h^2+k^2+l^2)$ 成正比。三个整数的平方和只能等于 1、2、3、4、5、6、8、9、10、11、12、13、14、16、17、18、19、20、21、22、24、25、…因此,对于

简单立方点阵,各衍射线相应的 $\sin^2\theta$ 之比为

$$\sin^2\theta_1 : \sin^2\theta_2 : \sin^2\theta_3 \cdots = 1:2:3:4:5:6:8:9:10:11:12:13:14:16\cdots$$

对于体心立方点阵,由于系统消光的原因,所有$(h^2+k^2+l^2)$为奇数的衍射线都不会出现,因此体心立方点阵各衍射线 $\sin^2\theta$ 之比为

$$\sin^2\theta_1 : \sin^2\theta_2 : \sin^2\theta_3 \cdots = 2:4:6:8:10:12:14:16:18:20\cdots$$
$$= 1:2:3:4:5:6:7:8:9:10\cdots$$

对于面心立方点阵,也由于系统消光原因,各衍射线 $\sin^2\theta$ 之比为

$$\sin^2\theta_1 : \sin^2\theta_2 : \sin^2\theta_3 \cdots = 1:1.33:2.67:3.67:4:5.33:6.33:6.67:8\cdots$$
$$= 3:4:8:11:12:16:19:20:24\cdots$$

从以上 $\sin^2\theta$ 比可以看到,简单立方和体心立方的差别在于前者无 7、15、23…衍射线,而面心立方则具有明显的二密一稀分布的衍射线。因此,根据立方晶体衍射线 $\sin^2\theta$ 之比可以鉴定立方晶体所属的点阵形式,表 7-3 列出立方点阵三种形式的衍射指标及其平方和。

表 7-3　立方点阵的衍射指标及其平方和

$h^2+k^2+l^2$	简单(P)	体心(I)	面心(F)	$h^2+k^2+l^2$	简单(P)	体心(I)	面心(F)
1	100			14	321	321	
2	110	110		15			
3	111		111	16	400	400	400
4	200	200	200	17	410,322		
5	210			18	411,330	411,330	
6	211	211		19	331		331
7				20	420	420	420
8	220	220	220	21	421		
9	300,211			22	332	332	
10	310	310		23			
11	311		311	24	422	422	422
12	222	222	222	25	500,432		
13	320			…			

立方晶体的密度可由式(7-4)计算

$$\rho = Z\left(\frac{M}{N_A}\right) \div a^3 \tag{7-4}$$

式中，Z 为晶胞中相对分子质量或化学式量为 M 的分子或化学式单位的个数；N_A 为阿伏伽德罗常量。如果把一个分子或化学式单位与一个点阵联系起来，则简单立方的 $Z=1$，体心立方的 $Z=2$，面心立方的 $Z=4$。

2. 仪器结构与功能

X 射线衍射仪主机由三个基本部分构成，图 7-6 为衍射仪法的原理示意图。

(1) X 射线源(是一台发射 X 射线强度高度稳定的 X 射线发生器)。

(2) 衍射角测量部分(一台精密分度的测角仪)。

(3) X 射线强度测量记录部分(X 射线检测器及与之配合的一套量子计数测量记录系统)。实验时，将样品磨细，在样品架上压成平片，安置在衍射仪的测角器中心底座上，计数管始终对准中心，绕中心旋转。样品每转 θ，计数管转 2θ，电子记录仪的记录纸也同步地转动，逐一地把各衍射线的强度记录下来。在记录所得的衍射图中，一个坐标代表衍射角 2θ，另一坐标表示衍射强度的相对大小。

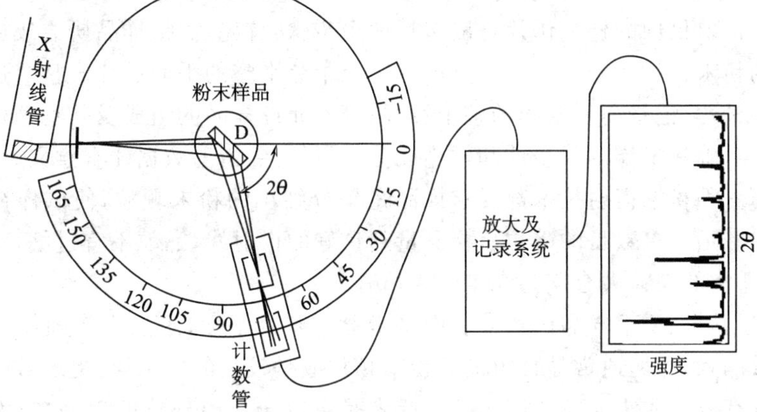

图 7-6　X 射线衍射仪原理示意图

3. Y-4Q 型 X 射线衍射仪操作规程

1) 准备

(1) 关闭 X 射线光闸。

(2) 关闭 X 射线防护罩。

(3) 调整功率旋钮低于 X 射线管额定功率(2 kW)。

(4) 调整千伏、毫安旋钮最小位置(10 kV，50 mA)。

(5) 合上电源墙开关。

(6) 给冷却水箱注水，起动水泵并检查排水是否流畅，有无漏水现象。

2) 开机

(1) 按"低压开"，低压指示灯亮，准备灯亮，风扇转，蜂鸣器停鸣。

(2) 按"高压开"，高压指示灯亮，准备灯灭，表针指示 10 kV、5 mA。

(3) 调千伏、毫安旋钮至要求值(先调 kV，后调 mA)。

(4) 计算机 PW-1710 准备好后，开光闸。

3) 关机

(1) 关光闸。

(2) 缓慢降低毫安、千伏旋钮至 5 mA、10 kV(先降 mA，后降 kV)。

(3) 按"高压开"，准备灯亮，高压指示灯灭。

(4) 按"低压开"，准备灯灭，低压指示灯灭。

(5) 停 10 min 后关水泵，水箱停止注水。

(6) 断开电源墙开关。

4. 样品的制备

准备衍射仪用的样品试片一般包括两个步骤：首先，需把样品研磨成适合衍射实验用的粉末；然后，把样品粉末制成有一个十分平整的平面试片。整个过程以及之后安装试片、记录衍射谱图的整个过程，都不允许样品的组成及其物理化学性质有所变化。确保采样的代表性和样品成分的可靠性，衍射数据才有意义。

任何一种粉末衍射技术都要求样品是十分细小的粉末颗粒，使试样在受光照的体积中有足够多数目的晶粒。要测量到良好的衍射线，晶粒不宜过细，对于粉末衍射仪，适宜的晶粒大小应为 0.1～10 μm。

粉末衍射仪要求样品试片的表面是十分平整的平面，虽然很多固体样品本身已处于微晶状态，但通常是较粗糙的粉末颗粒或是较大的集结块，更多数的固体样品则是具有或大或小晶粒的结晶结构或者是可以辨认出外形的粗晶粒，因此实验时一般需要先将样品加工成适用的细粉末，最常用的方法是研磨和过筛，只有当样品是十分细的粉末，手摸无颗粒感，才可以认为晶粒的大小已符合要求。

(1) 压片法：先把衍射仪所附的制样框用胶纸固定在平滑的玻璃片上(如镜面玻璃、显微镜载玻片等)，然后把样品粉末尽可能均匀地洒入(最好是用细筛子——360 目筛入)制样框的窗口中，再用小抹刀的刀口轻轻剁紧，使粉末在窗孔内摊匀堆好，然后用小抹刀把粉末轻轻压紧，最后用保险刀片(或载玻片的断口)把多余凸出的粉末削去，然后小心地把制样框从玻璃平面上拿起，便能得到一个很平的样品粉末的平面。

(2) 涂片法：所需的样品量最少，把粉末撒在一片大小约 25 mm×35 mm×1 mm的显微镜载玻片上(撒粉的位置要相当于制样框窗孔位置)，然后加上足够量的丙酮或乙醇(假如样品在其中不溶解),使粉末成为薄层浆液状,均匀地涂布开,粉末的量只需能够形成一个单颗粒层的厚度就可以,待丙酮蒸发后,粉末黏附在玻璃片上,可供衍射仪使用,若样品试片需要永久保存,可滴上一滴稀的胶黏剂。

5. X 射线粉末衍射数据资料卡

X 射线粉末衍射数据资料卡(PDF)除 d、I 和米勒指数 hkl 外,还包括一些其他数据。早期 PDF 卡片印刷在一张 7.6 cm×12.7 cm 的卡片上,至今 PDF 的格式、所包括的内容信息均有不少变化。为了便于说明,可将 PDF 卡片(表 7-4)分为 10 个区,并对各区所含的内容和信息分别加以介绍。

表 7-4 X 射线粉末衍射卡片示例

10

<table>
<tr><td>d</td><td>1a</td><td>1b</td><td>1c</td><td>1d</td><td colspan="6" rowspan="2">7 8</td></tr>
<tr><td>I/I₁</td><td>2a</td><td>2b</td><td>2c</td><td>2d</td></tr>
<tr><td colspan="5">Rad. λ Filter
Dia. Cut. off Coll.
I/I₁ dCorr. abs.
Ref.
3</td><td rowspan="4">d(A)</td><td rowspan="4">I/I₁
9</td><td rowspan="4">hkl</td><td rowspan="4">d(A)</td><td rowspan="4">I/I₁
9</td><td rowspan="4">hkl</td></tr>
<tr><td colspan="5">Sys. S. G.
a₀ b₀……c₀……A C
α β γ Z D_x
Ref.
4</td></tr>
<tr><td colspan="5">εα nωβ εγ Sign
2V D_x m. p. Color
Ref.
5</td></tr>
<tr><td colspan="5">6</td></tr>
</table>

(1) 1 区。1a、1b、1c 三栏分别为衍射图中衍射强度第 1、2、3 的三条衍射线对应的面间距。1d 为最大面间距。

(2) 2 区。2a、2b、2c 为对应于上述各衍射的相对强度 I/I_1,最强的衍射线的强度定为 100。

(3) 3 区。实验条件:

Rad. ——测试用的 X 射线种类,如 CuK_α、MoK_α 等;

λ——所用的 X 射线波长;

Filter——滤波片;

Dia. ——照相机直径;

Cut. off——所用的测试方法(照相法或衍射仪法)能测量的最大面间距;

Coll. ——光栏狭缝的大小;

I/I_1——测定相对衍射强度方法;

dCorr. abs. ——d 值是否经过吸收校正;

Ref. ——参考文献。

(4) 4 区。样品的晶体学数据,各个符号分别表示:

Sys. ——样品所属晶系;

S. G. ——空间群;

a_0、b_0、c_0——晶胞参数;$A=a_0/b_0$、$C=c_0/b_0$;

α、β、γ——晶轴之间夹角;

Z——单位晶胞中化学式单位数目;

Ref. ——参考文献。

(5) 5 区。样品的某些物理性质:

$\varepsilon\alpha$、$n\omega\beta$、$\varepsilon\gamma$——折射率;

Sign——光学性质的正角;

2V——光学夹角;

D_x——用 X 射线测定的晶体密度(D 则为用其他方法测定的密度);

m. p. ——熔点;

Color——肉眼或在显微镜下观察到的样品颜色;

Ref. ——参考文献。

(6) 6 区。样品来源、制备方法、化学分析数据、升华点(s. p.)、分解温度(r. p.)、转变点(t. p.)、收录衍射图温度等有关资料。

(7) 7 区。化学式和英文名称。

(8) 8 区。矿物学名称或结构式。右上角标记符号为☆表示数据的可靠性很高;O 表示数据可靠性较低;i 表示已指标化,可靠性介于前两者之间;C 表示衍射数据从理论计算获得。

(9) 9 区。d 表示与各衍射线相对应的晶面间距;I/I_1 表示与各衍射线相对应的相对强度;hkl 表示与各晶面相对应的衍射指标。

有些数据之后还有一些符号注解,其代表的意义分别为

b——宽化,模糊或弥散的线;

d——双线;

n——并非所有的射线源能给出的线;

n_c——不能用所设晶胞来估计的线;

n_i——不能用所设晶胞进行指标化的线;

n_p——所给定的空间群不允许的指标;

β——由于存在线的重叠而使强度不能确定；

t_r——痕量(非常弱的线)；

t——另外可能的指标。

(10) 10 区。PDF 卡片编号。例如，11-208，“11”为集号，“208”为卡片在 11 集中的顺序号。

(阿布力孜·依米提　李　青)

主要参考文献

北京大学化学学院物理化学实验教研组. 2002. 物理化学实验. 4 版. 北京:北京大学出版社
北京师范大学无机化学教研室,等. 2001. 无机化学实验. 3 版. 北京:高等教育出版社
蔡显鄂,项一非,刘衍光. 2000. 物理化学实验. 北京:高等教育出版社
陈宗淇,王光信,徐桂英. 2001. 胶体与界面化学. 北京:高等教育出版社
复旦大学,等. 2000. 物理化学实验. 2 版. 北京:高等教育出版社
复旦大学,等. 2004. 物理化学实验. 3 版. 北京:高等教育出版社
傅献彩,沈文霞,姚天扬,等. 2005. 物理化学(上、下册). 5 版. 北京:高等教育出版社
傅玉普,王新平. 2003. 物理化学简明教程. 2 版. 大连:大连理工大学出版社
古凤才,肖衍繁,张明杰,等. 2005. 基础化学实验教程. 2 版. 北京:科学出版社
韩德刚,高执棣,高盘良. 2001. 物理化学. 北京:高等教育出版社
胡亮,杨大锦. 2004. Excel 与化学化工实验数据处理. 北京:化学工业出版社
蒋月秀,龚福忠,李俊杰. 2005. 物理化学实验. 上海:华东理工大学出版社
柯以侃. 2001. 大学化学实验. 北京:化学工业出版社
刘道杰. 2000. 大学实验化学. 青岛:青岛海洋大学出版社
刘虎威. 2000. 气相色谱方法及应用. 北京:化学工业出版社
刘约权,李贵深. 2005. 实验化学(上册). 2 版. 北京:高等教育出版社
刘粤惠,刘平安. 2003. X 射线衍射分析原理与应用. 北京:化学工业出版社
潘道皑. 2002. 结构化学. 2 版. 北京:高等教育出版社
沈钟,赵振国,康万利. 2012. 胶体与表面化学. 4 版. 北京:化学工业出版社
王丽芳,康艳珍. 2007. 物理化学实验. 北京:化学工业出版社
张新丽,胡小玲,苏克和. 2008. 物理化学实验. 北京:化学工业出版社
浙江大学,华东理工大学,四川大学. 2002. 新编大学化学实验. 北京:高等教育出版社
重庆大学物理化学教研室. 2008. 物理化学. 重庆:重庆大学出版社
周公度,段连运. 2002. 结构化学基础. 3 版. 北京:北京大学出版社
周公度,段连运. 2008. 结构化学基础习题解析. 4 版. 北京:北京大学出版社
Atkins P. 2002. Physical Chemistry. 7th ed. New York:W H Freeman Limited